दूसरी परम्परा का शुक्ल-पक्ष

दूसरी परम्परा का शुक्ल-पक्ष

कमलेश वर्मा
सुचिता वर्मा

वाणी प्रकाशन

वाणी प्रकाशन
4695, 21-ए, दरियागंज, नयी दिल्ली 110 002

शाखा
अशोक राजपथ, पटना 800 004

फ़ोन : +91 11 23273167 फ़ैक्स : +91 11 23275710

www.vaniprakashan.in
vaniprakashan@gmail.com
sales@vaniprakashan.in

DOOSAREE PARAMPARA KA SHUKL-PAKSH
by Kamlesh Verma, Suchita Verma

ISBN : 978-93-5072-844-4
Criticism

प्रथम संस्करण
मूल्य : ₹ 495

सिटी प्रेस, दिल्ली-110 095 में मुद्रित

वाणी प्रकाशन का लोगो मक़बूल फ़िदा हुसेन की कूची से

समर्पण

मैनेजर पाण्डेय

के

विद्यार्थियों-पाठकों-श्रोताओं

को

सादर-सप्रेम!

दूसरी परम्परा का शुक्ल-पक्ष

मैनेजर पाण्डेय हिन्दी आलोचना के अनिवार्य-पक्ष हैं। आचार्य रामचन्द्र शुक्ल के बाद सैद्धान्तिक और व्यावहारिक आलोचना पर सन्तुलन के साथ लिखने वाले वे एकमात्र आलोचक हैं। एकबारगी यह बात विश्वसनीय नहीं लगती है, मगर पूर्वाग्रहों से मुक्त होकर इस पर विचार किया जाये तो हम इसी निष्कर्ष पर पहुँचेंगे। आचार्य शुक्ल के बाद आचार्य हजारी प्रसाद द्विवेदी को महत्वपूर्ण आलोचक के रूप में प्रतिष्ठा मिली। उन्होंने कबीर और भक्तिकाल के उद्‍भव के सन्दर्भ में नयी स्थापनाएँ दीं। आदिकाल को देखने का नजरिया उन्होंने बदल दिया, किन्तु सैद्धान्तिक आलोचना के क्षेत्र में उनका योगदान महत्त्वपूर्ण नहीं है। नन्ददुलारे वाजपेयी ने छायावाद, निराला, प्रेमचन्द, बीसवीं शताब्दी के साहित्यिक मतों आदि पर ऐतिहासिक काम किया मगर सैद्धान्तिक पक्ष इनमें भी गौण रहा। डॉ. नगेन्द्र का लेखन विस्तृत है। सम्पादक के रूप में उन्होंने अनेक लेखकों को जोड़ कर कई बड़े काम करवाए। सैद्धान्तिक दृष्टि से भी पुस्तकें लिखीं, मगर उनका लेखन कोई नयी लकीर नहीं खींच सका।

रामविलास शर्मा से किसी भी आलोचक की तुलना सम्पूर्णता में करने पर हम इस नतीजे पर पहुँचते हैं कि विविधता और मौलिकता के कारण वे बहुत आगे मालूम पड़ते हैं। रामविलास शर्मा ने अपने विराट आलोचकीय व्यक्तित्व के बावजूद सैद्धान्तिक आलोचना में हाथ लगाने से परहेज किया। उनकी व्यावहारिक आलोचना में यथाप्रसंग सिद्धान्तों का समुचित उल्लेख मिलता है और ऐसी जगहों पर उनकी मौलिक समझ का परिचय भी मिलता है। मगर सैद्धान्तिक आलोचना का व्यवस्थित रूप रामविलासजी नहीं लिखते हैं।

नामवर सिंह से मैनेजर पाण्डेय की तुलना के कई आधार बनते हैं। मार्क्सवादी आलोचना, जे.एन.यू., वामपन्थी लेखक संगठन, साहित्य का समाजशास्त्र, व्याख्यानप्रियता, वाराणसी-जोधपुर-नयी दिल्ली-मार्ग आदि अनेक आधार बनते हैं, जहाँ इन दोनों की तुलना की जा सकती है। नामवरजी को अधिसंख्यक लोग पाण्डेयजी की तुलना में बड़ा आलोचक और बौद्धिक मानते हैं। यहीं यह भी

उल्लेखनीय है कि पाण्डेयजी पर बात शुरू होते ही लोग नामवरजी की तरफ मुड़ जाते हैं। परिणाम यह होता है कि पाण्डेयजी के लेखन पर बात आधी-अधूरी रह जाती है। हमें नहीं लगता कि पाण्डेयजी के आलोचकीय व्यक्तित्व पर व्यवस्थित तरीके से लिखा जा सका है। अब जरूरी हो गया है कि इस पर धैर्यपूर्वक विचार किया जाये।

नामवर सिंह की पुस्तक 'छायावाद' इतिहास और आलोचना की सम्यक पुस्तक है। इसके बाद की उनकी तमाम पुस्तकें उनके आलोचनात्मक संघर्ष का परिणाम है। एक आलोचक और बौद्धिक के रूप में स्वयं को स्थापित करने की इस लड़ाई में नामवरजी एक अजेय योद्धा के रूप में नजर आते हैं। अपने व्यक्तित्व को लेकर नामवरजी में अतिरिक्त सजगता है। इस काम में उन्हें सफलता भी मिली। वे सावधान होकर प्रतिपक्ष का मुकाबला करते हैं और कोशिश यही करते हैं कि सामनेवाला गलत सिद्ध हो जाये। 'कविता के नये प्रतिमान', 'वाद-विवाद-संवाद', 'इतिहास और आलोचना', 'दूसरी परम्परा की खोज'... उनकी ऐसी ही पुस्तकें हैं। इन पुस्तकों की रचना प्रतिपक्ष के बिना हो ही नहीं सकती थी। रामविलासजी से जीवन भर उनका छायायुद्ध चलता रहा। उनकी मृत्यु पर लिखा गया लेख 'इतिहास की शव-साधना' नामवरजी की इसी इच्छा-शक्ति का परिणाम है। 'छायावाद' की रचना नामवरजी ने प्रतिपक्ष के बिना की थी, यही कारण है कि उन्होंने इस पुस्तक की जितनी व्यवस्थित संरचना बनायी थी, वैसी अपनी किसी भी दूसरी पुस्तक की नहीं बना सके। नामवरजी मौखिक आलोचक के रूप में ज्यादा प्रसिद्ध और सफल रहे। पिछले कुछ वर्षों में, आशीष त्रिपाठी के सम्पादन में नामवरजी के भाषणों और पत्रिकाओं में प्रकाशित लेखों को विषयानुसार कई पुस्तकों का रूप दिया गया है। जाहिर-सी बात है कि ये पुस्तकें पुस्तक के रूप में तो लिखी नहीं गयी हैं इसलिए इनमें भी पुस्तक की व्यवस्था का अभाव है। सैद्धान्तिक आलोचना की पहली शर्त है कि लेखन व्यवस्थित हो। मनमाने तरीके से सैद्धान्तिक प्रश्नों को उठाना सही नतीजे तक नहीं पहुँचा सकता है। कविता, कथा-साहित्य, आलोचना को अनुशासन के तौर पर आप तभी कुछ दे सकते हैं, जब इन पर क्रम-क्रम से विचार किया जाये। व्यावहारिक और वैचारिक आलोचना की ऐसी आँधी चली कि सिद्धान्तों को सम्हालना मुश्किल हो गया। नामवरजी व्यावहारिक आलोचना में अत्यन्त प्रभावशाली हैं। उनके लेखन से यदि सैद्धान्तिक पक्ष को तलाशा जाये तो अनेक विसंगतियां मिलती हैं। 'कविता के नये प्रतिमान' पुस्तक पढ़ जाइए, आपको इस प्रश्न का उत्तर नहीं मिलेगा कि कविता क्या है? आशीष त्रिपाठी द्वारा सम्पादित पुस्तकों में चूँकि भाषण ज्यादा हैं इसलिए प्रसंगानुसार सैद्धान्तिक

विचलन भी ज्यादा है। इनमें एक पुस्तक है 'आलोचना और विचारधारा'। इस पुस्तक में आलोचना की सैद्धान्तिकी पर परस्परविरोधी बातें एक ही भाषण में कही गयी हैं। नामवरजी की स्व के प्रति अतिरिक्त सजगता विधागत अनुशासन के प्रति क्रीडा-कौतुक की प्रवृत्ति को उत्पन्न करती है।

मैनेजर पाण्डेय ने अपनी पुस्तक 'साहित्य के समाजशास्त्र की भूमिका' नामवर सिंह को समर्पित की है और इस विषय को हिन्दी में लाने का श्रेय उन्हें दिया है। नामवरजी में नायकत्व है इसलिए वे अनेक नयी बातों को हिन्दी में लाने के लिए याद किये जाते रहेंगे। मगर 'साहित्य का समाजशास्त्र' विषय पर व्यवस्थित रूप से लिखने का काम मैनेजर पाण्डेय ने किया। आज कोई भी व्यक्ति इस विषय पर हिन्दी में लिखी पुस्तक तलाशता है तो उसे यही पुस्तक प्रथम और अन्तिम लगती है। यह पुस्तक सैद्धान्तिक पक्ष को सिलसिलेवार रख कर विचार करती है और हिन्दी रचनाओं-विधाओं का इस दृष्टि से मूल्यांकन भी प्रस्तुत करती है। यह पुस्तक सरवर-उल-होदा के द्वारा उर्दू में अनूदित हुई है और उर्दू में भी इस विषय पर इससे अच्छी पुस्तक कोई दूसरी नहीं लिखी जा सकी है। 'आलोचना की सामाजिकता' में भी सिद्धान्त और व्यवहार के दोनों पक्ष मौजूद हैं। पाण्डेयजी कविता की अपनी कसौटी साफ शब्दों में रखते हैं, तब किसी कवि की आलोचना करते हैं। वे ऐसा नहीं करते कि कवि के अनुसार अपनी कसौटी बदल दें। ज्यादातर व्यावहारिक आलोचक कवि के अनुसार कसौटी बनाते हैं। ऐसे आलोचकों की एक कसौटी को दूसरे कवि पर लागू करने में कठिनाई महसूस होने लगती है। मैनेजर पाण्डेय की कसौटी पर आप धूमिल को भी जाँच सकते हैं और कबीर को भी। सूरदास की आलोचना वे जिस मानक पर करते हैं उसी पर भक्तिकाल के अन्य कवियों की भी करते हैं। 'उपन्यास के लोकतन्त्र' पर पाण्डेयजी ने विस्तार से लिखा है और प्रेमचन्द से लेकर रणेंद्र तक के उपन्यासों पर विचार किया है तथा व्यवस्थित आलोचना की है। ऐसे प्रसंगों में आचार्य शुक्ल की याद हो आती है। शुक्लजी ने 'रसमीमांसा' में काव्यभाषा की विशेषताएँ बतायी हैं और उसके मानक भी तय किये हैं। इन्हीं मानकों पर वे प्रत्येक कवि की काव्यभाषा पर विचार करते हैं। उन्होंने इन्हीं मानकों के आधार पर कबीर की काव्यभाषा का भी मूल्यांकन किया है। उनका स्वर कबीर के प्रति नकारात्मक जरूर है मगर कबीर की काव्यभाषा की ताकत को अपनी कसौटी पर ही कसते हैं और निन्दात्मक स्वर में ही सही, मगर उचित मूल्यांकन करते हैं। सैद्धान्तिक और व्यावहारिक आलोचना के सन्तुलन की जो परम्परा आचार्य शुक्ल ने शुरू की थी वह विचारधारा के दबाव अथवा रूपवादी प्रयास के कारण दूसरी राह पर चली गयी थी। आचार्य शुक्ल की तुलना में आचार्य द्विवेदी को महत्त्वपूर्ण बताने

के लिए 'दूसरी परम्परा की खोज' की गयी। मगर नामवरजी स्वयं भी इस खोज के बाद शुक्लजी से साहित्य का विवेक प्राप्त करने में संकोच नहीं कर पाये। दूसरी परम्परा ने शुक्लजी को प्रगतिशीलता के विरुद्ध भी पाया और पक्ष में भी पाया। नामवरजी की तुलना में रामविलास शर्मा ने शुक्लजी की प्रगतिशीलता पर ज्यादा जोर दिया। नामवरजी द्विवेदीजी को अपेक्षाकृत अधिक प्रगतिशील मानते रहे और उनके रास्ते को 'दूसरी परम्परा' का नाम दिया। यह 'दूसरी परम्परा' वस्तुतः मार्क्सवादी आलोचना का ही एक भिन्न नाम था। इस परम्परा में हिन्दी आलोचना का अभूतपूर्व विकास हुआ। आलोचना को विकसित करने और लोकप्रिय बनाने में इस मार्ग का बड़ा योगदान है। विचारधारा और सामाजिक-दृष्टि की प्रधानता इसकी विशेषता रही। राजनीतिक प्रतिबद्धता की प्रवृत्ति भी इसमें प्रमुख रही। मैनेजर पाण्डेय इस 'दूसरी परम्परा' में समादृत आलोचक और चिन्तक रहे। रामविलास शर्मा और नामवर सिंह ने विचारधारा और बौद्धिकता के सहारे अपनी आलोचना का विकास किया और शुक्लजी की उस नसीहत को भूल गये कि साहित्य की अपनी 'मूल सत्ता' होती है। सभ्यता ऊपरी आवरण है जिसे समझना तो जरूरी है मगर उसी में डूब जाना ठीक नहीं है। आलोचना को अन्ततः साहित्य के सवालों और समस्याओं से जुड़ना है इसलिए साहित्य का मूलाधार बचा रहना चाहिए।

दूसरी परम्परा में होने के बावजूद पाण्डेयजी ने साहित्य के मूल स्वरूप को आत्मसात कर उसके क्रमबद्ध विवेचन का प्रयास किया है। उन्होंने बिना सैद्धान्तिक विमर्श के आलोचनात्मक हस्तक्षेप कभी नहीं किया है।

मैनेजर पाण्डेय दूसरी परम्परा के शुक्ल-पक्ष हैं।

यह पुस्तक कविता, उपन्यास और आलोचना के विधागत स्वरूप पर मैनेजर पाण्डेय के माध्यम से विचार की एक कोशिश है। पाण्डेयजी ने इन विधाओं के स्वरूप के बारे में कई महत्त्वपूर्ण बातें कही हैं। उनके विचारों को उद्धरणों के रूप में इस पुस्तक में सन्दर्भ सहित संकलित कर दिया गया है। कोशिश की गयी है कि इन उद्धरणों को शीर्षक-बद्ध करके वर्गीकृत कर दिया जाये ताकि शोध-कार्य में लगे लोगों को आसानी से एक जगह सामग्री मिल जाये। यहाँ प्रासंगिक रूप से ध्यान दिलाए जाने की जरूरत है कि पाण्डेयजी के साक्षात्कार और बातचीत की तीन पुस्तकों में भी विधाओं के बारे में महत्त्वपूर्ण बातें मिलती हैं। इन पुस्तकों को गम्भीरतापूर्वक देखा जाना चाहिए, क्योंकि ऐसी पुस्तकों को वैचारिकी के लिए हल्का-फुल्का मान लिया जाता है। आश्चर्य की बात है कि विधागत अनुशासन पर इतनी सारी बातें कही जाने के बावजूद मैनेजर पाण्डेय के इस पक्ष पर अभी तक सन्तोषजनक काम की कमी रही है। उनके उपन्यास-सम्बन्धी विचारों पर तो आलोचकों का ध्यान गया है, मगर कविता

के बारे में उन्होंने जो कुछ कहा है उस पर प्राय: विचार नहीं किया गया है। इस पुस्तक में कविता पर छह अध्याय हैं। कोशिश की गयी है कि कविता के विधागत अनुशासन-सम्बन्धी पाण्डेयजी के विचारों को एकत्र कर एकसूत्रता में बाँधा जाये और प्राप्त होनेवाली सैद्धान्तिक आलोचना को उनकी व्यावहारिक आलोचना में दिखाया जाये। आलोचना पाण्डेयजी की सबसे प्यारी विधा है। उन्होंने हिन्दी आलोचना की परम्परा और प्रवृत्ति को सुस्थिर दृष्टि से देखा और व्याख्यायित किया है। इसके असंगत पक्षों की खरी आलोचना करते हुए उनकी निरर्थकता प्रमाणित की है। उन्होंने हिन्दी आलोचना को 'मुक्ति' और 'विवेक-चेतना' की दिशा में विकसित किया है।

शोधार्थियों और आलोचना-कर्म से जुड़े बुद्धिजीवियों के सामने यह पुस्तक कुछ प्रस्ताव लेकर आयी है :

- विधागत अनुशासन पर ध्यान देने की जरूरत है ताकि अराजक पक्षों की पहचान की जा सके।
- साहित्य की प्रमुख विधाएँ सैद्धान्तिक विवेचन के अभाव में अपने कुछ गुणों को खो चुकी हैं। विधागत अनुशासन को पूरी तरह से खारिज कर दिया गया है। यह अतिवाद ठीक नहीं है।
- विधाओं की प्रासंगिकता के प्रश्न पर निरन्तर विचार होना चाहिए. यदि कुछ दोषों के कारण प्रासंगिकता प्रभावित हो रही है तो उन्हें दूर करने के तरीके पर विचार होना चाहिए।
- विधाओं के सामने चुनौतियाँ हैं इसे सब स्वीकार करते हैं, मगर समाधान के सैद्धान्तिक पक्ष पर विचार को बढ़ावा नहीं दिया जा रहा है. इस पर ध्यान दिया जाना चाहिए।

इन प्रस्तावों के सन्दर्भ में मैनेजर पाण्डेय का लेखन हमारी मदद करता है। आचार्य रामचन्द्र शुक्ल की आलोचना-परम्परा की सहायता से इन प्रस्तावों पर विचार किया जाना चाहिए ताकि साहित्य की इन मूल विधाओं की समृद्धि का रास्ता प्रशस्त हो सके। व्यवहार की मनमानी उदारताओं ने विधाओं की ताकत को तोड़ा है। कविताएँ खूब लिखी जा रही हैं, मगर पढ़ी-सुनी कम जा रही हैं। आज हिन्दी के बड़े-से-बड़े कवि के पास ऐसी कविता नहीं है, जिसे वह आम जनसभा में सुना सके। कथ्य को कला में ढालने की कोई 'रीति' तो नहीं बनायी जा सकती, मगर इसकी प्रत्येक सैद्धान्तिकी से असहमति भी नहीं जताई जा सकती। अगर विधाएँ और उसकी रचनाएँ समृद्ध नहीं होंगी, तो साहित्य आधारहीन हो जायेगा। विमर्श और सामाजिक विज्ञान की बातें रचनाओं का अभाव झेलते साहित्य के काम नहीं आ सकतीं।

इस पुस्तक से सम्बन्धित कम्प्यूटर-कार्य में श्री विवेक कुमार का हमेशा की तरह सहयोग मिला। 'सत्राची' के सम्पादक डॉ आनन्द बिहारी ने इसके कुछ अंश को अपनी पत्रिका में प्रकाशित किया। दोनों के प्रति आभार!

19 जून 2016
वाराणसी

कमलेश वर्मा
सुचिता वर्मा
ए-20,सन्धिनी,
त्रिदेव कॉलोनी, चाँदपुर,
वाराणसी-221106,
मो. : 9415256226
ई-मेल : kamleshvermajnu@gmail.com

अनुक्रम

आलोचना

कविता

कविता की चिन्ता

मैनेजर पाण्डेय ने कविता के स्वभाव पर अपने ढंग से विचार किया है। कविता के समकालीन रूपों से लेकर उसके पुराने तौर-तरीकों को ध्यान में रखकर उन्होंने अपनी कुछ पुस्तकों में जो कुछ लिखा है, उनके आधार पर कविता की एक समझ तक पहुँचा जा सकता है। आलोचना और साहित्य का समाजशास्त्र पाण्डेयजी के लेखन का मुख्य हिस्सा है, इसलिए वे जब कविता पर विचार करते हैं तो मूल आधारभूमि इन्हीं दोनों स्रोतों से लेते हैं। आचार्य शुक्ल के काव्य-चिन्तन को 'लोक-मंगल' से खाद-पानी मिलता है तो रामविलास शर्मा को निराला की उदात्तता सर्वाधिक आकर्षित करती है; नामवर सिंह मुक्तिबोध की काव्यानुभूति और संवेदना को अपनी काव्यालोचना का आधार बनाते हैं।

समाज, इतिहास और राजनीति से साहित्य के रिश्ते की पड़ताल मैनेजर पाण्डेय के लेखन में अत्यन्त व्यवस्थित रूप में प्रकट हुई है। बेतरतीब बातें लिखना या साक्षात्कारों में कहना उनके स्वभाव में नहीं है। उन्हें इस बात का सदैव ख़याल रहता है कि उनकी चिन्ता का मुख्य विषय साहित्य है। वे साहित्य की सार्थकता के मानदंडों की तलाश के लिए समाज, इतिहास और राजनीति तक की यात्रा करते हैं। इन तीनों पक्षों के बारे में सही दृष्टि न रखनेवाला साहित्य सार्थक नहीं हो सकता। इसी के साथ इस बात की सावधानी भी जरूरी है कि साहित्य की अपनी भाषिक संरचना की शर्तों को भी ध्यान में रखा जाये। भाषिक संरचना से ही रचना के साहित्यिक और साहित्येतर होने का प्रमाण मिलता है।

आचार्य रामचन्द्र शुक्ल के बाद हिन्दी कविता को एक विधा के तौर पर पुनर्व्याख्यायित करने का काम प्रभावशाली तरीके से नहीं हो सका। डॉ नगेन्द्र और उस परम्परा के आलोचकों ने कविता के सैद्धान्तिक पक्ष पर संस्कृत काव्यशास्त्र की समझ के अनुसार सोचा-विचारा जरूर, मगर वे उस विश्लेषण को इस लायक नहीं बना सके कि उनके आधार पर समकालीन कविता को तो छोड़ दीजिए, छायावादी कविता की भी व्याख्या ठीक से नहीं की जा सकती थी। आचार्य हजारी प्रसाद द्विवेदी ने 'कबीर' को स्थापित तो किया, मगर कविता के बारे में वे कोई

महत्त्वपूर्ण स्थापना नहीं दे सके। उनकी पुस्तक कबीर का व्यक्तित्व-विश्लेषण जोरदार तरीके से कर सकी, उनके परिवेश तथा आध्यात्मिक परम्परा-साधना के बारे में शोधपूर्ण पड़ताल कर सकी, लेकिन एक कवि पर लिखी गयी यह पुस्तक 'कविता' के बारे में किसी सैद्धान्तिक पक्ष को प्रकट नहीं कर सकी। यह पुस्तक कबीर की मान्यताओं को साहित्यिक स्वीकृति दिलाने में सफल रही। आचार्य शुक्ल ने कबीर के बारे में अपनी विभिन्न पुस्तकों में जितना कुछ लिखा था, उनसे एक ठीक-ठाक पुस्तक तैयार हो सकती थी। मगर, शुक्लजी कबीर को महत्त्वपूर्ण मानने के बावजूद साहित्यिक स्वीकृति देने के पक्ष में नहीं थे। कुछ ऐसी ही स्थिति रामविलास शर्मा की रही, उन्होंने निराला की कविताओं की भावपक्षीय और कलापक्षीय विशेषताओं का विस्तृत विश्लेषण किया। रामविलासजी की पुस्तकें निराला को उच्चकोटि के विचारक और बौद्धिक के साथ प्रगतिशील रूप में पहचान बनाने में मदद पहुँचाती हैं। इनमें भी कविता के विधागत स्वरूप पर विचार-विमर्श नहीं मिलता।

'कविता के नये प्रतिमान' में पहला अध्याय है 'कविता क्या है?' पूरे अध्याय को पढ़ जाने के बाद भी इस प्रश्न का उत्तर नहीं मिलता ! इसके 'प्रथम संस्करण की भूमिका' में घोषणा है कि यहाँ 'स्पष्ट प्रतिमान' देने की कोई योजना नहीं है, इसमें प्रतिमान के 'निर्माण' का दम्भ नहीं है। नामवरजी की राय है कि 'काव्य-सिद्धान्त' 'पाठक की दृष्टि को सीमित और निर्णय को पूर्वग्रह से दूषित करते प्रतीत होते हैं।' यह भी प्रतिज्ञा है कि इस पुस्तक के 'केन्द्र में मुक्तिबोध हैं'। मगर इस पहले अध्याय की समाप्ति विजयदेव नारायण साही के कथन से है कि 'कविता के नये प्रतिमान की जरूरत है'। नामवरजी की यह पुस्तक उलझनों और भ्रमों से भरी हुई है। मनोयोगपूर्वक पढ़े जाने के बावजूद ये उलझनें दूर नहीं हो पाती हैं। 'विवाद' का परचम बुलन्द है, मगर 'कविता' को एक विधा के तौर पर समझने-समझाने की स्थिति इसमें नहीं बन पायी है।

आचार्य द्विवेदी, रामविलास शर्मा और नामवर सिंह की काव्यालोचना पर कुँवरनारायण की यह टिप्पणी सटीक बैठती है, "आज भी हिन्दी समीक्षा के सिद्धान्त-पक्ष और व्यवहार-पक्ष में यह विषमता बनी हुई है। अधिकांश समीक्षा के पीछे बिल्कुल व्यक्तिगत रुचि और काव्यानुभव रहता है–समीक्षा के सुनिश्चित मानदंड या तो होते ही नहीं, या ऊल-जलूल होते हैं।"[1]

छायावाद के बाद हिन्दी में कविताएँ खूब लिखी गयीं, कविता में नवीनता और प्रयोग को लेकर अनेक रोचक दावे किये गये। प्रगतिवाद, प्रयोगवाद और नयी कविता के दौर में कविता के स्वरूप तथा विषय में अनेक विविधताएँ आयीं। कवियों ने अपनी कविताओं के बारे में बताने-समझाने का भी प्रयास किया। नयी

कविता के बाद कविता की कोई भी प्रवृत्ति टिकाऊ नहीं रही, बल्कि कविता के भाव-बोध और रूप-शिल्प की अनिश्चितता बढ़ती गयी। स्त्री-विमर्श और दलित-विमर्श ने कविता की विषय-वस्तु में एक स्थिरता का सूत्रपात तो किया, मगर विधा के तौर पर कविता के बारे में कुछ कहने-करने का प्रयास ये नहीं कर सके। बड़े आलोचक भी मान कर चल रहे थे कि कविता के बुनियादी प्रश्नों पर विचार करने की जरूरत नहीं है। नामवरजी को तो शंका है कि, "कविता सम्बन्धी बुनियादी सवाल की ओट में किसी पुराने सिद्धान्त का सहारा"[2] लेने की कोशिश की जाती है। कविता के बुनियादी सवालों को वे एक तरह से गैर-जरूरी मान लेते हैं। 'छायावाद' पुस्तक को छोड़ दें तो कहा जा सकता है कि उनकी प्रायः सभी पुस्तकों में बुनियादी सवालों को छोड़ने की प्रवृत्ति दिखाई पड़ती है।

'कविता की ज़मीन और ज़मीन की कविता' (2010) में नामवरजी के 30 आलेख/भाषण हैं। इन सबका सम्बन्ध कविता से है, मगर कविता के विधागत रूप पर कोई विशेष बात इनमें नहीं मिलती। विभिन्न मौकों अथवा प्रसंगों से ये अध्याय जुड़े हैं, जो अन्ततः हिन्दी कविता के पक्ष हैं। लम्बे अन्तराल के बाद नामवरजी की प्रकाशित पुस्तक से उम्मीद थी कि कविता के बारे में उनकी कोई स्पष्ट राय मिल सकेगी। मगर यह पुस्तक इस दृष्टि से निराश ही करती है। 1968 में जो सवाल 'कविता के नये प्रतिमान' में उठाया गया था कि 'कविता क्या है?', वह 2010 में सम्पादित पुस्तक तक अनुत्तरित ही रह गया। जिस सवाल को जरूरी समझ कर आचार्य शुक्ल ने लम्बे समय तक संशोधन कर-करके अपने निबन्ध 'कविता क्या है?' में उत्तर देने का सफल प्रयत्न किया, उसे नामवरजी 'बुनियादी सवाल' का नाम देकर, उत्तर देने लायक नहीं, सिद्ध करना चाहते हैं।

'रसमीमांसा' में एक उपअध्याय है 'काव्य की भाषा'। इसमें आचार्य शुक्ल ने साफ-सुथरे शब्दों में कविता की भाषा पर विचार किया है। इसे पढ़कर कविता की भाषा के सम्बन्ध में एक समझ प्राप्त की जा सकती है। इससे यह भी पता चलता है कि कविता की भाषा सामान्य भाषा से कैसे उत्पन्न होती है तथा अन्य विधाओं की भाषा से वह कैसे भिन्न होती है? आचार्य शुक्ल की इन बातों को हिन्दी कविता की भाषा पर लागू करके हम जाँच सकते हैं और स्पष्ट राय बना सकते हैं कि दी गयी कविता की भाषा किस दर्जे की है! 'कविता के नये प्रतिमान' में एक अध्याय है 'काव्य-भाषा और सृजनशीलता'। इसमें भी नामवरजी के स्वभाव के अनुसार अन्य लेखकों के विचारों से टकराव की प्रस्तुति है, मगर 'काव्य-भाषा' का सवाल अनुत्तरित ही रह गया है। सम्भवतः इस सवाल को भी 'बुनियादी सवाल' मानकर नामवरजी ने इस पर बात करना जरूरी न समझा हो!!

'कविता के नये प्रतिमान'(1968) के कुछ वर्षों के बाद रामविलास शर्मा

की पुस्तक 'निराला की साहित्य-साधना-2' (1972) प्रकाशित हुई। इस पुस्तक में रामविलासजी ने मुद्दों पर आधारित कई अध्याय बनाये हैं, जिनकी पुष्टि, उन्होंने निराला के साहित्य से सन्दर्भ लेकर, की है। निराला के विराट साहित्यिक व्यक्तित्व को सामने लाने में इस पुस्तक की भूमिका ऐतिहासिक है। 'कला' शीर्षक से इसमें लगभग पौने दो सौ पृष्ठों का एक खंड है जिसमें 24 अध्याय हैं, जिनका सम्बन्ध प्रायः काव्य-भाषा से ही है।

उदाहरण के तौर पर यहाँ 'अलंकरण' नामक उपअध्याय का उल्लेख किया जा रहा है। अलंकार की सीधी-सादी अवधारणा यही है कि इससे कविता की शोभा में वृद्धि होती है। मगर अलंकारप्रियता या अलंकारों की अतिशयता से कविता के मूल उद्देश्य की हानि होने की सम्भावना रहती है, इसलिए एक उच्चकोटि का रचनाकार इनका प्रयोग सावधानी से करता है। रीतिबद्ध अलंकृति का विरोध हिन्दी आलोचना में लम्बे समय से होता भी आ रहा है। मगर काव्य-भाषा का एक अनिवार्य-पक्ष है अप्रस्तुत-विधान या अन्योक्ति या रूपकात्मकता। इन सबकी सृष्टि अलंकार-विधान से होती है। अलंकारों का प्रयोग तकनीक के रूप में करने से सफलता संदिग्ध रहती है। 'रसमीमांसा' में आचार्य शुक्ल ने 'भाव या भावना के उत्कर्षसाधन' के रूप में अलंकार की पहचान बतायी है। अलंकृति वही सफल है जो कविता में 'भावना' या 'भाव' के 'उत्कर्ष' का 'साधन' बने। कालिदास के बारे में प्रसिद्ध कथन है–'उपमा कालिदासस्य'। कालिदास की उपमाएँ सटीक होती हैं। वे व्यर्थ की उपमाएँ नहीं देते। उनकी उपमाएँ कविता के भाव को उत्कर्ष प्रदान करती हैं। आचार्य शुक्ल की उपर्युक्त मान्यता उनके शब्दों में, "अलंकार चाहे अप्रस्तुत वस्तुयोजना के रूप में हो (जैसे, उपमा, रूपक, उत्प्रेक्षा इत्यादि में), चाहे वाक्यवक्रता के रूप में (जैसे, अप्रस्तुत प्रशंसा, परिसंख्या, व्याजस्तुति, विरोध इत्यादि में), चाहे वर्णविन्यास के रूप में (जैसे, अनुप्रास में), लाये जाते हैं वे प्रस्तुत भाव या भावना के उत्कर्ष साधन के लिए ही।"[3]

मगर रामविलासजी की मान्यता इसके विपरीत है। 'अलंकरण' नामक उस उपअध्याय में वे लिखते हैं, "अलंकारों का काम कविता को सजाना है, भावोत्कर्ष में सहायक होना नहीं।"[4]

शुक्लजी और रामविलासजी की अलंकार-सम्बन्धी मान्यता में जब अन्तर दिखाई पड़े तो भरोसा शुक्लजी पर ही करना होगा! 'शोभा' को रामविलासजी 'सजाना' तक सीमित कर देते हैं! अलंकार को 'शोभाधायक धर्म' भी कहा गया है! अपनी मान्यता को वे निराला में भी मौजूद बताते हैं, 'यह धारणा निराला में भी है'। पुनः लिखते हैं, 'निराला का अलंकार-प्रेम स्पष्ट है....' इसका अर्थ यह

हुआ कि निराला मानते थे कि अलंकारों का काम महज सजावट का है और वे 'भावोत्कर्ष' में सहायक नहीं होते, फिर भी वे अलंकारों से प्रेम करते थे। इसी उपअध्याय में रामविलासजी ने अलंकारहीन भाषा का जिक्र किया है तथा निराला को इसका प्रशंसक बताया है। फिर, 'नीलिमा' या नीले रंग को निराला का प्रिय उपमान बताते हुए वे इस निष्कर्ष पर पहुँचते हैं कि, "यहाँ वह अलंकार मात्र नहीं, कविता की भाव-संरचना का अभिन्न अंग है।"[5] 'भाव-संरचना' शब्द पर ध्यान दिया जाना चाहिए! रामविलासजी कहना चाहते हैं कि 'नीलिमा' निराला की कविता में एक ऐसी उपमा है जो 'भाव-संरचना' को समृद्ध कर रही है अर्थात् यह 'भावोत्कर्ष में सहायक' है। रामविलासजी अपनी ही स्थापना का विरोध कर रहे हैं कि "अलंकारों का काम कविता को सजाना है, भावोत्कर्ष में सहायक होना नहीं।"

नामवरजी कविता के 'बुनियादी सवाल' उठाए जाने पर आशंकित हो जाते हैं और रामविलासजी काव्य-भाषा के एक पक्ष पर असंगत तरीके से विचार करते हैं। कुल मिलाकर, कविता के बदलते स्वरूप की स्वीकृति का प्रश्न इन दोनों आलोचकों के सामने है। नामवरजी 'नयी कविता' के दौर में लिखी जा रही कविताओं को महत्त्वपूर्ण मानते थे, इसलिए उन्होंने इनकी स्वीकृति का पक्ष लेते हुए इनकी विशेषताओं को उद्‌घाटित करने का प्रयास किया। साथ ही उन्होंने इन कविताओं के प्रति विकसित गलत समझ को भी दुरुस्त किया। रामविलासजी ने निराला की कविताओं को महत्त्वपूर्ण मानते हुए उनकी विशेषताओं को उद्‌घाटित किया। मगर इन दोनों प्रयासों में यह कमी रह गयी कि कविता को एक विधा के तौर पर आज के दौर में समझने की दृष्टि का विकास नहीं हो सका। आचार्य शुक्ल के बाद एक बड़ा कालखंड गुजर जाने के बाद भी यह सवाल बना हुआ है कि कविता के बारे में नयी मान्यताएँ क्या हो सकती हैं! बीसवीं शताब्दी के अन्तिम दशकों तक की कविता के बारे में अपनी समझ दुरुस्त करने के कौन-से तरीके हो सकते हैं! 'कविता क्या है ?' का जवाब बार-बार चाहिए। पुरानी परिभाषाएँ अपना बोध धीरे-धीरे खोती जाती हैं अथवा ऐतिहासिक सन्दर्भों में उनकी व्याख्या हो पाती है। 'तददोषौ शब्दार्थौ सगुणावनलंकृती पुनः क्वापि' आज भी निरर्थक परिभाषा नहीं है, मगर इस परिभाषा की व्याख्या के लिए काव्य-सम्प्रदायों के जिस विस्तृत इतिहास में जाना पड़ता है, उसकी प्रासंगिकता आज नहीं बन पाती है; हालाँकि उस इतिहास का अपना स्थायी महत्त्व है। प्रत्येक पीढ़ी अपनी समझ को पक्का करने के लिए इतिहास-बोध तथा समकालीन-बोध को समान रूप से महत्त्वपूर्ण मानती है। 'इतिहास के अन्त' की घोषणा के भ्रम से अब बौद्धिक वर्ग उबर चुका है। अनेक समाजों ने तो अब जाकर अपने इतिहास को

पहचानना और उस पर लिखना शुरू किया है। 'दास्तान मुग़ल महिलाओं की' नामक पुस्तक में हेरम्ब चतुर्वेदी ने यही दिखाना चाहा है कि मुगलकालीन दौर को ठीक से समझने के लिए उनकी महिलाओं की भूमिकाओं को भी इतिहास का हिस्सा बनाना पड़ेगा। इससे यही पता चलता है कि स्त्रियों का इतिहास तो अब पहचाना जा रहा है ! 'अन्त' की बात छोड़िए, अभी तो इस इतिहास की ठीक से शुरुआत भी नहीं हुई है!

आचार्य शुक्ल तक कविता का इतिहास-बोध और समकालीन-बोध अपने सन्तुलन के साथ प्रायः विकसित होता रहा। कविता के स्वरूपगत विकास का इतिहास-बोध शुक्लजी के लेखन में पूरी चौकसी के साथ मौजूद है। उनके बाद की हिन्दी आलोचना कविता के स्वरूप पर जो भी बात करती है उसमें समकालीन-बोध की मात्रा अधिक है। 'कविता के नये प्रतिमान' में नामवरजी का समकालीन-बोध ही उनकी बहस की ताकत है। मगर 'कविता क्या है?' पर विचार की जरूरत वे महसूस नहीं करते। एक तरह से ऐसे प्रश्नों के 'अन्त' की मान्यता इस दौर की हिन्दी आलोचना में चलती हुई दिखाई पड़ती है। आचार्य शुक्ल के बाद मैनेजर पाण्डेय की चिन्ता इन प्रश्नों पर केन्द्रित होती है और अनेक अर्थों में वे कविता की समझ को दुरुस्त करते हैं। उनकी पुस्तकों में कविता-सम्बन्धी मान्यताओं को देखने-समझने से यह विचार बन सकता है कि उन्होंने उपर्युक्त अभावों को काफी हद तक दूर करने की कोशिश की है।

सन्दर्भ

11. कविता के नये प्रतिमान, नामवर सिंह, राजकमल प्रकाशन, नयी दिल्ली, 1993, पृ. 28–29
2. वही, पृ. 27
3. रसमीमांसा, आचार्य रामचन्द्र शुक्ल, नागरी प्रचारिणी सभा, काशी, संवत् 2048, पृ. 35
4. निराला की साहित्य-साधना-2, रामविलास शर्मा, राजकमल प्रकाशन, नयी दिल्ली, 1994, पृ. 408
5. वही, पृ. 409

मनुष्यता की मातृभाषा

मैनेजर पाण्डेय ने कविता से जुड़ी चिन्ताओं को 'हिन्दी कविता का अतीत और वर्तमान', 'साहित्य के समाजशास्त्र की भूमिका', 'संवाद-परिसंवाद', 'मेरे साक्षात्कार', 'भक्ति आन्दोलन और सूरदास का काव्य' आदि पुस्तकों में व्यक्त किया है। इन पुस्तकों में फैली कविता-सम्बन्धी सामग्री को क्रमिक रूप से रखकर पिछले अध्याय में उल्लिखित चिन्ताओं का समाधान निकाला जा सकता है। कविता के स्वरूप, विषय, संरचना, विधागत वैशिष्ट्य, विचारधारा या विमर्श के सन्दर्भ में कविता, छन्द और कविता, कविता की समकालीन स्थिति-आदि हिस्सों में बाँटकर इन विचारों की जाँच-परख की जाये तो कविता की एक सार्थक तस्वीर बनने की सम्भावना हो सकती है।

आचार्य शुक्ल 'हृदय की मुक्तावस्था' को कविता से जोड़ते हैं तो उनके सामने 'आत्मा की मुक्तावस्था' की दार्शनिक कसौटी होती है। वे 'रसदशा' को 'ज्ञानदशा' की उच्च दार्शनिक भूमि से जोड़ते हैं। वे कविता को महज 'शब्द-विधान' नहीं मानते, बल्कि 'हृदय की मुक्ति की साधना' को कविता की भाषा के लिए शर्त के रूप में रख देते हैं। मैनेजर पाण्डेय कविता की कसौटी के लिए कार्ल मार्क्स[1] जैसे महान दार्शनिक की समझ को अपनाते हैं कि 'कविता मनुष्यता की मातृभाषा है'। मार्क्स ने हैमन (Johann George Hamann, 1730-1788) की कविता-सम्बन्धी मान्यता को अपने एक लेख में उल्लिखित किया था कि, "Poetry is the mother-tongue of the human race." हैमन के पूरे उद्धरण को ध्यान में रखा जाये तो हम पायेंगे कि उनका जोर कविता की प्राचीनता पर है। उनका आशय है कि भाषा के सुव्यवस्थित विकास से भी पहले मनुष्य जाति को अपनी मातृभाषा मिलती है। मानक भाषा से पुरानी होती है मातृभाषा। इस बात को उनके द्वारा दिये गये तुलनात्मक उदाहरणों से समझा जा सकता है, ('just as gardening is older than agriculture, painting than writing'.) जैसे, बागवानी कृषि से पुरानी है, रंगों की कला लेखन से पुरानी है। मार्क्स ने आत्महत्या के सन्दर्भ में इस परिभाषा को याद किया है और कविता

को मनुष्य जाति की आत्मीय और भावप्रवण भाषा के रूप में रेखांकित किया है। पाण्डेयजी मार्क्स से इस परिभाषा का सन्दर्भ लेते हैं और उसे विस्तार देते हुए नयी सार्थकता प्रदान करते हैं। वे 'मनुष्य जाति' के बजाय 'मनुष्यता' की बात करते हैं। 'mother-tongue' से कविता की प्राचीनता का जो बोध इस परिभाषा में मौजूद था, पाण्डेयजी 'मातृभाषा' शब्द में आत्मीयता और भावप्रवणता के सन्दर्भ का विस्तार देते हैं। कविता मनुष्यता की पक्षधर होती है। यही उसकी विषय-वस्तु की दिशा होती है। उसका उपयोग मनुष्यता के खिलाफ नहीं किया जा सकता है। कविता की भाषा चाहे जिस स्तर की हो उसमें आत्मीयता की सच्चाई होनी चाहिए। 'बहलाती, फुसलाती आत्मीयता' (मुक्तिबोध) वाली भाषा से रचित कविता 'बर्दाश्त' नहीं होती। ऐसी भाषा में लिखी गयी कविता काल की कसौटी पर खरी नहीं उतरती है।

पाण्डेयजी इस परिभाषा को अनेक बार याद करते हैं। इसकी व्याख्या करते हुए वे लिखते हैं, "...कविता मातृभाषा की तरह सहज होती है। मनुष्य अत्यन्त घनीभूत सुख या दुख के क्षणों में मातृभाषा की तरह ही कविता से जुड़ता है। मतलब यह है कि जब मनुष्य सुख या दुख के अत्यन्त घनीभूत क्षणों में होता है तो उसकी अभिव्यक्ति मातृभाषा में होती है, उसी तरह कविता मानवीय भावनाओं की अभिव्यक्ति का सबसे आत्मीय माध्यम है।"[2]

कविता और मनुष्यता के सम्बन्ध पर आचार्य शुक्ल ने पर्याप्त जोर दिया है। 'कविता क्या है?' शीर्षक उनके तीनों निबन्धों में इस पक्ष का विश्लेषण अनेक प्रकार से किया गया है। पाण्डेयजी की मार्क्सवादी दृष्टि से कही गयी बातों की तुलना आचार्य शुक्ल के इस कथन से की जा सकती है, "मनुष्य को अपनी मनुष्यता खोने का डर बराबर रहता है। इसी से अन्तःप्रकृति में मनुष्यता को समय-समय पर जगाते रहने के लिए कविता मनुष्य जाति के साथ लगी चली आ रही है और चली चलेगी। जानवरों को इसकी जरूरत नहीं।"[3]

कविता का इतिहास, समाज के इतिहास के अलावा राजनीति के इतिहास से भी जुड़ता है। आचार्य शुक्ल के विश्लेषण की परम्परा में पाण्डेयजी राजनीति को भी जोड़ते हैं। कविता दर्शन से बनती है, मगर समाज के सापेक्ष रची जाती है और राजनीति के सामने एक पक्ष बनकर खड़ी होती है। इतिहास, समाज और राजनीति के तालमेल को समझते हुए मातृभाषा की आत्मीयता से रची गयी कविता ही मनुष्यता की रक्षा में सक्षम होती है। कमजोर इतिहास-बोध के साथ रची गयी कविताएँ भुला दी गयी हैं, "अब तक के इतिहास में वही कविता समाज के लिए जरूरी साबित हुई है, जो अपने समय और समाज के हाशिए पर रहने वाले पराधीन तथा पीड़ित जनसमुदाय की यातना के अनुभवों की आवाज बनी है और

उसके संघर्ष की शक्ति भी। आज हम जिस संसार में जीने-मरने के लिए मजबूर हैं, उस पर शासन करने वाली व्यवस्था असामाजिक मनुष्य और अमानवीय समाज पैदा करती है। इसलिए उसके खिलाफ खड़ा होना कविता का धर्म है, क्योंकि वह मनुष्यता की मातृभाषा है। यही कविता की जिन्दगी और जरूरत की बुनियादी शर्त है।"[4]

सारांश यह कि कविता मनुष्यता के पक्ष में ही लिखी जाकर सार्थक होती है। उसकी भाषा सहज और आत्मीय होगी, तभी ग्राह्य होगी। ऐसा नहीं होने पर उसमें व्यक्त किये गये कथ्य में कविता-जैसी अभिव्यक्ति नहीं बन पायेगी। कविता प्राय: पीड़ित के पक्ष से खड़ी होती है। पीड़ितों का तिरस्कार करनेवाली कविता स्वयं तिरस्कृत हो जाती है। कविता में यातना के अनुभवों को व्यक्त करते हुए संघर्ष की जिजीविषा प्रकट करने की प्रवृत्ति होती है। आज की कविता को यदि सार्थक होना है तो उसे उन तत्त्वों के खिलाफ खड़ा होना होगा जो आज के समय में मनुष्यता के विरुद्ध हैं। पाण्डेयजी पूँजीवाद के इस दौर के बारे में कहते हैं कि 'असामाजिक मनुष्य' और 'अमानवीय समाज' बनने की प्रवृत्ति तेज हो गयी है। मनुष्य का मनुष्य से सम्बन्ध और समाज के रूप में उसका अन्त:सम्बन्ध पूँजी के हस्तक्षेप से इस कदर संक्रमित हो गया है कि बाजार ने नियामक का रूप धारण कर लिया है। बाजार को मनुष्य की चिन्ता केवल एक ग्राहक के रूप में है। ग्राहक बनने की योग्यता का विकास ही आज के मनुष्य का कॅरियर है। जो अच्छा ग्राहक है, वही सफल है। ऐसी स्थिति में 'मनुष्यता की मातृभाषा' वैश्वीकरण की बाजारू भाषा के सामने एकबारगी निराश करती हुई मालूम पड़ने लगती है। बाजारू भाषा ग्राहक को लुभाती है, हमारी मनुष्यता को नहीं। बाजार का विस्तार छद्म मनुष्यता को भी रचता है। वह लोकतान्त्रिक सत्ता को बनाने-बिगाड़ने में महत्त्वपूर्ण भूमिका निभाने लगा है। आज का मनुष्य सत्ता से भी ज्यादा बाजार से प्रभावित होने को मजबूर है। बाजार की शक्तियों से लड़ पाना लोकतान्त्रिक सत्ताओं के भी वश में नहीं रह गया है। यह विकास मनुष्यता के पक्ष में न होकर 'मुनाफे की संस्कृति' के पक्ष में है। इसलिए जरूरी है कि कविता का रचाव इन सबके खिलाफ हो। मनुष्य की आत्मीयता को प्रकट करने वाली यह सबसे पुरानी विधा है। दुनिया की तमाम भाषाओं में कविताएँ रची गयीं, ऐसी भाषाओं में भी जिनका लिखित रूप विकसित नहीं हो पाया हो। गद्य की विधाएँ भले ही इनमें न मिलती हों, मगर कविता रचने की अनिवार्यता मानो मनुष्यता के प्रति मनुष्य की स्वाभाविक पक्षधरता के कारण सम्भव हुआ हो।

कविता का मूल स्वरूप यही है। यदि अपने मूल स्वभाव को छोड़कर वह कुछ और करने लगती है तो हस्तक्षेप की उसकी ताकत कमजोर होने लगती है

इसलिए कविता का इतिहास मनुष्यता का इतिहास है। आदिम जमाने से लेकर आज तक की कविता के सामने ऐतिहासिक शक्तियों के अनेक दौर आये और गये। कविता इन तमाम उत्थान-पतन में अपनी भूमिका निभाती रही और मनुष्यता के पक्ष में खड़ी होकर स्वयं को सार्थक बनाती रही, "मैं मनुष्यता को सम्पूर्णता में जानने के लिए कविता की ओर जाता हूँ। कविता में मनुष्य की मनुष्यता प्रकट और पुष्ट होती है। विभिन्न युगों और देशों के मनुष्य के सुख-दुःख, विजय-पराजय, संघर्ष और विकास को जानने के लिए मैं कविता पढ़ता हूँ। दुनिया भर में कविता का इतिहास मनुष्य की मनुष्यता का इतिहास है। मानव जीवन के रूप और अर्थ के विभिन्न स्तरों की अत्यन्त प्रभावशाली अभिव्यक्ति कविता के माध्यम से होती है। किसी देश या काल के मनुष्य की आत्मीय छवि को जानने का सर्वाधिक महत्त्वपूर्ण साधन कविता है। किसी जाति की भावना, कल्पना, स्मृति और रचनाशीलता की क्षमता की पहचान उसकी कविता में ही हो सकती है। इसलिए मेरे लिए कविता से जुड़ने का प्रयोजन है-व्यापक मानवता से जुड़ना।"[5]

मैनेजर पाण्डेय कविता की जो पहचान इन पंक्तियों में बता रहे हैं उन्हें किसी भी युग के महत्त्वपूर्ण कवि-कर्म में देखा जा सकता है। कबीर-तुलसी की कविता हो या ओमप्रकाश वाल्मीकि की कविता-इन सबमें मनुष्यता के पक्ष से बहस की गयी है। यहाँ तक कि परस्पर विरोधी दिखनेवाले कवियों के पास भी मनुष्यता की कसौटी के अपने-अपने तर्क हैं। वर्णाश्रम के विरोधी कबीर और समर्थक तुलसी अपने-अपने काव्यलोक में भिन्न सामाजिक दृष्टि से मनुष्यता के पक्ष की ही तलाश करते हैं। ऐतिहासिक सन्दर्भ बदलने पर तथ्यात्मक रूप से किसी कवि की वैचारिक सीमा को दिखाया जाता रहा है। मगर, कवि की आस्था मनुष्यता के प्रति सदैव बनी रही है। पाण्डेयजी अपनी बनायी कसौटी पर कवियों का मूल्यांकन भी करते हैं, "इस तरह कबीर ने मनुष्यता को पहले से प्रचलित धर्म, जाति और कुल के ऊँच-नीच के भेदभाव से मुक्त मनुष्य के रूप में देखने की दृष्टि विकसित की और उसे मूलगामी दृष्टि से हिन्दू और इस्लाम दोनों धर्मों, उनके आधार-ग्रन्थों, उन ग्रन्थों से निकली सामाजिक व्यवस्थाओं और उन व्यवस्थाओं की रूढ़ियों की आलोचना की; क्योंकि इन सबसे मानव समाज में तरह-तरह के भेद पैदा होते हैं।"[6] कबीर की कविताओं से उदाहरण देते हुए वे 'ऐसा भेद बिगूचन भारी' पद उद्धृत करते हैं। कविता से प्रमाण देते हुए अपनी कसौटी की पुष्टि करना और पुनः कवि की सामाजिक-ऐतिहासिक भूमिका को रेखांकित करना कि "उनकी दृष्टि समाज में मनुष्यत्व की भावना विकसित करने के लक्ष्य पर रहती है।"[7] लोक और शास्त्र

के द्वन्द्व को पहली बार आचार्य हजारी प्रसाद द्विवेदी ने व्याख्यायित किया था। नामवर सिंह ने 'दूसरी परम्परा की खोज' में इस पक्ष को प्रमुखता से उठाया था। मैनेजर पाण्डेय ने कबीर की कविता के माध्यम से लोक के अन्तर्विरोध को रेखांकित किया है. लोक के भीतर भी मनुष्य-विरोधी प्रवृत्तियाँ पाई जाती हैं, " 'दूसरी परम्परा की खोज' में शास्त्र बनाम लोक के द्वन्द्व की पहचान है, लेकिन लोक के अन्तर्द्वन्द्वों की चिन्ता और चर्चा नहीं है जो कबीर के काव्य में मौजूद है। कबीरदास ने बार-बार लोक के अन्तर्विरोधों की बात की है और साथ ही लोकमत से शास्त्रमत के सम्बन्धों पर भी ध्यान दिया है।"[8]

मनुष्यता के लिए खतरा केवल 'शास्त्रीय धर्म का भय' नहीं होता, बल्कि 'लोक धर्म का भ्रम' भी होता है। 'लोकामति के भोरा रे'–जैसे पदों में कबीर ने लोकप्रचलित अन्धविश्वासों का खंडन किया है जो 'मनुष्य के आत्मविश्वास' का नाश करते हैं। पाण्डेयजी कबीर को 'द्रष्टा कवि' मानते हैं। 'द्रष्टा' होने का उनका मूल आधार है–'प्रेम'। प्रेम 'मनुष्यता का पोषक' होता है। कविता और मनुष्यता के अनिवार्य सम्बन्ध की पुष्टि कबीर की कविता करती है। 'मनुष्यता की मातृभाषा' में रचे जाने के कारण वह शताब्दियों से, सत्ता के संरक्षण के बिना और विरोध के बावजूद; पढ़ी, समझी और अपनाई जा रही है, "कबीर की कविता की अपार लोकप्रियता का एक कारण उसकी बोलचाल और जीवन-व्यवहार की भाषा है। उसकी बनावट ऐसी है कि वह हिन्दू और मुसलमान, साधु और गृहस्थ, नागर और देहाती, पढ़े-लिखे और अनपढ़, स्त्री और पुरुष सबको अपनी भाषा लगती है। वह जितनी सहज है, उतनी ही अर्थपूर्ण।"[9]

पाण्डेयजी कविता की पहचान जिन शब्दों के द्वारा बनाते हैं, उनसे वे कबीर की ही नहीं बल्कि बीसवीं शताब्दी के अन्तिम दो दशकों में रचनाशील कवि कुमार विकल की कविता का भी मूल्यांकन करते हैं। कवि के अनुसार बननेवाली अलग-अलग कसौटियों के बजाय कविता की कसौटी बनाने की यह कोशिश आचार्य शुक्ल के बाद दुर्लभ उपलब्धि है। व्यावहारिक आलोचना की बहुतायतता और सैद्धान्तिक आलोचना की उपेक्षा ने हिन्दी आलोचना में अराजकता की प्रवृत्ति को बढ़ावा दिया है। सैद्धान्तिक आलोचना की अनुपस्थिति आलोचक के मनमानेपन को बढ़ने के मौके देती है ऐसी प्रवृत्ति से आलोचना का विकास नहीं हो पाता है। 'मनुष्यता की मातृभाषा' की कसौटी पर जाँचते हुए कुमार विकल का यह मूल्यांकन उल्लेखनीय है, "कुमार विकल की कविताओं का पाठक यह अनुभव करता है हम एक ऐसी मनुष्य-विरोधी व्यवस्था में जी रहे हैं जो लगातार असामाजिक मनुष्य पैदा कर रही है और वे असामाजिक मनुष्य व्यवस्था और पूरे समाज को अधिकाधिक मनुष्य-विरोधी बनाने में लगे हुए हैं।

इस दुष्चक्र में व्यक्ति की सामाजिकता और उसकी मानवीयता हमेशा खतरे में है। इस स्थिति का बोध कराती हुई कुमार विकल की कविता पाठक को एक ओर बेचैन करती है तो दूसरी ओर उसे सामाजिक रूप से संवेदनशील बनाती है। आज के समय में किसी कवि और कविता की सामाजिक सार्थकता इससे अधिक और क्या होगी!"[10]

'असामाजिक मनुष्य' और 'अमानवीय समाज' की मौजूदा परिस्थितियों में कुमार विकल का उपर्युक्त मूल्यांकन पाण्डेयजी की व्यवस्थित आलोचना का परिचायक है। सिद्धान्त-निर्माण से लेकर व्यावहारिक आलोचना में व्यवस्था बनाये रखना मैनेजर पाण्डेय की स्वाभाविक विशेषता है। व्यावहारिक आलोचना लिखते हुए वे कभी भी प्रवाहपतित नहीं होते। वे ऐसा कुछ नहीं कह जाते जिसकी पुष्टि सैद्धान्तिक भाषा में करना उन्हें नहीं आता हो। एक कवि के बारे में कुछ कहते हुए वे सदैव ध्यान में रखते हैं कि साहित्य के इतिहास और आलोचना के विकास के साथ उस बात का तालमेल हो। कुमार विकल भी इसीलिए सार्थक हैं क्योंकि 'मनुष्य की मरती हुई मनुष्यता भी उन्हें बेचैन करती है'। कबीर से लेकर कुमार विकल तक मनुष्यता की चिन्ता करती कविता और उसकी पहचान करती मैनेजर पाण्डेय की आलोचना-दृष्टि !

नाथूराम शर्मा 'शंकर' की कविताओं पर विचार करने की आवश्यकता अब कम ही महसूस की जाती है। 'परम्परा और नयी चेतना की एकता' को 'शंकर' की कविताओं में विश्लेषित करते हुए वे पुनः अपनी कसौटी पर पहुँचते हैं। 'संवत् 1953-54' शीर्षक एक लम्बी कविता 1894 में छपी थी। इस कविता में शंकर ने किसानों की दुर्दशा का चित्रण किया था। इस कविता की कुछ पंक्तियों को उद्धृत करने के बाद मैनेजर पाण्डेय 'मनुष्यता' की कसौटी पर मूल्यांकन का पक्ष लेते हैं, "जो लोग रसराजश्रृंगार से कविता का दूर जाना उचित नहीं समझते या जो व्यंजना से नीचे की भूमि पर कविता का आना पसन्द नहीं करते, सम्भव है, उन्हें यहाँ कविता दिखाई न दे। लेकिन जो कविता को मानवीयता से संपृक्त देखना चाहते हैं, उनकी मानवीयता को जगाने में यह कविता सक्षम है।"[11]

पाण्डेयजी अपने प्रिय कवि नागार्जुन की 'समग्रतावादी काव्य-दृष्टि' के मूल में अपनी इसी कसौटी को देखते हैं, "नागार्जुन कविता को मनुष्यता की मातृभाषा मानते हैं, इसलिए उनकी कविता मनुष्यता की रक्षा के लिए लड़ने वाले मनुष्य की भाषा बोलने वाली कविता है।"[12] मनुष्यता की रक्षा के लिए लड़ने वाले लोगों की पहचान का एक आधार आन्दोलनों का इतिहास भी है। आजादी के पहले भी और उसके बाद भी जनता को आन्दोलनों की जरूरत रही है। पाण्डेयजी अनेक बार लिख और कह चुके हैं कि आजादी के बाद के भारत

के आन्दोलनों का इतिहास अगर जानना हो तो नागार्जुन की कविता उसका एक महत्त्वपूर्ण दस्तावेज है, "नागार्जुन मुख्यतः राजनीतिक कवि माने जाते हैं। उन्होंने भारत और दुनिया के राजनीतिक व्यक्तियों पर जितनी कविताएँ लिखी हैं उतनी शायद ही किसी अन्य कवि ने लिखी हों। उन कविताओं के आधार पर आजादी के बाद की भारतीय राजनीति की वास्तविकताओं, विडम्बनाओं और विरूपताओं का इतिहास लिखा जा सकता है। नागार्जुन की वे राजनीतिक कविताएँ विशेष रूप से महत्त्वपूर्ण हैं जो जन आन्दोलनों पर हैं।"[13]

अपनी बात को विस्तार देते हुए वे लिखते हैं कि नागार्जुन केवल किसानों-मजदूरों की कविता नहीं लिखते बल्कि छात्र आन्दोलनों का बारीक चित्रण करते हैं। नवादा जैसी छोटी जगह पर 1955 में हुए इस आन्दोलन का शिकार 'महेन्दर' और 'वासुदेव' जैसे विद्यार्थी हुए थे। नागार्जुन ने इस घटना पर कविता लिखी। पटना के बी.एन. कॉलेज में दीनानाथ को पुलिस ने गोली मार दी थी। इन शहादतों का इतिहास खत्म हो जाता यदि नागार्जुन जैसे सचेत कवि हमारे समाज में नहीं होते। ये सारे संघर्ष मनुष्यता के पक्ष से किये गये जनवादी संघर्ष थे। नागार्जुन की इन कविताओं को अच्छी कविता की श्रेणी में स्वीकृति प्राप्त करने के लिए जो संघर्ष करना पड़ा उसे समझने के लिए भी इन आन्दोलनों के ऐतिहासिक क्रम और महत्त्व को समझना पड़ेगा। नागार्जुन की सामाजिक चेतना मूलगामी है। वे भारतीय समाज के तीन निम्न वर्गीय समुदायों को अपनी कविता का विषय बनाते हैं—आदिवासी, दलित और स्त्रियाँ। इन तीनों वर्गों के शोषण और पीड़ा को नयी शब्दावली में नागार्जुन की कविताएँ व्यक्त करती हैं। पाण्डेयजी विस्तार से 'नागार्जुन की कविता की दुनिया' नामक आलेख में इन प्रसंगों पर विचार करते हैं।

कविता के मूल्यांकन का एक आधार 'मनुष्यता' को बनाये रखने की कोशिश का ही नतीजा है कि वे नागार्जुन की उन कविताओं की सार्थकता को स्थापित कर पाते हैं जिनके बारे में प्रायः यही राय मिलती थी कि इनमें कविता कहाँ है, ये तो बस ऐसे ही लिख दी गयी हैं, इनमें कवि ने कोई गम्भीर बात कहाँ कही है? 'यह तुम थीं', 'लच्छो की अम्मा', 'मेरी नवजात सखी', 'हमारा यह प्रतिनिधि', 'चौथी पीढ़ी का प्रतिनिधि', 'गुलाबी चूड़ियाँ' आदि अन्य कुछ कविताओं का हवाला देते हुए पाण्डेयजी अपने मानदंड को पुनः आधार बनाते हैं, "नागार्जुन के काव्य संसार का एक बड़ा भाग मानवीय सम्बन्धों की अनुभूतियों को व्यक्त करने वाली कविताओं से भरा हुआ है।"[14]

कविता को मनुष्यता से जोड़ने पर जोर देने की बात मैनेजर पाण्डेय ने पहली बार की है। कविता और मनुष्यता के सम्बन्ध पर विचार उनके पहले भी हुए हैं।

आचार्य शुक्ल 'रसमीमांसा' में जब लिखते हैं कि कविता की जरूरत जानवरों को नहीं होती, तब वे प्रकारान्तर से मनुष्यता और कविता के अनिवार्य रिश्ते की ही बात कर रहे होते हैं। पाण्डेयजी की उपलब्धि है कि उन्होंने इसे सैद्धान्तिक रूप दिया और व्यावहारिक आलोचना प्रस्तुत करके इसकी पुष्टि भी की।

त्रिलोचन की किसान-दृष्टि की विशिष्टताओं को रेखांकित करते हुए वे मनुष्यताविरोधी ग्रामीण-परिस्थितियों को भी रेखांकित करते हैं। लोक की रूढ़ियों को कबीर के सन्दर्भ में, पाण्डेयजी ने ही पहली बार पहचाना और उनके प्रति ध्यान आकृष्ट कराया है-'लोका मति के भोर रे'। लोक में सब कुछ सही नहीं होता, उसके प्रगतिशील तत्त्वों का ही समर्थन किया जा सकता है। त्रिलोचन की कविता के पास यही नजरिया है, "उनकी दृष्टि एक सजग किसान की दृष्टि है जो उस जीवन को जीते, देखते-सुनते और समझते हुए कवि को मिली है, इसलिए उसमें किसान-जीवन से आत्मीयता और तादात्म्य है, लेकिन उस जीवन में मौजूद रूढ़ियों की आलोचना भी है। उनकी दृष्टि किसान-जीवन की समग्रता को देखती है। वह उस जीवन की शक्ति के स्रोतों की खोज करती है तो जड़ता की जड़ों पर प्रहार भी करती है। त्रिलोचन इसी सजग किसान-दृष्टि से प्रकृति, समाज और विश्व को देखते हैं। मानवीय सम्बन्धों और भावों के उनके बोध में भी वही दृष्टि सक्रिय रहती है।"[15]

मनुष्यता के प्रश्न को रघुवीर सहाय की कविता के सन्दर्भ में तलाशते हुए पाण्डेयजी लिखते हैं कि वे पत्रकारिता के पेशे से जुड़े रहने के कारण ब्योरों के महत्त्व पर जोर देते हैं। मगर अखबार अनेकशः 'अमानवीय दिलचस्पी' लेते हुए दिखाई पड़ते हैं। इन खबरों में खोई हुई चीख की खोज करके रघुवीर सहाय कविता रचते हैं, "रघुवीर सहाय की कविता में मनुष्य और मानवीय अनुभव कई दूसरे कवियों की तरह कविता के लिए केवल बहाना नहीं होते। उनकी कविता मानवीय अनुभव और मानवीय रिश्तों को हर तरह के हमलों से बचाती है, हमला चाहे अखबार का हो या झूठी कविता का। जैसे अखबार में मानवीय सच्चाई खो जाती है, वैसे ही काल्पनिक दर्द की कविताओं में मानवीय संवेदना झुठलाई जाती है।"[16] मनुष्यता का पक्ष लेती और टेलीविजन के तौर-तरीके पर व्यंग्य करती यह कविता देखने योग्य है-

"कभी-कभी वह दिखला देता है भूखा-नंगा इनसान।
उसके ऊपर बजा दिया करता है सारंगी की तान।"[17]

अदम गोंडवी की ग़ज़लों और नज़्मों पर विचार करते हुए पाण्डेयजी लिखते हैं, "अदम गोंडवी की कविता आज की हिन्दी कविता की दुनिया में अचरज की तरह है। आज की हिन्दी कविता के रूप, रंग, दिशा, दृष्टि, बनावट, सजावट और

पहुँच की इच्छा से एकदम अलग और बेपरवाह। वह उनकी कविता है जिनके लिए अब कोई कविता नहीं लिखता। वह गाँव के गरीबों, दलितों, असहायों, मजदूरों, किसानों और सतायी जाती औरतों की कविता है। ऐसी ही कविता को कार्ल मार्क्स ने मनुष्यता की मातृभाषा कहा था।"[18] और इसकी असली पहचान होती है दर्द को समझने से। दर्द देनेवाला मनुष्यता को भला क्या समझेगा, अन्याय के पक्ष में होकर कविता लिखने का छद्म तो किया जा सकता है मगर उसे कविता की कसौटी पर खरा नहीं उतारा जा सकता है। ऐसी कविता भुला दी जाती है, क्योंकि संवेदना को भ्रमित तो किया जा सकता है मगर उसे अन्यायी का पक्षधर नहीं बनाया जा सकता है। कविता संवेदना के अनुसार लिखी गयी हो या विचार के अनुसार, उसे मनुष्यता की तरफ से बोलना ही पड़ेगा। कविता की भाषा यदि अर्थ-सम्बन्धी भ्रम पैदा करती है तो उसकी व्याख्या को मनुष्यता के अनुकूल होना पड़ेगा। अदम लिखते हैं–

"मानवता का दर्द लिखेंगे ।
माटी की बू बास लिखेंगे।"[19]

और

"भूख के अहसास को शेरो सुखन तक ले चलो।
या अदब को मुफलिसों की अन्जुमन तक ले चलो।"[20]

पूरन चन्द्र जोशी (पी.सी.जोशी) समाज, संस्कृति और साहित्य के चिन्तक के रूप में प्रसिद्ध रहे हैं। उनके काव्य-संग्रह 'इत्यादि जन' की कविताएँ 'अखिल भारतीय कविता' कही जा सकती हैं। हिन्दी और उसके अलावा अन्य क्षेत्रों के इत्यादि जनों की चिन्ता करती ये कविताएँ मनुष्यता को पूँजीवाद के चक्रों की काट के रूप में प्रस्तुत करती हैं। आर्थिक शोषण के ज्ञात-अज्ञात यन्त्रों-तन्त्रों के बीच इत्यादि जनों के यथार्थ को समझना बहुत कठिन काम है। शोषक अब शुभचिन्तक बन कर सामने आता है। मार्क्स ने पूँजीवाद के जिस अथाह पाखंड की बात की थी वह 'माया महाठगिनी' की तरह हमसे जब प्रत्यक्ष होती है तब उसकी चालाकियों को समझना और उनसे बचना आसान नहीं होता है। कबीर की भाषा में समझना चाहें तो कह सकते हैं कि वह 'तिरगुन फाँस' लिए रहती है और 'बोलै मधुरै बानी'। इन सबके बीच एक कवि मनुष्यता के सूत्रों को पकड़ता है और पर्दाफाश करता है कि इतिहास और संस्कृति के क्रम और पैमाने भी कृत्रिम रूप से रचे जाते हैं, इनसे सावधान रहने की जरूरत है–

"उसे ही कहते हैं इतिहास
जो लिखा जाता है समर्थों के हित में
समर्थों के हक में"[21]

समाज और संस्कृति के विद्वान् पी.सी.जोशी की कविताएँ 'ज्ञानात्मक संवेदना से उपजी' हैं। उन्हें भारत की अर्थव्यवस्था की बारीकियों की समझ है और समाज-संस्कृति की बुनावट पर गहरी पकड़। तेजी से बढ़ती जा रही करोड़पतियों की सूची भारत की प्रगति का नहीं विनाश का सूचक है। किसानों की आत्महत्याओं की सूची से करोड़पतियों की सूची का मिलान किया जा सकता है। इनसे भी लम्बी सूची उन किसानों की है जिन्होंने किसानी छोड़ दी है, "अब भारत के अनेक अर्थशास्त्री और समाजशास्त्री यह मानने, लिखने और कहने लगे हैं कि आज के भारत में दो भारत हैं। एक अमीरों का भारत और दूसरा गरीबों का भारत। पहले भारत के निवासी भूमंडलीकरण के रथ पर सवार होकर विश्व नागरिक और उत्तर-आधुनिक बन रहे हैं जबकि दूसरे भारत के इत्यादि जन मध्ययुगीनता और आधुनिकता के बीच में फँसकर कराह रहे हैं।"[22] 'पहला भारत' में पी.सी. जोशी धनाढ्यों के बारे में लिखते हैं–

"यह
पहला भारत
भोग-लोलुप
नव धनाढ्य का
भारत–
ये हैं
नव धनाढ्य
आजाद भारत के
जो यहाँ रह कर भी
मन से हैं
एन.आर.आई."[23]

जाहिर-सी बात है कि 'पहला भारत' और दूसरे भारत के बीच अनेक असंगत बातें होंगी। साहित्य के बारे में इन दोनों के बीच मतभेद होंगे, 'पहला भारत' दूसरे भारत का शोषण तो करेगा (क्योंकि उसके वजूद का यही आधार है) मगर उस शोषण के पक्ष से कविता नहीं रच पायेगा। यदि वह कविता रचना चाहेगा तो उसे किसी मानवीय विषय की तलाश करनी होगी। 'सीस उतारै भुई धरै' की प्रक्रिया को अपनाए बिना कविता के 'घर' में कोई पैठ नहीं बना सकता। जी.शंकर कुरुप ने भी 'कुकुरमुत्ता' शीर्षक कविता 40 के दशक में मलयालम में लिखी थी। यह 'ओटक्कुषल' ('बाँसुरी' शीर्षक से अनूदित) नामक काव्य-संग्रह में संगृहीत है। इसमें 'कुकुरमुत्ता' सामंती दंभ और अहंकार का प्रतीक है। 'किसान के श्रम और कृषि से मानव संस्कृति के अन्तरंग सम्बन्ध'

को रूपायित करने वाले कुरुप ने मजदूरों की भी कविता लिखी है। 'नाय्क्कन' मजदूरों का एक वर्ग है जो मिट्टी खोदकर जीवन निर्वाह करते हैं–

> **"उसके चेहरे पर केवल दाँत हैं, जो पिचके नहीं,**
> **लम्बी-लम्बी भुजाएँ हड्डी-चमड़ी मात्र बन गयी हैं**
> **एक फटा पुराना भीगा चिथड़ा है तन पर**
> **भीषण हवा का, और**
> **मूसलाधार वर्षा का सामना करने के लिए"**[24]

मैनेजर पाण्डेय मलयालम के इस प्रसिद्ध कवि की अनूदित कविताओं पर विषय-वस्तु की दृष्टि से विचार करते हुए पीड़ित मानवता की पक्षधरता को ही रेखांकित करते हैं, "जी.शंकर कुरुप की काव्य-संवेदना में एक गहरी बेचैनी है, जो समाज में व्याप्त विषमता और किसानों, मजदूरों तथा दलितों की दुर्दशा के बोध से पैदा हुई है। वही बेचैनी उन्हें विषमता को मिटाकर समता की स्थापना के बारे में सोचने की प्रेरणा देती है, इसीलिए वे कुकुरमुत्ता और नाय्क्कन आदि कविताओं में सामाजिक क्रान्ति की सम्भावना की बात करते हैं।"[25]

कविता मनुष्यता के खिलाफ नहीं हो सकती। अन्याय और दमन से मुँह फेरकर कलावादी कविताओं के दौर भी आते रहे हैं। मगर कलावादी कविताएँ भी मनुष्यता के खिलाफ बयान नहीं देती हैं। वे अन्याय के विरुद्ध बोलती भले नहीं हैं, मगर अन्याय का पक्ष भी नहीं लेती हैं। मनुष्यता की मातृभाषा के रूप में कविता की पहचान आद्यन्त दिखाई पड़ती है। मैनेजर पाण्डेय सिद्धान्त और व्यवहार की एकता को कविता की आलोचना में आचार्य शुक्ल की तरह कायम रखते हैं। उन्होंने कबीर से लेकर आज तक के एक दर्जन से अधिक कवियों के बारे में लिखा है, मगर कवि के अनुसार मानक बदलते हुए आलोचना के असंगत उपकरण तैयार करने की भूल वे नहीं करते हैं।

सन्दर्भ

1. जर्मन दार्शनिक हैमन (Johann George Hamann, 1730-1788) ने कविता के बारे में लिखा था , "Poetry is the mother-tongue of the human race; just as gardening is older than agriculture, painting than writing; singing than declamation; similes than syllogism,; barter than commerce " (A History of Modern Criticism 1750-1950, ,Volume 1, The Later Eighteenth Century ; Rene Wellek, Cambridge University Press, London, 1981. p. 179; First Edition-1955)

   S.S. Prawer ने 'Karl Marx and World Literature' नामक अपनी पुस्तक में कार्ल मार्क्स के एक लेख की चर्चा की है जिसका सम्बन्ध आत्महत्या की समस्या से है। इस लेख में मार्क्स ने आत्महत्या पर लिखी गयी एक पुस्तक के बारे में अपनी राय व्यक्त की है। इस पुस्तक में ऐसे कवियों की कुछ कविताएँ भी संकलित हैं जिन्होंने आत्महत्या की थी। इस पुस्तक का

लेखक पुलिस की नौकरी में था। मार्क्स ने इस बहाने कविता के बारे में हैमन की बात को दुहराया है (पृ. 126)। मार्क्स का यह लेख ज्यादा प्रसिद्ध नहीं है।

2. मेरे साक्षात्कार, मैनेजर पाण्डेय, किताबघर प्रकाशन, दरियागंज, नयी दिल्ली, 1998, पृ. 09
3. आचार्य रामचन्द्र शुक्ल ग्रन्थावली-2, सं. ओमप्रकाश सिंह, प्रकाशन संस्थान, दरियागंज, नयी दिल्ली, 2007, पृ. 31
4. हिन्दी कविता का अतीत और वर्तमान–मैनेजर पाण्डेय, वाणी प्रकाशन, दरियागंज, नयी दिल्ली, 2013, पृ. 212
5. मेरे साक्षात्कार–मैनेजर पाण्डेय, किताबघर प्रकाशन, दरियागंज, नयी दिल्ली, 1998, पृ. 09
6. हिन्दी कविता का अतीत और वर्तमान–मैनेजर पाण्डेय, वाणी प्रकाशन, दरियागंज, नयी दिल्ली, 2013, पृ. 13
7. वही, पृ. 14
8. आलोचना की सामाजिकता–मैनेजर पाण्डेय, वाणी प्रकाशन, दरियागंज, नयी दिल्ली, 2005, पृ. 13
9. हिन्दी कविता का अतीत और वर्तमान–मैनेजर पाण्डेय, वाणी प्रकाशन, दरियागंज, नयी दिल्ली, 2013, पृ. 18
10. वही, पृ. 161
11. वही, पृ. 68
12. वही, पृ. 100
13. वही, पृ. 100
14. वही, पृ. 106
15. वही, पृ. 113
16. वही, पृ. 135
17. वही, पृ. 134
18. वही, पृ. 168
19. वही, पृ. 168
20. वही, पृ. 169
21. वही, पृ. 180
22. वही, पृ. 181
23. वही, पृ. 181
24. वही, पृ. 188
25. वही, पृ. 188

पाठ की विधा

मैनेजर पाण्डेय कविता को मूलतः पाठ की विधा मानते हैं। काव्य-पाठ से कविता का अर्थ खुलता है। लिखित रूप प्राप्त करने के बाद कविता में अनेक परिवर्तन आये। इन परिवर्तनों की अच्छाइयाँ-बुराइयाँ अपनी जगह हैं, मगर बुनियादी रूप से सुनने-सुनाने की विधा होने के कारण कविता में सामूहिकता-सामाजिकता का भाषिक-विन्यास बना रहता था। कविता से एक उम्मीद होती थी कि उसमें कुछ ऐसा होगा जिसे सामूहिक रूप से आस्वादित किया जा सके। उसकी भाषा में वह अपील होगी कि समूह तक पहुँच सके। वह रहस्य-गर्भित होकर भी ऐसी होगी कि प्राथमिक बोध में बाधा नहीं पहुँचे। कविता ने अनेक बन्धनों को तोड़ा। विषय-वस्तु और छन्द के प्रति परिवर्तन का आग्रह कवियों में प्रायः देखा गया। इन पर बहसें हुई और कविता क्रमशः शर्तों से मुक्त होती गयी। पाण्डेयजी की चिन्ता यह है कि आज के पूँजीवाद ने 'संस्कृति के उद्योग' का विस्तार पर्याप्त मात्रा में कर लिया है। कविता भी इस दोष का शिकार हुई है। कविता का सामाजिक जीवन प्रायः नष्ट हो चुका है। कविता पढ़ने वालों की संख्या कम हो गयी है और सुनने वालों की संख्या और भी कम, "मौखिक कविता के काल में कवि का अपने श्रोताओं से जो आत्मीय संवाद था, वह लेखन का दौर आने पर खंडित हुआ, लेकिन मुद्रण के दौर में लेखक और पाठक के बीच बाजार के आ जाने के कारण दोनों के बीच का बचा हुआ संवाद भी टूट गया। ...आज की कविता के सामने एक बड़ा संकट संस्कृति के उद्योग का विस्तार है। इससे समाज में कविता की जरूरत खतरे में है और उसका अस्तित्व भी। उसकी सार्थकता के बारे में तरह-तरह के सवाल खड़े हो रहे हैं।"[1]

आज कविता के लिए सबसे जरूरी पक्ष यह बन गया है कि वह अपनी अनिवार्यता को सिद्ध करे। कविताएँ लिखी भी जा रही हैं और छप भी रही हैं। मगर पठनीयता का संकट उसके साथ लग गया है। कहानी-उपन्यास तो छोड़िए, वह आलोचना से भी कम पढ़ी जा रही है। कविता के सन्दर्भ में मौखिक-लिखित-मुद्रित की प्रक्रिया पर पाण्डेयजी ने हिन्दी आलोचना में सम्भवतः

पहली बार विचार किया है। उन्होंने कविता की स्वीकार्यता की प्रकृति की खोज मानो इन शब्दों में की है, "कविता की जिन्दगी के लिए श्रव्य परम्परा के महत्त्व की पहचान आज भी कई जगह मिलती है। आज भी उर्दू का हर शायर गजल या शेर कहता है, लिखता नहीं, जैसा कि हिन्दी के कवि करते हैं। बांग्ला में आवृत्ति की परम्परा ने कविता की सामाजिकता की रक्षा की है और उसे नयी जिन्दगी दी है। हिन्दी कविता को संस्कृति के उद्योगों के खतरों से बचाने के लिए उसके श्रव्य रूप की चिन्ता जरूरी है।"[2]

कहा जा सकता है कि मैनेजर पाण्डेय कविता के विधागत स्वरूप पर विचार करते हुए दूसरी महत्त्वपूर्ण बात यही कहते हैं कि कविता के श्रव्य रूप की उपेक्षा नहीं होनी चाहिए। यही इसका मूल स्वरूप है। विकास की प्रक्रिया में यदि विधाएँ अपनी सार्थकता खोती हुई दिखाई पड़ें तो उसकी 'मूल सत्ता'(आचार्य शुक्ल) पर पुनर्विचार जरूर करना चाहिए। पूरी तरह पीछे लौटने का औचित्य तो कभी नहीं हो सकता, मगर आत्मालोचन में इससे मदद मिल सकती है। श्रव्य रूप की चिन्ता किसी पुनरुत्थान का आग्रह नहीं है, बल्कि साहित्य के समाजशास्त्री के रूप में इसकी सार्थकता पर विश्वास करने के कारण है, "साहित्य की संस्कृति में मौखिक से लिखित के अलगाव का सर्वाधिक दूरगामी प्रभाव कविता पर पड़ा। उससे कविता का आन्तरिक स्वरूप और बाहरी रूप तो बदला ही, काव्यानुभव की पूरी प्रक्रिया रूपान्तरित हो गयी। कविता श्रुति और स्मृति न रहकर पाठ बन गयी। वह सामूहिक संवाद की जीवन्त प्रक्रिया के बदले व्यक्तिगत रूप से आस्वाद की वस्तु हो गयी। यही नहीं, वह व्यापक जनजीवन से अलग और उस जीवन की भाषा से दूर जाकर एक सीमित समुदाय के सांस्कृतिक शौक का सीमित साधन बन गयी। कविता जब लिखित रूप से पाठ बनी, तब उसमें रचनात्मक प्रयोग की सम्भावनाएँ जरूर बढ़ीं, लेकिन उसकी रचना से पाठ तक की पूरी प्रक्रिया विशिष्ट और व्यक्तिगत हो गयी। वह बहुसंख्यक जनसमुदाय के लिए सहज सुलभ नहीं रही, उसके आस्वाद के अधिकारी थोड़े से विशिष्ट, नागर, सहृदय, रसिक विदग्ध और पंडित रहे। कविता जब मौखिक से लिखित अवस्था में आयी तो वह पूरे समाज की संजीवनी शक्ति नहीं, बल्कि एक सीमित समुदाय के लिए मकरध्वज बन गयी। अब तक के इतिहास में कविता इस स्थिति से तभी उबरी है, जब वह मौखिक से लिखित के विभाजन की सभी सीमाओं को तोड़कर विकसित हुई है, जैसे कि भक्तिकाल की कविता।"[3]

कविता के व्यक्तिगत और सामाजिक रूप पर विचार करना आवश्यक है। कवि व्यक्तिगत अनुभूति के स्तर पर इसकी रचना करता है, मगर उसका लक्ष्य

सामाजिक होता है। कविता को सामाजिक बनाने के लिए केवल आकांक्षा से काम नहीं चल सकता। समाज की सच्चाइयों को समझ-बूझ कर, अग्रगामी सोच के साथ संवेदनशील बन कर ही कवि सार्थक कविता की रचना कर सकता है। कविता मूलतः आत्मपरक होती है, इसलिए समाज के पक्षों से कटते ही इसके अबूझ होने का खतरा पैदा होने लगता है। 'साधारणीकरण' की अवधारणा मानो आत्मपरकता को सामाजिक जिम्मेदारी से जोड़ने की ही प्रक्रिया है। न तो आत्मपरकता को छोड़ा जा सकता है और न ही सामाजिकता को। एक से कविता संवेदनशील बनती है तो दूसरे से सार्थक। कविता अपने मौखिक स्वरूप के कारण श्रोताओं के बोध की चिन्ता करती है। कवि की जिम्मेदारी है कि वह ऐसी कविता रचे जिसका आस्वाद सामूहिक रूप से लिया जा सके। यह समूह कैसा होगा ? यह प्रश्न जरूर खड़ा होता है। विशाल जनसभा के सामने सुनाई जानेवाली कविता और चुनिन्दा लोगों की गोष्ठी में सुनाई जानेवाली कविता की बोधगम्यता के स्तर में अन्तर हो सकता है। श्रव्य परम्परा को छोड़ने के बाद भी श्रेष्ठ कविताएँ रची गयीं जिन्हें समझने के लिए उसके लिखित रूप को सामने रखना जरूरी होने लगा। निराला की कविता 'राम की शक्ति-पूजा' को समझने के लिए उसके लिखित रूप को सामने तो रखना ही पड़ता है, बल्कि जटिल विन्यास के कारण भाष्य और आलोचना का सहारा लेना पड़ता है। सन्तोष की बात यह होती है कि इतनी मेहनत करके हम एक कालजयी कृति को समझ रहे हैं। ऐसी कृति के योग्य रचनात्मक स्तर प्राप्त करने के लिए कवि को लम्बा काव्य-संघर्ष करना पड़ता है। बोधगम्यता और श्रव्य-परम्परा पर जोर देने का यह अर्थ नहीं है कि कविता के लिखित और प्रकाशित रूप की उपेक्षा की जा रही है, "कविता की आत्मपरकता पर जोर देने का यह अर्थ नहीं है कि वह सामाजिक नहीं होती। कविता दूसरे साहित्य रूपों की तुलना में अधिक गहरे स्तर पर सामाजिक और ऐतिहासिक होती है। उसकी सामाजिकता और ऐतिहासिकता की पहचान के लिए कविता की आन्तरिक बनावट के प्रति अधिक संवेदनशील अन्तर्दृष्टि जरूरी है।"[4]

सन्दर्भ

1. हिन्दी कविता का अतीत और वर्तमान—मैनेजर पाण्डेय, वाणी प्रकाशन, दरियागंज, नयी दिल्ली, 2013, पृ. 209
2. वही, पृ. 210-211
3. वही, पृ. 208
4. साहित्य के समाजशास्त्र की भूमिका—मैनेजर पाण्डेय, हरियाणा साहित्य अकादमी, चंडीगढ़, 1999

छन्द

छन्द हिन्दी कविता से बाहर हो चुका है। छायावाद-युग में छन्द पर जो बहस चली उसका परिणाम यह निकला कि हिन्दी कविता मुक्तछन्द के रास्ते छन्दमुक्ति तक पहुँची। कविता के लिए छन्द की जरूरत एक पुरानी बात मान ली गयी। निराला ने छन्द की मुक्ति को कविता की मुक्ति के प्रश्न से जोड़ा था और अपनी बात की पुष्टि के लिए वेदों की ऋचाओं की बनावट का हवाला दिया था। इसी के साथ उन्होंने मुक्तछन्द के लिए 'कवित्त' छन्द को आधार बनाया था। मतलब यह कि छन्द के बारे में निराला की राय दोनों तरह की मिलती है। वे छन्द को बन्धन भी मानते थे और मुक्तछन्द का आधार भी। छन्द को तोड़ने के पीछे निराला सुविधा या आसानी की तलाश नहीं कर रहे थे। छन्द के बन्धन भाव पर बन्धन लगाने लगें तो उपचार जरूरी है। इसका अर्थ यह नहीं कि कविता से छन्द के सम्बन्ध को गैर-जरूरी मान लिया जाये। कविता के इतिहास में छन्द की भूमिका महत्त्वपूर्ण रही है। छन्द की सिद्धि ने निराला को वह कला दी थी कि मुक्तछन्द के प्रयोग में उन्हें सफलता मिली। छन्दों के बनने-बिगड़ने से कविता के स्वरूप पर क्या असर पड़ता है इसका अन्दाज उन्हें था। कविता के मीटर को लेकर वे कभी बेपरवाह नहीं रहे। उनकी अन्तिम कविता 'पत्रोत्कंठित जीवन का विष बुझा हुआ है' छन्दोबद्ध है। कविता छन्द को बन्धन न माने, निराला का यही पक्ष था। वह दोनों तरह से लिखी जा सकती है।

पन्त ने 'पल्लव' की भूमिका में छन्द-प्रयोग को लेकर अनेक दावे प्रस्तुत किये हैं। उन्होंने स्वयं को इस मामले में पुरस्कर्ता बताया है। निराला ने 'पन्तजी और पल्लव' नामक अपने लेख में पन्त के कई दावों को खारिज किया तथा इन प्रयोगों का श्रेय स्वयं को दिया। प्रगतिवादियों ने प्रायः छन्द का रास्ता अपनाया, मगर प्रयोगवाद में छन्दों को क्रमशः छोड़ने की प्रवृत्ति दिखाई पड़ी। नयी कविता के बाद छन्द प्रायः छोड़ दिये गये। आज की स्थिति है कि कविता से छन्द का नाता पूरी तरह टूट चुका है। मैनेजर पाण्डेय इस प्रक्रिया पर अपने विचार रखते हुए, कविता को पाठकों की स्मृति से लुप्त होने की चिन्ता व्यक्त करते हैं। वे

मानते हैं कि छन्द से मुक्ति का आग्रह आज रूढ़ि का रूप ले चुका है। कविता की निर्मिति में छन्द की भूमिका को भुला दिया गया है। काव्य-भाषा की एक पहचान लय भी है। कविता की बुनावट से लय को समाप्त नहीं किया जा सकता है। ऐसा करने पर कविता के अस्तित्व को खतरा हो सकता है, "मुक्त छन्द की भी रीति या रूढ़ि बन जाती है और आज की हिन्दी कविता बहुत कुछ इसी रीति और रूढ़ि का शिकार दिखाई दे रही है। इसलिए अब इस कविता को मुक्त छन्द की रूढ़ि से भी मुक्त करने की जरूरत है।"[1]

कविता में संगीतात्मकता होती है। यह उसका केवल ऊपरी गुण नहीं है। कविता की आन्तरिकता भी लयबद्ध होती है। कविता के योग्य भाषा की तलाश करता हुआ कवि अपने ढंग से लय की भी तलाश करता है। विचारों की लयबद्धता भी प्रत्येक समर्थ कवि की अपने ढंग से होती है। मुक्तिबोध की कविता पढ़ते हुए हम उनकी लय के साथ चलने की कोशिश करते हैं, तो अज्ञेय की लय को कुछ दूसरे ढंग की हम महसूस करते हैं। यहाँ तक कि छन्दोबद्ध कविता लिखनेवाले भक्तिकाल के कवियों की वैचारिक लयबद्धता अलग-अलग किस्म की है। कविता में विचार भी संगीत की तरह मौजूद होता है। गद्यात्मक रचनाओं में विचार को प्रकट करते समय वस्तुनिष्ठता की प्रधानता रहती है। कविता में इस संगीत का मूल आधार छन्द होता था जो भाषा के अलावा कविता के अन्य लयों को साधने की बुनियाद प्रदान करता था, "कविता के छन्द से मुक्त होने का मतलब यह नहीं था कि वह आन्तरिक संगीतात्मकता से भी मुक्त हो। कविता की संगीतात्मकता तीन स्तरों पर होती है—भाषा, विचार और रचाव। इसके बगैर कविता सम्भव नहीं है।"[2]

छन्दों के जानकार कवियों ने छन्द से मुक्ति के प्रयास किये तो कुछ बेहतर गुणों को बचाने के लिए। विचार के क्रम को टूटने से बचाने के लिए यह जरूरी था। मगर कविता कहलाने के लिए जरूरी है कि उसकी भाषा का रचाव संगीतात्मकता के उपर्युक्त स्तरों को बचाने में सक्षम हो। कविता को 'खराब गद्य' बन जाने के खतरे के प्रति सावधान रहना चाहिए। 'भाषा, विचार और रचाव' के किसी भी स्तर पर यदि संगीतात्मकता का ध्यान नहीं रखा गया तो उस रचना को कविता के रूप में पढ़ने में कठिनाई महसूस होती है। 'संवादधर्मिता' भी कविता की इस लय को बनाये रखने में सहायक होती है। इसकी रक्षा तब होती है जब हमारे सामने लक्षित पाठक हों। मगर आज की कविता सम्भावित पाठक के लिए लिखी जा रही है। कवि-गोष्ठी यदि चुने हुए कवियों के बीच होती है तो आभास होता है कि वे एक-दूसरे की कविता समझ रहे हैं। हिन्दी की ज्यादातर कवि-गोष्ठियाँ शोक-सभा की तरह लगती हैं। श्रोताओं का आकर्षण इन गोष्ठियों

के प्रति समाप्त हो चुका है। कविता के ढाँचे में जो भाषिक-विन्यास प्रस्तुत किया जाता है उसकी सम्प्रेषणीयता के लिए कुछ शर्तें तो होती ही हैं। पाण्डेयजी छन्दों पर विचार के जरिए इन अनिवार्यताओं की तरफ ध्यान दिलाते हैं। आज की कविता किसी भी शर्त को मानने को तैयार नहीं है। संगीत, लय, संवाद, पाठक आदि प्रकरण की बात करने का प्रयास किया जाये तो इनके विरुद्ध तर्क करने वालों की तादाद आज ज्यादा है। इस प्रकार की तर्कशीलता कविता के इतिहास-बोध के अभाव में अराजकता को जन्म देती है, "छन्दों में जातीय जीवन का स्पन्दन व्यक्त होता है और नागार्जुन का यह कहना सच है कि छन्दों से कविता की आयु बढ़ती है। यह ध्यान देने की बात है कि मुक्त छन्द या छन्दमुक्त कविता के विकास में निराला की महत्त्वपूर्ण भूमिका रही है। लेकिन उनकी सर्वाधिक महत्त्वपूर्ण कविताएँ छन्दोबद्ध ही हैं। यहाँ तक कि मुक्तिबोध की कविताओं के भीतर भी परिवर्तित रूप में छन्द मौजूद है। छन्द से मुक्त होकर हिन्दी कविता का जो अब तक विकास हुआ है, उसकी उपेक्षा करके अब कविता को पूरी तरह छन्दों में बाँधने का अतिरिक्त आग्रह भी उचित नहीं लगता। यह जरूर है कि कविता छन्द से मुक्त होने के बावजूद लय से मुक्त नहीं होती और जो लोग छन्द से मुक्त कविताएँ लिखते हैं, उनकी कविताएँ खराब गद्य के नमूने के रूप में सामने आती हैं। इस सन्दर्भ में यही कहा जा सकता है कि जनवादी कवि को कविता की लोकप्रियता बढ़ाने के लिए आवश्यक हो तो छन्दों का उपयोग भी करना चाहिए। इसे किसी सैद्धान्तिक आग्रह का रूप देना और रचनाकारों के सामने अनिवार्य माँग के रूप में रखना ठीक नहीं है।"[3]

कविता को कविता बनाये रखने की कुछ शर्तें तो होती ही हैं। आचार्यों और आलोचकों ने समय-समय पर अपने युग के अनुसार उन शर्तों की चर्चा की है। इन विचार-परम्पराओं को ध्यान में रखा जाये तो इस निष्कर्ष पर हम पहुँचते हैं कि कविता का अर्थ है एक विशेष प्रकार का भाषिक-विन्यास। इस भाषिक-विन्यास को रचना पड़ता है। इसे रचने के लिए अलंकार से लेकर विचार तक का सहयोग लिया जाता है। 'शब्दार्थौ सहितौ' से लेकर 'मनुष्यता की मातृभाषा' तक की शर्तों में इसी भाषिक-विन्यास के रचाव के सूत्र मौजूद हैं। कविता के लिए छन्द का प्रकरण रचाव से ही जुड़ा है। 'रसमीमांसा' में काव्य-भाषा की पहचान के कई स्पष्ट सूत्र आचार्य शुक्ल ने बताए हैं। इन सूत्रों के साथ छन्द के तालमेल को देखा जाना चाहिए। मात्राओं और वर्णों की गिनती के रूप में छन्द की व्याख्या करना वैसे ही है जैसे यह कहना कि 'अलंकार का काम कविता को सजाना है'। 'काव्य की भाषा' नामक उस उप-अध्याय में आचार्य शुक्ल ने जो बातें लिखी हैं उनका उल्लेख यहाँ प्रासंगिक जान पड़ता है। इन सूत्रों को

देखकर कविता की आधारभूमि को समझा जा सकता है। इनका उपयोग किसी भी कालखंड की कविता को समझने के लिए किया जा सकता है। इन पर गौर करके समझा जा सकता है कि पाण्डेयजी के कविता-सम्बन्धी विचारों में इन सबका विकास है। आचार्य शुक्ल के कथनों को बिन्दुवार रखते हुए कोशिश है कि शब्दावली का अधिकांश उन्हीं का हो। कविता की भाषा की बुनियादी बातें–

- अगोचर बातों या भावनाओं को स्थूल गोचर रूप (भाषा) में रखा जाता है।
- मूर्तविधान के लिए भाषा की लक्षणा-शक्ति का उपयोग किया जाता है।
- कविसमयसिद्ध उक्तियों का उपयोग।
- लक्षणा द्वारा स्पष्ट और सजीव आदान-प्रदान का विधान।
- वस्तु या तथ्य के पूर्ण प्रत्यक्षीकरण के लिए लक्षणा का सहारा।
- भाव या मार्मिक अन्तर्वृत्ति के अनुरूप व्यंजन के लिए लक्षणा का सहारा।
- जाति संकेतवाले शब्दों की अपेक्षा विशेष-रूप-व्यापार-सूचक शब्द अधिक रहते हैं।
- जाति संकेतवाले शब्द मूर्तविधान के प्रयोजन के नहीं होते।
- जाति संकेतवाले शब्द तत्त्वनिरूपण, शास्त्रीयविचार के लिए अधिक उपयोगी होते हैं।
- विशेष रूप-व्यापार-सूचक शब्द में मर्म को क्षुब्ध करने की शक्ति अधिक होती है।
- शास्त्र के पारिभाषिक शब्द काव्य में लाये जाने योग्य नहीं होते।
- कविता की भाषा में वर्ण विन्यास महत्त्वपूर्ण है।
- मूर्तविधान के लिए कविता चित्रविद्या की प्रणाली का अनुसरण करती है तथा नादसौष्ठव के लिए वह संगीत का कुछ-कुछ सहारा लेती है।
- श्रुतिकटु मानकर कुछ वर्णों का त्याग, वृत्तविधान, लय, अन्त्यानुप्रास आदि नादसौन्दर्य साधन के लिए ही हैं।
- कविता की भाषा में वर्ण-सम्बन्धी प्रयोग का उद्देश्य होता है कि इससे भाव या रस की धारा का मन के भीतर अधिक प्रसार हो। अलग चमत्कार या तमाशा के लिए यह काम में न लाया जाये।
- नादसौन्दर्य से कविता की आयु बढ़ती है।
- नादसौन्दर्य का योग भी कविता का पूर्ण स्वरूप खड़ा करने के लिए कुछ न कुछ आवश्यक होता है।

- जो अन्त्यानुप्रास को फालतू समझते हैं वे छन्द को पकड़े रहते हैं, जो छन्द को भी फालतू समझते हैं वे लय में ही लीन होने का प्रयास करते हैं।
- कहीं-कहीं व्यक्तियों के नामों के स्थान पर उनके रूप, गुण या कार्यबोधक शब्दों का व्यवहार करना।
- अलंकारों का प्रयोग भाव या भावना के उत्कर्षसाधन के लिए किया जाता है। सादृश्य या साधर्म्य दिखाना उपमा, उत्प्रेक्षा इत्यादि का प्राकृत लक्ष्य नहीं है।
- जिनके रूप या कर्मकलाप जगत् और जीवन के बीच में उसे (कवि को) सुन्दर लगते हैं उन्हीं के वर्णन में वह 'स्वान्त:सुखाय' प्रवृत्त होता है। अर्थात् कविता की भाषा जगत और जीवन के रूप तथा कर्म को सुन्दर एवं 'स्वान्त:सुखाय' बनाकर प्रस्तुत करने की क्षमता रखती है।
- मनुष्य को अपनी मनुष्यता खोने का डर बराबर रहता है। इसी से अन्त:प्रकृति में मनुष्यता को समय-समय पर जगाते रहने के लिए कविता मनुष्य जाति के साथ लगी चली आ रही है और चली चलेगी। जानवरों को इसकी जरूरत नहीं।

आचार्य शुक्ल ने कविता की भाषा के बारे में जो कुछ लिखा है, उसका एक हिस्सा संस्कृत काव्यशास्त्र की समझ से जुड़ा है तो दूसरा हिस्सा उनके अपने साहित्य-बोध से। उन्होंने अपने ढंग से शब्दों का भी चयन किया है। 'जाति संकेतवाले शब्द' या 'विशेष-रूप-व्यापार-सूचक शब्द' आदि का प्रयोग उनका अपना है। शुक्लजी कविता की भाषा को जिन पक्षों से निर्धारित करते हैं उन्हें इन बिन्दुओं में रखा जा सकता है–

क) अप्रस्तुत-विधान।

ख) शब्द-शक्ति।

ग) विशेष-रूप-व्यापार-सूचक शब्द या प्रसंगविशेष के अनुसार शब्द।

घ) वर्ण-विन्यास या शब्द-क्रम या भाषिक लय।

ङ) व्यक्तिवाचक शब्दों के बदले भाववाचक शब्दों का प्रसंगानुसार प्रयोग।

च) अलंकार भाव के उत्कर्षसाधन होते हैं।

छ) जगत् और जीवन के बीच की सुन्दर भाषा।

ज) मनुष्यता की अन्त:प्रकृति की भाषा।

आचार्य शुक्ल ने कविता की भाषा पर विचार करते हुए कविता की पहचान के बारे में भी यहाँ अनेक बातें बतायी हैं। इन सबके बिना कोई रचना कविता नहीं कहला सकती है। मनुष्यता की अन्त:प्रकृति को मनुष्यता की मातृभाषा से

जोड़कर देखा जा सकता है। शुक्लजी छन्द को नादसौन्दर्य से जोड़कर देखते हैं। भाववाचक शब्दों को सामाजिक संवेदनशीलता में देखना चाहिए। मैनेजर पाण्डेय कविता-सम्बन्धी समझ को आचार्य शुक्ल से आगे बढ़ाते हैं। आज के आलोचक छन्द-जैसे पक्ष पर विचार करने को तैयार नहीं होते। 2008 में प्रकाशित 'हिन्दी आलोचना की पारिभाषिक शब्दावली' में छन्द के बारे में यह प्रविष्टि मिलती है, "इस तरह छन्द शास्त्र का इतिहास जितना पुराना है उसका फलक उतना ही व्यापक। परन्तु आधुनिक काल में पिंगल शास्त्र का महत्त्व तेजी से घटा है और आज छन्द से बँधकर कविता करने वालों को पिछड़ा समझा जाता है। सम्भव है भविष्य में पुनः छन्दों की वापसी हो क्योंकि आज छन्द-लय-विहीन कविता की दुनिया दिन-प्रतिदिन सिमटती जा रही है।"[4]

ऐसे माहौल में पाण्डेयजी छन्द के महत्त्व पर विचार करते हैं। कविता की पुनर्स्थापना का सवाल तो नहीं है, मगर उसके घटते पाठकों/श्रोताओं की चिन्ता तो करनी ही होगी। हिन्दी कविता अच्छे स्तर पर रची जा रही है या नहीं—इस पर भिन्न राय हो सकती है, मगर आज की कविता के प्रति उत्सुकता और जिज्ञासा में आयी कमी को तो स्वीकार करना ही पड़ेगा। पाण्डेयजी का विचार उचित है कि एक स्तर के बाद ही मुक्तछन्द में कविता बन पाती है, अन्यथा वह खराब गद्य का नमूना बन कर रह जाती है। आचार्य शुक्ल ने काव्य-भाषा की जिन विशेषताओं को रेखांकित किया है उनसे वंचित करके भाषा को कविता का दर्जा प्रदान नहीं किया जा सकता है। उपर्युक्त कोश के उद्धरण में छन्द को पिछड़ापन बताया गया है तथा यह चिन्ता भी है कि घटते पाठकों की समस्या को छन्द के सहारे सुलझाया जा सकता है। कविता केवल छन्द से भी नहीं बनती, मगर कविता के नादसौन्दर्य अथवा संगीतात्मकता को बचाये रखने में यह अहम भूमिका निभाता है। आचार्य शुक्ल के बाद के महत्त्वपूर्ण आलोचकों ने छन्द के कारण कविता में उत्पन्न विशेषताओं को तो रेखांकित किया है, मगर छन्द के पक्ष में अपना मत नहीं दिया है। मुक्तछन्द के तर्कों का ऐसा बोलबाला हुआ कि छन्द की विशेषताएँ भी दोष समझ ली गयीं, "मुक्त छन्द में कविता की बनावट और भाषा की संरचना की जटिलता प्रायः अधिक मिलती है। इसलिए जब तक उसमें व्यक्त विचार, संवेदना, बिम्ब या संकेत का अर्थ समझ में न आये, तब तक वह कविता सम्प्रेषित भी नहीं होती या कि पाठक को प्रभावित भी नहीं करती। आप देख सकते हैं कि मुक्त छन्द के ढाँचे में एक स्तर के बाद ही कविता बनती है, अन्यथा कविता के नाम पर काव्याभास की ही स्थिति ज्यादा मिलती है। ...मुक्त छन्द की कविताओं में कविता की संरचना—विचार और संवेदना की जटिलता के साथ जुड़कर आगे बढ़ती है, इसलिए भी उसमें दुरूहता की सम्भावना अधिक

रहती है। इस स्थिति को देखते हुए जो कवि कविता की सम्प्रेषणीयता के लिए चिन्तित रहे हैं, वे मुक्त छन्द की रीति या रूढ़ि से मुक्त होकर छन्द में भी कविता लिखने की कोशिश करते रहे हैं और आज भी कर रहे हैं।"[5]

सन्दर्भ

1. मेरे साक्षात्कार–मैनेजर पाण्डेय, किताबघर प्रकाशन, दरियागंज, नयी दिल्ली, 1998, पृ. 67
2. संवाद–परिसंवाद, मैनेजर पाण्डेय, वाणी प्रकाशन, दरियागंज, नयी दिल्ली, 2013, पृ. 168
3. मेरे साक्षात्कार–मैनेजर पाण्डेय, किताबघर प्रकाशन, दरियागंज, नयी दिल्ली, 1998, पृ. 19
4. हिन्दी आलोचना की पारिभाषिक शब्दावली–डॉ. अमरनाथ, राजकमल प्रकाशन, नयी दिल्ली, 2015, पृ. 150
5. मेरे साक्षात्कार–मैनेजर पाण्डेय, किताबघर प्रकाशन, दरियागंज, नयी दिल्ली, 1998, पृ. 19

भाषिक संवेदनशीलता में सामाजिक संवेदनशीलता

कविता अपनी संवेदनशीलता के लिए विख्यात है। साहित्य के दूसरे रूपों की तुलना में संवेदना को सँजोने तथा प्रभावशाली तरीके से व्यक्त करने की क्षमता कविता में ज्यादा मानी जाती है। कल्पना, यथार्थ, आकांक्षा, दर्शन आदि का उपयोग साहित्य की सभी विधाओं में होता है। कविता इन सबका उपयोग अपनी भाषिक पहचान के साथ करती है। सभ्यता के विकास और परिवर्तन के साथ कविता में भी बदलाव आते रहे हैं। इनसे कविता के सामने नयी चुनौतियाँ भी खड़ी हुई हैं। विमर्श और अस्मिता के सवालों ने हिन्दी कविता को इधर के वर्षों में झकझोर रखा है। बीते दशकों में विचारधारा को कविता में स्थान देने के कारण कुछ बदलाव दिखाई दिये। कविता और सभ्यता के सम्बन्ध पर हिन्दी आलोचना में पर्याप्त लिखा गया है। मगर इस प्रवाह में सभ्यता आगे बढ़ गयी और कविता पीछे छूट गयी। कविता के स्वरूप पर विचार करना प्रायः छोड़ दिया गया अथवा जो विचार मिलते हैं वे आत्मपरक ज्यादा हैं। कवियों ने जो कुछ लिखा है उसका सम्बन्ध उनकी अपनी कविता से प्रायः जुड़ा होता है। जिन्हें सभ्यता के प्रश्न रुचिकर नहीं लगे, वे सनातन और शाश्वत कविता रचते हुए निरर्थकता का शिकार हुए। आज कविता में राजनीति के अनेक पक्ष व्यक्त हो रहे हैं। अब वह केवल सामाजिक नहीं रही, राजनीतिक भी हो चुकी है।

हिन्दी कविता में विस्तार ही नहीं, संकोच भी हुआ है। कविता के अनेक रूप छूट चुके हैं, अनेक शैलियाँ भी त्याग दी गयी हैं। बदलती हुई कविता की अपनी कोई पहचान हो सकती है या नहीं? कुछ तो ऐसा होना चाहिए या कहें कि होता है, जो एक रचना को कविता बनाता है। कविता के सन्दर्भ में, आचार्य रामचन्द्र शुक्ल की मान्यता आज भी सार्थक मालूम पड़ती है, "अब यहाँ पर काव्य और सभ्यता के सम्बन्ध का सवाल सामने आता है। सभ्यता का स्वरूप उत्तरोत्तर बदलता चला आ रहा है। आज से सौ वर्ष पहले उसका जो स्वरूप था वह आज नहीं है, आज जो उसका स्वरूप है वह पचास वर्ष पीछे न रहेगा। अब

विचारणीय यह है कि क्या कविता को भी सभ्यता का एक अंग होकर आज कुछ और होते हुए चलना चाहिए अथवा सभ्यता के बाहरी और भीतरी दोनों स्वरूपों को बाह्य आवरण के रूप में रखकर एकरस धारा के रूप में चलना चाहिए। हमारा कहना है कि दूसरा मार्ग ही सच्ची कविता का मार्ग हो सकता है। सभ्यता के साथ-साथ वह चलेगी पर उसी का विधान होकर नहीं। वह अपनी मूल सत्ता स्वतन्त्र रखेगी।"[1]

आचार्य शुक्ल कविता की 'मूल सत्ता' को बनाये रखने पर जोर देते हैं। वे सभ्यता के परिवर्तन को कविता में व्यक्त करने के हिमायती हैं, मगर सभ्यता के अनुयायी के रूप में कविता की पहचान बनाये जाने के पक्ष में नहीं हैं। कविता की अपनी परम्परा उसके स्वरूप को निर्धारित करने की कसौटी बननी चाहिए, जिसके आधार पर सभ्यता के नये रूप को व्यक्त करने का तरीका तलाशना चाहिए। बुनियाद कविता में हो, सभ्यता में नहीं। सभ्यता की पेचीदगियाँ 'कवि-कर्म' को 'कठिन' तो जरूर बनायेंगी, मगर 'मूल सत्ता' को ध्यान में रखने से कविता निरर्थकता का शिकार नहीं होगी। 'मूल सत्ता' का अर्थ कविता की भाषिक बनावट से है। मैनेजर पाण्डेय कविता के इस द्विपक्षीय सन्तुलन को बनाये रखने पर जोर देते हैं। समाज और जीवन को कविता भाषिक संवेदनशीलता के साथ प्रकट करती है। उसमें केवल सामाजिक सत्य या तथ्य को खोजने की कोशिश उचित नहीं है। उसके भाषिक-विन्यास को संवेदनशीलता की कसौटी पर समझने की कोशिश करते हुए व्याख्या की जा सकती है। कहा जा सकता है कि पाण्डेयजी का यह सुझाव कवि और आलोचक दोनों के लिए है, "कविता में जीवनानुभव या अनुभूति से रूप का सम्बन्ध दूसरे साहित्य रूपों की तुलना में अधिक आत्मीय और कुछ जटिल होता है। बिम्ब, प्रतीक, संकेत, फैंटेसी आदि कविता के साधन ही नहीं होते। कई बार साधन और साध्य में अद्वैत या अभेद की स्थिति होती है। फिर लय, छन्द और संगीत की आन्तरिक संरचना से भी कविता का विशिष्ट रूप बनता है। इन सबकी उपेक्षा करके केवल सामाजिक सत्य खोजने वाला साहित्य का समाजशास्त्र कविता का समाजशास्त्र नहीं हो सकता। कविता में भाषा की भूमिका अधिक निर्णायक और महत्त्वपूर्ण होती है। यहाँ भाषिक संवेदनशीलता में सामाजिक संवेदनशीलता छिपी रहती है।"[2]

इस उद्धरण में कविता के समाजशास्त्र की अनिवार्य शर्तों पर विचार किया गया है। कवि अपने जीवन के अनुभव तथा व्यक्तिगत अनुभूति को कविता में व्यक्त करता है। अपने से बाहर तथा अपने भीतर जाकर जो रचनात्मक सन्तुलन बनाना पड़ता है; उसे कविता में उतारते समय बिम्ब, प्रतीक, संगीत आदि उपकरणों की सहायता से आत्मीय भाषा का रचाव करना पड़ता है। फिर इसी प्रक्रिया को

समझते हुए पाठक या आलोचक कविता की भाषा को खोलता है। वह तलाशता है कि इस विशिष्ट भाषा में कैसी सामाजिक दृष्टि है! इस आत्मीय काव्य-भाषा से वह ठोस उत्तर की भी तलाश करता है। इसी भाषा के भीतर बैठी मनुष्यता की गहरी पक्षधरता को भी तलाश कर वह निकालता है। यही कारण है कि कविता पाठ-दर-पाठ खुलती है, वह पूरी तरह से चुकती नहीं है और नये समय-सन्दर्भ में पुनर्नवा होकर अपनी सार्थकता को सिद्ध करती है।

कविता जब किसी नयी धारा से जुड़ती है तो कवि के सामने सबसे बड़ी चुनौती भाषा की काव्यमय संवेदनशीलता को बचाये रखने की होती है। विचार को कविता में ढालते समय इसका ख़याल रखना पड़ता है कि विचार और कविता—दोनों की रक्षा हो। कविता की रक्षा की यही शर्त है कि उसकी 'मूल सत्ता' बनी रहे और विचार की रक्षा की शर्त है कि भाषिक संवेदनशीलता के बावजूद उसकी वस्तुनिष्ठता बनी रहे। मैनेजर पाण्डेय के लेखन-काल में लगभग पाँच दशकों का विस्तार है। उन्होंने हिन्दी कविता के कई दौर प्रत्यक्ष देखे हैं। भक्तिकाल, रीतिकाल और आधुनिक काल की कविता के विभिन्न प्रकरणों पर उन्होंने पर्याप्त लिखा है। कविता के इन अनेक चरणों और रूपों पर विचार करते हुए उन्होंने सैद्धान्तिक विवेक का अद्‌भुत परिचय दिया है। वे सोच के स्तर पर समग्रता के आलोचक हैं। खंडित तरीके से सोचना और लिखना उनके स्वभाव में नहीं है। वे किसी कवि के अनुसार कविता के बारे में किसी विशेषता की तरफ यदि ध्यान दिलाते हैं तो आप पायेंगे कि वह बात किसी दूसरे कवि पर विचार करते समय अन्तर्विरोध का शिकार नहीं होती है। सिद्धान्तों को व्यवहार में उतारते समय वे प्राय: विचलित नहीं होते हैं।

कविता में दर्शन, विचार आदि को कैसे व्यक्त किया जा सकता है? कवि किन सावधानियों के बीच से कविता का यह मार्ग तलाश सकता है! आलोचक काव्य-भाषा में निहित भावबोध को विचार से जोड़ते समय किन उपकरणों की सहायता ले सकता है! मैनेजर पाण्डेय इन जटिलतर सम्बन्धों का सुलझा हुआ उत्तर देते हैं, "कविता में दर्शन की खोज करना एक ऐसा आलोचनात्मक प्रयत्न है जिसमें कविता और दर्शन दोनों के स्वभाव के साथ अन्याय होता है। अगर कविता में किसी शास्त्रीय दर्शन की खोज की जाये तब तो दोनों की दुर्गति होती है। ऐसा नहीं है कि कविता में विचार नहीं होता। कविता में विचार होता है, लेकिन उसका रूप और प्रयोजन वही नहीं होता जो दर्शन में होता है। कविता में विचार या तो जीवन-जगत को देखने वाली कवि दृष्टि में होता है या फिर देखे गये जीवन-जगत के आकांक्षित रूप की रचना में। दोनों ही स्थितियों में उसका स्वरूप शास्त्रीय मतवाद से भिन्न होता है। फिर दर्शन में आया विचार पाठक की

केवल बौद्धिक जिज्ञासा को जगाता और सन्तुष्ट करता है जबकि कविता, पाठक की सम्पूर्ण संवेदनशीलता को जगाती और परिष्कृत करती है जिसमें कल्पना, इन्द्रियबोध, भाव और विचार की प्रक्रियाएँ संयुक्त रूप से सक्रिय होती हैं। यही नहीं, दर्शन में विचारों का विकास अमूर्तन की प्रक्रिया से होता है, जबकि कविता में विचार अनुभव का अंग बनकर सम्मूर्तन की प्रक्रिया में व्यक्त होता है।"[3]

यह कथन 'दादू दयाल की दार्शनिक दृष्टि' शीर्षक निबन्ध में है। जाहिर-सी बात है कि लेखक ने दादू दयाल के साहित्य तथा भक्तिकाल के उनके परिवेश को ध्यान में रखकर अपनी बात कही है। दादू दयाल के जीवन, आध्यात्मिक विचार के सन्दर्भ में उनकी कविता पर विचार करते हुए पाण्डेयजी ने कविता और दर्शन के सम्बन्ध पर अपनी राय रखी है। उनकी इन बातों को आप किसी भी कवि की कविता पर लागू करके देखेंगे तो कोई असंगतता दिखाई नहीं पड़ेगी। आलोचना के सिद्धान्त और व्यवहार का दुर्लभ सन्तुलन मैनेजर पाण्डेय की विशेषता है। वे सम्पूर्णता के आलोचक हैं। इस उद्धरण की बातों को कुछ बिन्दुओं में रखा जा सकता है–

- कविता में दर्शन की खोज शास्त्रीय रूप में नहीं की जा सकती है।
- कविता में दर्शन को ठीक-ठीक व्यक्त भी नहीं किया जा सकता है।
- कविता में निहित दार्शनिक विचार का रूप अलग तरह का होता है।
- विचार या दर्शन जीवन-जगत को देखने वाली कवि दृष्टि में होता है।
- कवि अपनी आकांक्षा के अनुसार भी कविता में जीवन-जगत को रचता है। इस आकांक्षित रूप को बनाने में दर्शन या विचार का उपयोग कवि करता है।
- दर्शन का सम्बन्ध बौद्धिक जिज्ञासा से होता है।
- दार्शनिक विचार कविता में आकर संवेदना, कल्पना, इन्द्रियबोध आदि से जुड़ता है।
- दर्शन में विचारों का विकास अमूर्तन की प्रक्रिया से होता है।
- कविता में विचारों की अभिव्यक्ति सम्मूर्तन की प्रक्रिया से होती है।

कल्पना और यथार्थ का उपयोग कविता करती है। ये दोनों परस्पर विरोधी मालूम पड़ते हैं। हिन्दी कविता के इतिहास में इन दोनों के दौर आते रहे हैं। छायावाद ने कल्पना पर जोर दिया और प्रगतिवाद ने यथार्थ पर। हिन्दी कविता को इन दोनों ने समृद्ध किया। कविता में यथार्थ को भी कल्पना के सहारे ही व्यक्त किया जाता है—दूसरी विधाओं की तुलना में यह तकनीकी अन्तर है। कल्पना का आधार जब तक वास्तविकता होती है तभी तक उसकी सर्जनात्मक शक्ति और सम्प्रेषण क्षमता बनी रहती है। कल्पना और यथार्थ का आधार जीवन

का अनुभव ही होता है, जबकि सामान्यत: मान लिया जाता है कि कल्पना कवि के भावलोक से जन्म लेती है, "जीवन-जगत के अनुभव के आधार पर ही एक स्वच्छन्दतावादी कवि कविता लिखता है और यथार्थवादी कवि भी लिखता है। दोनों प्रकार की कविता में जीवन-जगत सम्बन्धी दृष्टिकोण की भिन्नता के कारण कल्पना की भूमिकाएँ भी अलग-अलग होती हैं। अगर आप निराला की 'जुही की कली' और 'भिक्षुक' कविताओं को देखेंगे तो पायेंगे कि दोनों में कल्पना की भूमिका एक तरह की नहीं होती है।"[4] जीवन और संसार को देखने का नजरिया जैसा होता है उसी के अनुसार कवि कल्पना का उपयोग करता है। कॉलरिज ने द्वितीयक कल्पना (Secondary Imagination) की अवधारणा पर विचार किया और बताया कि यही सर्जनात्मक कल्पना होती है जिसका उपयोग कवि करता है। कविता की निर्मिति में कल्पना की भूमिका पर कॉलरिज के अलावा जोसेफ एडीसन (Joseph Addison) के विचार महत्त्वपूर्ण हैं। 'हिन्दी आलोचना की पारिभाषिक शब्दावली'[5] में आचार्य शुक्ल और नन्ददुलारे वाजपेयी के विचार कल्पना के सन्दर्भ में दिये गये हैं। कॉलरिज से लेकर वाजपेयी तक, कल्पना के सन्दर्भ में इस बात का उल्लेख कहीं नहीं मिलता कि 'जीवन-जगत सम्बन्धी दृष्टिकोण की भिन्नता' के कारण कल्पना की भूमिका बदल जाती है। कविता में कल्पना के प्रयोग सम्बन्धी चिन्तन में पाण्डेयजी यह बात जोड़ते हैं कि सर्जनात्मक कल्पना कवि की जीवन-दृष्टि से प्रभावित और निर्धारित होती है। निराला की दो कविताओं को उदाहरण के रूप में रखकर वे अपनी बात की पुष्टि भी करते हैं। 'जुही की कली' में जीवन-जगत सम्बन्धी दृष्टिकोण पर प्रकृति का सूक्ष्म निरीक्षण और रोमानियत की प्रधानता है जबकि 'भिक्षुक' में सामाजिक-आर्थिक यथार्थ की; इसलिए इन दोनों कविताओं में कल्पना की भूमिका भिन्न है। एक की कल्पना भावलोक में ले जाती है तो दूसरी मानव-जीवन की एक भयावह स्थिति की ओर ले जाती है। इस बात को पाण्डेयजी और भी स्पष्ट करते हैं, "कोई भी कवि इस वास्तविक संसार के आधार पर ही अपनी कविता में एक नये संसार की रचना करता है और उस काव्य संसार की रचना में सर्वाधिक महत्त्वपूर्ण भूमिका सर्जनात्मक कल्पना की होती है। लेकिन जब सर्जनात्मक कल्पना जीवनानुभव के आधार पर सक्रिय होती है तभी बेहतर कविता बनती है। जब कविता में जीवनानुभव का आधार कमजोर होता है और कल्पना की सक्रियता अधिक होती है तो कविता में वायवीयता आती है या काल्पनिकता बढ़ती है।"[6]

'जीवन-जगत सम्बन्धी दृष्टिकोण' का ही एक रूप यथार्थवाद है जिसका कविता में निर्वहन कठिन काम होता है। कविता में इस दृष्टिकोण का उपयोग

कवियों ने खूब किया है, मगर इसकी सैद्धान्तिकी के आधार पर कविता के मूल्यांकन की कसौटी बनाना कठिन काम है। इसमें ध्यान देने लायक दो बातें हैं। एक यह कि यथार्थवाद के आधार पर कविता लिखी जा सकती है। दूसरी यह कि सभी प्रकार की कविता की आलोचना का आधार यथार्थवाद को नहीं बनाया जा सकता है, "कविता में जीवन-जगत के यथार्थ और अनुभव की अभिव्यक्ति केवल प्रातिनिधिक रूप में नहीं होती, प्रतीकात्मक ढंग से भी होती है। सच तो यह है कि उपन्यास में प्रातिनिधिक पद्धति की प्रधानता मिलती है तो कविता में व्यंजना की पद्धति प्रायः प्रतीकात्मक ही अधिक होती है। कविता में यथार्थ और अनुभव की सीधी अभिव्यक्तियाँ नहीं होतीं। उसमें पुनर्रचित यथार्थ और अनुभव की अभिव्यक्तियाँ होती हैं, इसलिए कविता का यथार्थ जीवन के यथार्थ से भिन्न होता है; कभी उससे कुछ अधिक कभी उससे कुछ कम। कविता की रचना प्रक्रिया में पहली वास्तविकता (जीवन-जगत की वास्तविकता) का दूसरी वास्तविकता (पुनर्रचित वास्तविकता) में रूपान्तरण ही नहीं होता, कई बार अन्यथाकरण भी होता है। इस अन्यथाकरण की व्याख्या यथार्थवाद के सहारे कैसे होगी।"[7]

व्यंजनात्मकता, प्रतीकात्मकता, अनुभूति की प्रधानता, पुनर्रचना, अन्यथाकरण आदि के कारण कविता और यथार्थवाद की स्थायी संगति नहीं बन पाती है। मैनेजर पाण्डेय कविता के भाषिक वैशिष्ट्य पर विशेष जोर देते हैं। मार्क्सवादी आलोचना सामाजिक-राजनीतिक-आर्थिक पक्ष को साहित्य से जोड़ने की अभ्यासी रही है इसलिए यथार्थवाद से उसका आकर्षक सम्बन्ध रहा है। मार्क्सवादी प्रतिबद्धता को गहराई से आत्मसात करने के कारण पाण्डेयजी सरलीकरण के शिकार नहीं होते। वे सिद्धान्तों को उसके पूरे सन्दर्भ के साथ अपनाते हैं। स्वयं मार्क्स साहित्य के प्रेमी थे। उन्होंने अनेक साहित्यिक रचनाओं के बारे में सूक्ष्म पर्यवेक्षण के साथ लिखा है। विश्व के कई कवियों की कविताओं पर जो टिप्पणी की है उन्हें गम्भीरतापूर्वक पढ़ा गया है। मार्क्स की कही बातें विश्व साहित्य को समझने में मददगार हैं। इसलिए यह माना जाना चाहिए हिन्दी की मार्क्सवादी आलोचना केवल फॉर्मूलों पर आधारित नहीं है। उसमें साहित्य को समझने का गहरा विवेक मौजूद है। उसका आधार ऐतिहासिक भौतिकवाद और द्वन्द्वात्मक भौतिकवाद ही नहीं है बल्कि विश्व स्तर के महान साहित्यकारों की रचना-दृष्टि भी है। पाण्डेयजी कविता की 'मूल सत्ता' की चिन्ता हमेशा करते हैं और किसी सिद्धान्त का भय भी उन्हें नहीं सताता। कमजोर तर्कों के सहारे वे किसी सिद्धान्त की रक्षा करने की कोशिश प्रायः नहीं करते। वे कहते हैं कि कविता यदि आत्मपरक, रोमांटिक और बिम्बाश्रित हो तो उसकी व्याख्या यथार्थवाद के सहारे नहीं की जा सकती है, "अगर यथार्थवाद के आधार पर नागार्जुन की

ही सभी तरह की कविताओं का मूल्यांकन करना हो तो उसकी सीमाएँ प्रकट हो जायेंगी। नागार्जुन की 'अब तो बन्द करो हे देवी यह चुनाव का प्रहसन' या 'तुम रह जाते दस साल और' या 'सत्य को लकवा मार गया है' जैसी कविताओं का सामाजिक अर्थ और अभिप्राय यथार्थवाद की मदद से कुछ समझा-समझाया जा सकता है, लेकिन 'कालिदास सच-सच बतलाना' या 'श्याम घटा सित बिजुरी रेह', 'सुजन नयन मनि', 'मेघ बजे' आदि कविताओं की कला यथार्थवाद के दायरे के बाहर पड़ती है।"[8] यथार्थवाद इन कविताओं की भाषिक संवेदनशीलता को समझ पाने में असमर्थ होगा। कविता के मूल्यांकन का आधार बनने के लिए पाण्डेयजी की शर्त है— भाषिक संवेदनशीलता की समझ। दर्शन, कल्पना, यथार्थ, आकांक्षा, विचारधारा आदि किसी को भी कविता का हिस्सा बनाते हुए ख्याल रखना होगा कि 'भाषिक संवेदनशीलता' की क्षति न हो। आचार्य शुक्ल जिसे कविता की 'मूल सत्ता' कहते हैं उसे पाण्डेयजी 'भाषिक संवेदनशीलता' कहते हैं। कविता की समझ का इसे अगला चरण समझा जाना चाहिए क्योंकि इसी के भीतर कविता की 'सामाजिक संवेदनशीलता' मौजूद होती है।

कविता में व्यक्तिगत और मानवीय अभिव्यक्ति की पहचान आसान होती है। प्रेम की भावुक कविता व्यक्ति की पीड़ा का प्रसार हो सकती है। वह मानवीय बनने के तर्क का आश्रय लेकर अपनी बात मनवा सकती है। व्यक्ति की प्रेम-पीड़ा को संगत मानने का आधार मानवमात्र के प्रति करुणा का भाव ही है। भावुकता से भरी ऐसी भाषा के बीच भी 'सामाजिक संवेदनशीलता' मौजूद रहती है जिसकी पहचान काव्यतर्क के सहारे की जा सकती है, "कविता की दिलचस्पी जीवन के व्यक्तिगत से लेकर मानवीय पक्षों तक फैली होती है। उसकी इस व्यापकता में, व्यक्तिगत और मानवीय के बीच में ही कहीं 'सामाजिक' भी स्थित होता है।"[9]

कविता में सामाजिक की पहचान, अभिनवगुप्त के 'साधारणीकरण' से सैद्धान्तिक रूप ग्रहण करती हुई साहित्य के समाजशास्त्र तक पहुँचती है। मैनेजर पाण्डेय कविता की सामाजिक भूमिका को एक तरफ मार्क्सवादी दर्शन से माँजते हुए नवोन्मेष प्रदान करते हैं, तो दूसरी तरफ उन्हें कविता के भाषिक वैशिष्ट्य का ख्याल हमेशा बना रहता है। वे मानते हैं कि समाज और मनुष्य के जीवन को देखने-समझने की दृष्टि के बीच संवेदना की कोई सटीक भाषा हो सकती है तो वह कविता की भाषा है। गद्य की विधाएँ यथार्थ की सटीक अभिव्यक्ति कर सकती हैं। मगर संवेदना की सटीक अभिव्यक्ति कविता ही कर सकती है, इसलिए कविता का भाषिक विन्यास सबसे महत्त्वपूर्ण होता है। ऐसा कहकर वे निरे कलावादियों की निरर्थकता को भी उजागर करते हैं जो कविता की भाषिक संवेदनशीलता को तो मानते हैं लेकिन उसमें निहित सामाजिक संवेदनशीलता

में उनकी रुचि नहीं होती है। संवेदना का आधार महज भाषा तो होती नहीं है, जीवन और समाज को देखने की दृष्टि से जो भाव-बोध बनता है उससे भाषा एक विशेष स्वरूप ग्रहण करती है। जो लोग कविता की भाषा को निजी मानते हैं वे दरअसल सामाजिक प्रश्नों को नजरअन्दाज करना चाहते हैं। वे नहीं चाहते हैं कि उनकी भाषा में निहित सांसारिक प्रकरणों की पड़ताल हो।

सन्दर्भ

1. रसमीमांसा–आचार्य रामचन्द्र शुक्ल, नागरी प्रचारिणी सभा, काशी, संवत् 2048, पृ. 222
2. साहित्य के समाजशास्त्र की भूमिका–मैनेजर पाण्डेय, हरियाणा साहित्य अकादमी, चंडीगढ़, 1989, पृ. 225
3. हिन्दी कविता का अतीत और वर्तमान–मैनेजर पाण्डेय, वाणी प्रकाशन, दरियागंज, नयी दिल्ली, 2013, पृ. 31
4. मेरे साक्षात्कार–मैनेजर पाण्डेय, किताबघर प्रकाशन, नयी दिल्ली, 1998, पृ. 11
5. हिन्दी आलोचना की पारिभाषिक शब्दावली–डॉ. अमरनाथ, राजकमल प्रकाशन, नयी दिल्ली, 2015
6. मेरे साक्षात्कार–मैनेजर पाण्डेय, किताबघर प्रकाशन, नयी दिल्ली, 1998, पृ. 11
7. साहित्य के समाजशास्त्र की भूमिका–मैनेजर पाण्डेय, हरियाणा साहित्य अकादमी, चंडीगढ़, 1989, पृ. 223
8. वही, पृ. 222-223
9. वही, पृ. 224

संस्कृति का उद्योग और नागरता

पूँजीवाद और कविता के सम्बन्ध पर विचार करने की आवश्यकता को आज अपेक्षाकृत अधिक महसूस किया जा रहा है। हिन्दी कविता का अधिकांश शहरों में रचा जा रहा है। कवि का जीवन और रोजगार इसी अर्थव्यवस्था से जुड़ा है। चिर 'गाँव' (झाँसी) में रहकर कविता रचने वाले, अब मैथिलीशरण गुप्त की तरह स्वीकार्य नहीं हो पा रहे हैं। यहाँ तक कि दलित और आदिवासी विमर्श की कविताएँ भी प्रायः महानगरों में रहकर लिखी जा रही हैं। कृषि-प्रधान ग्रामीण जीवन बाजार की गिरफ्त में धीरे-धीरे आ तो रहा है, मगर कृषि उत्पादन में पूँजीवाद की सीधी भागीदारी नहीं होने के कारण अभी भी ग्रामीण जीवन का स्वरूप पुराने ढंग का है। खेती के काम में कोई भी बहुराष्ट्रीय कम्पनी उत्पादन के स्तर पर नहीं जुड़ती है। उसकी रुचि कृषि-उत्पाद के बाजार को नियन्त्रित कर लाभ कमाने में होती है। आज तक किसी बहुराष्ट्रीय कम्पनी ने फसल उपजाने का काम नहीं किया है। वे खाद, कीटनाशक, औजार, ट्रैक्टर, हार्वेस्टर आदि बनाने तथा बेचने का काम करती रही हैं क्योंकि इसमें मुनाफे की अनिश्चितता नहीं है। खेती एक अनिश्चित कारोबार है। इससे प्राप्त लाभ की कोई गारंटी नहीं होती। जोखिम की सारी जिम्मेदारी किसान की होती है। खेती का कोई बीमा भी नहीं होता। खेती की इस आर्थिक प्रणाली के कारण कम्पनियाँ कृषि-कार्य में हाथ नहीं लगाती हैं। इसका एक परिणाम यह हुआ है कि आज भी ग्रामीण जीवन का बड़ा हिस्सा अपने सांस्कृतिक धरातल पर पुराने स्वरूप और संवेदना के भीतर जी रहा है। विडम्बना यह है कि पूँजीवादी विकास से इसे कोई लाभ तो नहीं मिला, मगर इसका खूबसूरती से दोहन जरूर हुआ अर्थात विकास का चेहरा और विनाश की आत्मा। गाँव में विकास की पहचान के रूप में स्कूल-कॉलेज, सड़क, मोबाइल, इंटरनेट, गाड़ियाँ आदि की संख्या बढ़ी, मगर कृषि-उत्पाद को सही मूल्य दिलाकर किसान की सम्मानजनक आर्थिक स्थिति बनाने की कोई कोशिश सफल नहीं हुई। विकास के इन प्रतीकों ने किसान के कृषि-आधारित जीवन में नकारात्मक विक्षोभ पैदा किया है। केवल कृषि पर आधारित रहने वाले

किसान की गरीबी इस हद तक बढ़ गयी है कि वह अपने परिवार और रोजगार को बचाने में अक्षम होता जा रहा है।

इन परिस्थितियों में हिन्दी कविता का ग्रामीण स्रोत सूखता जा रहा है। महानगर की कविता गाँव की स्मृतियों को व्यक्त कर रही है। महानगरीय जीवन में भोजन-वस्त्र-आवास की तो बात छोड़िए, साँस लेना और पानी पीना भी अर्थव्यवस्था का अंग बन गया है। 2016 की जनवरी में अखबार में छपा था कि चीन में कुहासे को प्रदूषण ने इतना भयावह बना दिया था कि साफ हवा में साँस लेने के लिए लोग शहर से दूर गाँव में जाकर खड़े हुए थे। आज की हिन्दी कविता इसी तरह के शहरों में रह रही है। शहर में प्राय: समाज नहीं होता है और होता भी है तो तकनीकी विशेषताओं के साथ। यह तथाकथित समाज आवयविक ढंग से विकसित नहीं होता। इसकी जड़ें प्राय: गहरी नहीं होती हैं और दिखाने को विशाल वृक्ष होता है जिसमें पल्लवन-पुष्पन के बिना भी परिपक्व फल लगे हुए मिल जायेंगे। ग्रामीण समाज में कोई परदेशी आसानी से बस नहीं पाता था, यहाँ तक कि पुरुष के लिए अपनी ससुराल में भी बस जाना दुष्कर होता था; बिहारी ने शायद इसीलिए ससुराल (बिहारी की ससुराल मथुरा में थी और उन्हें वहाँ रहकर मान-अपमान का अनुभव हुआ था।) में रहने पर घटती हुई इज्जत की उपमा पूस के महीने में दिन के घटते हुए मान से दी है। इसके विपरीत शहर परदेशियों से ही बसता और आबाद होता है। महानगरों में यह परदेशीपन और भी बढ़े हुए रूप में मिलता है। तमाम तरीके के राजनीतिक और सामाजिक चेतना के महानगरीय प्रदर्शन के बावजूद यहाँ बुद्धि के स्तर की ही संवेदना की सम्भावना होती है। हार्दिक संवेदना के लिए जीवन की जिन परिस्थितियों की आवश्यकता होती है, वे यहाँ मौजूद नहीं हैं। यहाँ रिश्ते ऐच्छिक हैं, ग्रामीण समाज में रिश्ते केवल व्यक्ति की इच्छा पर निर्भर नहीं होते।

मैनेजर पाण्डेय हिन्दी कविता के सामने उपस्थित परिवेश को व्याख्यायित करते हुए कविता की गति-दुर्गति पर महत्त्वपूर्ण विचार रखते हैं। पूँजीवाद और महानगरीय जीवन के कारण हिन्दी कविता में जो बदलाव आये हैं उनकी पहचान की शब्दावली हिन्दी आलोचना में व्यवस्थित तरीके से मौजूद नहीं है। हिन्दी कवि अपनी कविता को यथासम्भव गम्भीर और सार्थक समझता है मगर पाठकों की कमी इस विधा के अस्तित्व को संकटग्रस्त कर रही है। पत्रिकाओं में छपी कविताएँ रस्मअदायगी का हिस्सा बनती जा रही हैं। काव्य-संग्रह कम संख्या में बिक रहे हैं। इन प्रश्नों पर भी विचार करने की जरूरत आ पड़ी है। हिन्दी कविता के लिए अनेक बड़े पुरस्कारों के रास्ते खुले हुए हैं, मगर विधा के तौर पर इसकी स्वीकृति को बढ़ाने के लिए कोई स्तरीय प्रयास दिखाई नहीं

पड़ता है। कवि का दावा है कि उसने जो कुछ लिखा है वह बहुत अच्छा है और पाठक की आम प्रतिक्रिया है कि हिन्दी कविता समझ में नहीं आती है। यह पता नहीं चल पाता कि कवि कहना क्या चाहता है। यह शिकायत केवल आम पाठकों की ही नहीं है बल्कि हिन्दी साहित्य के विद्यार्थियों, शोधार्थियों और अध्यापकों की भी है। इन सबके बीच रमाशंकर विद्रोही जैसे कवि भी हैं जो अपनी कविताएँ मौखिक रूप से सुनाते थे और सहज एवं गम्भीर रूप से समझ में भी आते थे। उनके एकमात्र काव्य-संग्रह 'नयी खेती' की ज्यादातर कविताएँ आज भी अपनी अपील के साथ श्रोताओं के मन पर प्रभाव छोड़े हुए हैं। मगर हिन्दी कविता के श्रेष्ठ कवियों के बीच 'विद्रोही' की गिनती हिन्दी आलोचना ने कभी नहीं की, उन्हें कविता के किसी छोटे पुरस्कार के लायक भी नहीं समझा गया। हिन्दी आलोचना ऐसे कवियों को रेखांकित कर रही है जिनकी स्वीकृति विशिष्ट जनों के बीच है और 'विद्रोही'-जैसे कवियों को हतोत्साहित करके कविता की व्यापक पाठकीयता की सम्भावना को अवरुद्ध कर रही है। मूलत: पाठ की विधा के रूप में विकसित हुई कविता श्रोताओं पर अद्‌भुत प्रभाव डालने की क्षमता रखती है और आज उसकी इस क्षमता का क्षरण हो चुका है। बन्द कमरे में दो-चार दर्जन चुनिन्दा लोगों के बीच कविता सुनने-सुनाने की पद्धति ने आज स्वीकृति पा ली है। खुले मंच पर बड़ी सभा में सुनाने लायक कविता, समादृत हिन्दी कवियों के द्वारा, नहीं लिखी जा रही है। 'विद्रोही'-जैसे कवि हिन्दी कविता की विस्तृत पाठकीयता की सम्भावना के द्वार खोलते हैं। मैनेजर पाण्डेय ने कविता की घटती स्वीकार्यता पर अनेकश: विचार किया है, यद्यपि उन्होंने हिन्दी के महत्त्वपूर्ण कवियों के नाम लेकर इस प्रसंग में टिप्पणी करने से परहेज किया है। कविता की व्यापक स्वीकार्यता के प्रसंग में जिन पक्षों की तरफदारी उन्होंने की है, वे पक्ष 'विद्रोही' की कविता में दिखाई पड़ते हैं, "कविता केवल विशेषज्ञों के लिए न हो, व्यापक समाज के लिए भी हो। वह केवल पढ़ने के लिए न हो, सुनने-सुनाने लायक भी हो।"[1] कविता के विधागत स्वभाव के अनुसार यह जरूरी है कि उसकी मौखिक अपील बची रहे। मौखिक, लिखित और मुद्रित अवस्था के क्रम को पार करती हिन्दी कविता अपनी तीनों अवस्थाओं की विशेषताओं को बचाये रख सकती है, "अगर कविता अभी पूरी तरह बुर्जुआ सभ्यता का शिकार नहीं हुई है तो उसका एक कारण यह है कि कविता का आज भी जितना सम्बन्ध आँखों से है, उससे अधिक कानों से है। वह मौखिक संस्कृति के युग में लम्बे काल तक श्रव्य रही है। लय और छन्द के रूप में नाद से उसका अन्तरंग सम्बन्ध रहा है और अर्थ की संरचना से शब्द की योजना के आत्मीय सम्बन्ध के सहारे उसकी संगीतमयता विकसित होती रही। लिखित रूप

में आने पर कविता आँख की वस्तु बनी और बाद में मुद्रित होने पर वह पहले से अधिक चाक्षुष हुई। फिर बिम्बवाद ने कविता को विशेष रूप से चाक्षुष बनाने की कोशिश की। इस कोशिश का बेतुकापन तब उजागर हुआ, जब ठोस कविता का फैशन आया, जिसमें कविता से संगीत को पूरी तरह निकालकर उसमें ठोसपन लाने का प्रयत्न हुआ। तब यह भी कहा गया कि कविता में शब्द किसी अर्थ के संकेत नहीं बल्कि वस्तु हैं और कविता का कोई अर्थ नहीं होता, वह जो है सो है। उसके बाद वही हुआ, जो होना था–कविता की बनावट अमूर्त चित्रों से होड़ करने लगी, कागज के पन्ने का आकार-प्रकार कविता का रूपात्मक आधार बनने लगा, कविता की पंक्तियों के ऊपर और नीचे की खाली जगहें कविता की संरचना का हिस्सा होने लगीं। इस तरह कविता की कला लिखावट और छपाई की कला बन गयी। कविता को अत्यन्त चाक्षुष बनाने की कोशिश का यही परिणाम होना था।"[2]

कुल मिलाकर कविता की सामूहिक ग्राह्यता बुरी तरह प्रभावित हुई। वह दिलचस्प होने की चिन्ता और कोशिश से परहेज करने लगी, "समकालीन हिन्दी कविता की एक विशेषता यह है कि वह दिलचस्प एकदम नहीं है। यह गुण उसके स्वभाव से गायब हो गया है। सम्भव है, मेरी इस बात से कुछ लोग चकित हों और पूछें कि क्या दिलचस्प होना कविता का कोई आवश्यक गुण है...यह ठीक है कि कविता केवल दिलचस्प होने के कारण सार्थक नहीं होती, लेकिन वह उबाऊ होने पर व्यर्थ जरूर हो जाती है। तब वह पाठकों को आकर्षित नहीं करती है और बहुत दिनों तक जीवित भी नहीं रह पाती।"[3]

कविता की स्वीकृति के सामने एक बड़ा संकट यह है कि वह उद्योग का अंग नहीं बन सकती है। अपने स्वरूप की रक्षा करते हुए वह बिकाऊ या दिखाऊ नहीं बन पाती है। हिन्दी कविता का एक रूप मंचीय कविता का भी है, मगर उस रूप में उसकी सार्थकता की रक्षा मुश्किल होने लगती है। यहाँ उर्दू कविता का जिक्र इस अर्थ में प्रासंगिक होगा कि मंच पर वह सार्थक तो है ही, अपने मुद्रित रूप में भी वह पढ़ी जा रही है। पिछले कुछ दशकों में उर्दू कविता का देवनागरी लिपि में रूपान्तरण बड़े पैमाने पर प्रकाशित हुआ है। समकालीन शायरों की कृतियाँ हिन्दी प्रकाशकों के द्वारा विविधता के साथ छापी गयी हैं और आम पाठकों के द्वारा खरीदी और पढ़ी गयी हैं। अली सरदार जाफ़री के द्वारा सम्पादित 'दीवान-ए-मीर' और 'दीवान-ए-ग़ालिब' का हिन्दी रूप खूब पढ़ा गया है। जौक़, दाग़, जफ़र की शायरी हिन्दी में समझने के लिए कुछ मेहनत की माँग करती है, मगर बशीर बद्र, मुनव्वर राना-जैसे समकालीन शायरों को उनके लिखित रूप में भी खूब पढ़ा गया है। क्या यह उर्दू कविता का उद्योग बन जाना है?

ऐसा बिल्कुल नहीं है। पाण्डेयजी हिन्दी और उर्दू कविता की समकालीन स्थिति के बीच तुलना करते हुए जिस कसौटी की पहचान करते हैं वह है–श्रव्यता। श्रव्यता का अर्थ है कवि और पाठक/श्रोता के बीच संवाद अर्थात एक-दूसरे के बोध का अनुमान, काव्य-भाषा का दोनों पक्षों के बीच निर्बाध आवागमन आदि, "कविता की जिन्दगी के लिए श्रव्य परम्परा के महत्त्व की पहचान आज भी कई जगह मिलती है। आज भी उर्दू का हर शायर गजल या शेर कहता है, लिखता नहीं, जैसा कि हिन्दी के कवि करते हैं। बांग्ला में आवृत्ति की परम्परा ने कविता की सामाजिकता की रक्षा की है और उसे नयी जिन्दगी दी है। हिन्दी कविता को संस्कृति के उद्योगों के खतरों से बचाने के लिए उसके श्रव्य रूप की चिन्ता जरूरी है।"[4]

निराला ने 'स्नेह-निर्झर बह गया है' में कविता 'लिखने' की नहीं, 'कहने' की बात का उल्लेख किया है–'मैं अलक्षित हूँ/यही कवि कह गया है'। आज भी कविता में जितना कहा हुआ मालूम पड़ता है उसमें जीवनी-शक्ति ज्यादा महसूस होती है। मगर आजकल हिन्दी कविता के रूप में हमारे सामने सबसे बड़ी तादाद नागर कविता की है। संक्षेप में इसका स्वरूप कुछ इस प्रकार का है, "आजकल हिन्दी में जिस कविता का बोलबाला है, वह नागर कविता है, शहराती और चालाक। उसके रूप और स्वभाव में ही नहीं, अभिप्राय में भी नागरता छायी हुई है। वह शहरी मध्य वर्ग के बौद्धिक समुदाय की आत्मकेन्द्रित दृष्टि की उपज है, इसलिए उसमें उसी वर्ग के जीवन की वास्तविकताओं, संवेदनाओं, आकांक्षाओं और उम्मीदों की अभिव्यक्ति हो रही है। ...इस नागर कविता की काव्यानुभूति की संस्कृति में गाँव का समाज, वहाँ के लोगों की जिन्दगी, उस जिन्दगी के संघर्ष, उस संघर्ष के अनुभव और उस अनुभव की भाषा के लिए प्रायः बहुत कम जगह होती है। अगर उसमें इन सबको कभी थोड़ी जगह मिलती भी है तो सजावट की वस्तुओं के रूप में ठीक वैसे ही, जैसे शहरी मध्य वर्ग के लोगों के घरों में आजकल सूप, चलनी, हाँड़ी, डलिया, टोकरी आदि का उपयोग होता है। इससे एक ओर मध्यवर्गीय जिन्दगी का खोखलापन ढँकता है तो दूसरी ओर लोकजीवन और संस्कृति से प्रेम का प्रदर्शन भी होता है।"[5]

मैनेजर पाण्डेय ने नागर कविता के बारे में विस्तार से बताते हुए इसके प्रति अपनी निराशाओं को प्रकट किया है। उनके विचारों को इन बिन्दुओं में व्यक्त किया जा सकता है–

- नागर कविता का स्वर स्पष्ट नहीं है, बल्कि कानाफूसी की शैली में बात को रखने की प्रवृत्ति है।
- यह प्रायः नीरस और एकस्वर है।

- अपने रूप के बारे में अत्यन्त आग्रही है, मगर बोधगम्यता की चिन्ता किये बगैर।
- सहजता, ऐन्द्रिकता और भावावेग की उपेक्षा के कारण इससे जीवन्तता गायब हो गयी है।
- इसकी दिशा अभिजन कला की ओर जाती है, जहाँ लोकप्रियता को कला का प्रतिद्वन्द्वी और विरोधी मानकर खारिज कर दिया जाता है।
- इसकी काव्य-भाषा विचित्र होती है जो सुधी पाठक को भी विश्वासपूर्वक समझ में नहीं आती है।
- इस भाषा के शब्द का अर्थ तो समझ में आता है, मगर पूरे वाक्य का अर्थ अनेक बार समझ में नहीं आता है।
- यह गढ़ी हुई साहित्यिक हिन्दी में रची जा रही है, जिसका सम्बन्ध मध्य वर्ग की भाषा से भी नहीं है।
- यह कविता जीवन के कर्म और अनुभव से कट कर रची जा रही है।

पाण्डेयजी दलित कविता से उम्मीद करते हैं। उनका विचार है कि दलित कविता के साथ 'लोकजीवन की पुकार' एक बार फिर लौटी है। इससे नागर कविता की एकस्वरता टूटी है और हिन्दी कविता में श्रव्यता की सम्भावना बनी है।

अपने समकालीन कवियों में नागार्जुन, अज्ञेय, रघुवीर सहाय, त्रिलोचन, धूमिल, कुमार विकल, शैलेन्द्र, अदम गोंडवी, केदारनाथ सिंह से लेकर कुछ युवा कवियों के बारे में पाण्डेयजी ने कविता के लिए उम्मीद देखी है और उन पक्षों को रेखांकित किया है जिनसे हिन्दी कविता समृद्ध हुई है। 'आलोचना की सामाजिकता' पुस्तक में एक अध्याय है–'आज का भारतीय समाज और युवा पीढ़ी की रचनाशीलता'। इसमें पाण्डेयजी ने कुछ नये कवियों की कविताओं का जिक्र किया है। यह भी टिप्पणी की है कि वे 'कविता के प्रभाव के बारे में बहुत आश्वस्त न होने के बावजूद' इस प्रयास को रेखांकित करना चाहते हैं क्योंकि इनमें इन कवियों की मनुष्यता के प्रमाण हैं। कात्यायनी, अनिल कुमार सिंह, कुमार अम्बुज, देवीप्रसाद मिश्र, कृष्णमोहन झा, लीलाधर मंडलोई, कुमार मुकुल, बोधिसत्व, बद्रीनारायण, मनोज मेहता, संजय कुंदन, निलय उपाध्याय, हेमन्त कुकरेती, सविता सिंह, अनामिका, गगन गिल, पंकज चतुर्वेदी, अष्टभुजा शुक्ल की कविताओं का उल्लेख पाण्डेयजी ने सम्भावना के साथ किया है। कविता पूँजीवाद से हार नहीं सकती है, वह उसका हित-पोषण भी नहीं कर सकती है। मनुष्यता के मानदंड से हटते ही वह अपनी उच्च पदवी से गिर कर

निरर्थक होने लगती है और श्रव्यता के गुण को खोकर पाठकीय स्वीकृति के संकट से ग्रस्त होकर लुप्त होने के खतरे की ओर बढ़ने लगती है। अतः कविता मनुष्यता के पक्ष से मातृभाषा की आत्मीयता के साथ रची जाकर, श्रोताओं/पाठकों की श्रव्यता की कसौटी पर कसी जाती है। उसे बाजार की ग्राहकता नहीं 'सामाजिक' की सहृदयता जीवित रखती है, इसलिए कविता पूँजीवादी दौर में प्रतिरोध की भाषा और भूमिका बनकर ही सार्थक हो सकती है, "पूँजीवादी समाज में कविता न तो संस्कृति के उद्योग का हिस्सा बनकर जिन्दा रह सकती है और न माया की संस्कृति से होड़ करती हुई। वह मुक्तिधर्मी संस्कृति से जुड़कर ही अब तक जीवित रही है और आगे भी रहेगी। कविता जब मुक्तिधर्मी संस्कृति का माध्यम होती है, तभी वह सामाजिक जीवन में हस्तक्षेप करने वाली शक्ति बनती है, अन्यथा वह या तो बुद्धिजीवी समुदाय के मनोरंजन का एक साधन होती है या संस्कृति के संग्रहालय की वस्तु।"[6]

पुनः विचारणीय बिन्दु–

- कविता मुक्तिधर्मी होती है।
- अगर वह ऐसी नहीं है तो उसके दो पतनशील रूप हो सकते हैं–

1. बुद्धिजीवियों के मनोरंजन का साधन
2. संस्कृति के संग्रहालय की वस्तु

- कविता मायावी बनकर बहुत दूर तक नहीं चल सकती है।
- उसे सामाजिक जीवन में हस्तक्षेप करनेवाली शक्ति के रूप में कायम रहना चाहिए।
- कविता का इतिहास मुक्ति के लिए हुए संघर्ष का इतिहास है।

हिन्दी कविता के समकालीन रूपों को लेकर मैनेजर पाण्डेय का रुख प्रायः तीखा है। वे केवल निन्दा के स्वर में बात नहीं करते या वे केवल कवियों का मजाक नहीं उड़ाते बल्कि आलोचना की उस जिम्मेदारी को पूरा करते हैं, जो साहित्य के लिए अनेक बार दिशा दिखाने में सहायक होता है। आलोचक साहित्य का महज अनुगामी नहीं होता है, वह साहित्य की दशा का मूल्यांकन करते हुए साहित्य की दिशा के निर्धारण में भी अपनी भूमिका निभाता है। मैनेजर पाण्डेय हिन्दी कविता के विधागत स्वरूप के बारे में प्रासंगिक तौर पर जो विचार रखते हैं उनकी समग्रता में सार्थकता असंदिग्ध है। उन्होंने कविता के सैद्धान्तिक पक्ष पर योजना बनाकर नहीं लिखा है, मगर यह उनकी चिन्तनधारा और लेखन-शैली की विशेषता है कि उनमें समग्रता और व्यवस्था का भरपूर अनुशासन है। यहीं उल्लेख्य है कि वे सैद्धान्तिक आलोचना के किसी बन्धन में विवश भी नजर

आते और व्यावहारिक आलोचना का कोई मनमानापन भी उन्हें लालायित नहीं कर पाता। सिद्धान्त और व्यवहार की ऐसी मिसाल इनसे पहले केवल आचार्य शुक्ल में दिखाई देती है।

सन्दर्भ

1. हिन्दी कविता का अतीत और वर्तमान—मैनेजर पाण्डेय, वाणी प्रकाशन, दरियागंज, नयी दिल्ली, 2013, पृ. 211
2. वही, पृ. 210
3. वही, पृ. 214
4. वही, पृ. 210–211
5. वही, पृ. 215
6. वही, पृ. 212

कविता : चयनिका

"साहित्य के विकास के हर नये दौर में सैद्धान्तिक बहसों के माध्यम से व्यावहारिक आलोचना के आधार का निर्माण होता है और व्यावहारिक आलोचना से सैद्धान्तिक विकास को बल मिलता है। हिन्दी की स्थिति पर ध्यान दें तो लगेगा कि रामचन्द्र शुक्ल ने 1903 से 1920 के आस-पास तक अधिकांश सैद्धान्तिक लेखन किया और इसके बाद उन्होंने अपनी सुनिश्चित दृष्टि के विकास के आधार पर महत्त्वपूर्ण व्यावहारिक आलोचना लिखने का काम किया। हिन्दी से बाहर दुनिया में ऐसे महत्त्वपूर्ण आलोचक मिल जायेंगे जिन्होंने पहले सैद्धान्तिक लेखन किया और फिर व्यावहारिक आलोचना की ओर बढ़े, मसलन आई.ए. रिचर्ड्स। इसलिए सैद्धान्तिक बहसों से उबकने या बिदकने की जरूरत नहीं है। महत्त्वपूर्ण बात यह है कि सैद्धान्तिक बहस अपने समय के समाज, रचनाशीलता और दोनों के सम्बन्ध से जुड़ी हुई है या नहीं। अगर वह जुड़ी हुई है तो निरर्थक नहीं है। कई बार हिन्दी में सैद्धान्तिक समझ के अभाव में व्यावहारिक आलोचना में गलत प्रयास की दुष्परिणतियाँ दिखाई दे जाती हैं।"

–मेरे साक्षात्कार, पृ. 17-18

कविता क्या है?

मुझे कार्ल मार्क्स का एक कथन याद आ रहा है–'कविता मानवता की मातृभाषा है।' इस सूत्र पर ध्यान दें तो लगता है कि कविता मातृभाषा की तरह सहज होती है। मनुष्य अत्यन्त घनीभूत सुख या दुख के क्षणों में मातृभाषा की तरह ही कविता से जुड़ता है। मतलब यह है कि जब मनुष्य सुख या दुख के अत्यन्त घनीभूत क्षणों में होता है तो उसकी अभिव्यक्ति मातृभाषा में होती है, उसी तरह कविता मानवीय भावनाओं की अभिव्यक्ति का सबसे आत्मीय माध्यम है।

–मेरे साक्षात्कार, पृ. 9

अब तक के इतिहास में वही कविता समाज के लिए जरूरी साबित हुई है,

जो अपने समय और समाज के हाशिए पर रहने वाले पराधीन तथा पीड़ित जनसमुदाय की यातना के अनुभवों की आवाज बनी है और उसके संघर्ष की शक्ति भी। आज हम जिस संसार में जीने-मरने के लिए मजबूर हैं, उस पर शासन करने वाली व्यवस्था असामाजिक मनुष्य और अमानवीय समाज पैदा करती है। इसलिए उसके खिलाफ खड़ा होना कविता का धर्म है, क्योंकि वह मनुष्यता की मातृभाषा है। यही कविता की जिन्दगी और जरूरत की बुनियादी शर्त है।

–हिन्दी कविता का अतीत और वर्तमान, पृ. 212

मैं मनुष्य को सम्पूर्णता में जानने के लिए कविता की ओर जाता हूँ। कविता में मनुष्य की मनुष्यता प्रकट और पुष्ट होती है। विभिन्न युगों और देशों के मनुष्य के सुख-दुख, विजय-पराजय, संघर्ष और विकास को जानने के लिए मैं कविता पढ़ता हूँ। दुनिया भर में कविता का इतिहास मनुष्य की मनुष्यता का इतिहास है। मानव जीवन के रूप और अर्थ के विभिन्न स्तरों की अत्यन्त प्रभावशाली अभिव्यक्ति कविता के माध्यम से होती है। किसी देश या काल के मनुष्य की आत्मीय छवि को जानने का सर्वाधिक महत्त्वपूर्ण साधन कविता है। किसी जाति की भावना, कल्पना, स्मृति और रचनाशीलता की क्षमता की पहचान उसकी कविता में हो सकती है। इसलिए मेरे लिए कविता से जुड़ने का प्रयोजन है-व्यापक मानवता से जुड़ना ।

–मेरे साक्षात्कार, पृ. 9

कविता की आत्मपरकता पर जोर देने का यह अर्थ नहीं है कि वह सामाजिक नहीं होती। कविता दूसरे साहित्य रूपों की तुलना में अधिक गहरे स्तर पर सामाजिक और ऐतिहासिक होती है। उसकी सामाजिकता और ऐतिहासिकता की पहचान के लिए कविता की आंतरिक बनावट के प्रति अधिक संवेदनशील अन्तर्दृष्टि जरूरी है।

–साहित्य के समाजशास्त्र की भूमिका, पृ. 225

आजकल हिन्दी में जो कविताएँ लिखी जा रही हैं, उनकी भाषा, बनावट और उनसे व्यक्त होने वाली बौद्धिकता सामान्य पाठकों की पहुँच से परे है, कुछ कवि यह तर्क देने लगे हैं कि आज का जीवन जटिल है इसलिए उस जीवन से जुड़ी पूरी कविता भी जटिल हो रही है। यह आत्मरक्षा में गढ़ा गया कुतर्क है। यह सही है कि आज का जीवन जटिल है पर जीवन की जटिलताओं और अन्तर्द्वन्द्वों की गहराई महाभारत काल में भी कम नहीं थी। उसकी अभिव्यक्ति महाभारत में ऐसे ढंग व ढाँचे में हुई है जो अपने पाठकों और श्रोताओं के मन को छूती है, आन्दोलित करती है और उन्हें प्रभावित

भी करती है। मैं कई बार यह कहता हूँ कि आज स्थिति यह है कि कवि लगातार पुरस्कृत हो रहे हैं एवं कविता तिरस्कृत हो रही है।

–संवाद-परिसंवाद, पृ. 149

कविता का काम जीवन को यथावत प्रस्तुत करना नहीं, उसकी पुनर्रचना करना है। और पुनर्रचना में संगति और बोधगम्यता जरूरी है। मैं तो यह भी कहना चाहूँगा कि किसी कविता में बोधगम्यता नहीं है तो उसका मतलब यह हुआ कि कवि को भी जीवन के उन पक्षों का बोध नहीं है जिनकी चर्चा कविता में हुई है।

–संवाद-परिसंवाद, पृ. 169

अच्छी कविता लिखी जाये इसके पूर्व कविता की सीमा को जान लेना आवश्यक है। तभी अच्छी कविता लिखी जा सकती है। कविता से कोई हथियार का कार्य ले, यह सम्भव नहीं। उससे सब कुछ करने की उम्मीद करना भी उपयुक्त नहीं।

–संवाद-परिसंवाद, पृ. 13

जनवाद के नाम पर रोआ-रोहट भी कविता के स्वभाव और चरित्र के विरुद्ध है।

–संवाद-परिसंवाद, पृ. 14

कविता अपने सन्दर्भ से जीवन ग्रहण करती है, तो इस सन्दर्भ में अनभिज्ञता हमें कविता के जीवन से, मर्म से दूर कर देती है।

–संवाद-परिसंवाद, पृ. 14

एक क़िस्म की दुरूहता 'काव्य-वस्तु' के भीतर,...उसकी बुनावट-बनावट में होती है- एक-दो बार दुहराते हुए आप उसके भीतर धँस सकते हैं। दूसरे किस्म की दुरूहता अभिव्यक्ति की वाक्य-संरचना में होती है- कविता के शब्द व उनके अर्थ तो आपको ज्ञात होते हैं लेकिन कविता का अर्थ अज्ञात रह जाता है, वह स्पष्ट ही नहीं हो पाता, कविता में धँसना भी कठिन होता है।

–संवाद-परिसंवाद, पृ. 16

किसी कवि के सम्मुख यदि यह स्पष्ट है कि वह किनके लिए लिख रहा है उसका पाठक कौन है तो दुरूहता नही रह जायेगी।

–संवाद-परिसंवाद, पृ. 16

जब से कलात्मकता के नाम पर कविता में जटिलता का और आधुनिकता के नाम पर बौद्धिकता का विस्तार हुआ है तब से कविता के पाठक घटे हैं और श्रोता गायब हो गये हैं।

–संवाद-परिसंवाद, पृ. 122

यदि कवियों को अपने पाठकों/श्रोताओं की चिन्ता हो, तो उसका रचाव अन्तर्वस्तु से रूप तक एक तरह का होगा, चिन्ता नहीं हो तो दोनों स्तरों पर रचाव अलग-अलग तरह के हो सकते हैं।

—संवाद-परिसंवाद, पृ. 168

कविता का भविष्य भी जनता के भविष्य से जुड़ा है। ऐसे बुरे दौर आते हैं, कविता के इतिहास में भी आये हैं, देश में भी और दुनिया में भी। कविता सबसे प्राचीन विधा है, सबसे लम्बा इतिहास है इसका। मार्क्स ने कहा है 'कविता मनुष्यता की मातृभाषा है।' मनुष्यता को छोड़कर कविता जीवित नहीं रह सकती। इसलिए वर्तमान संकट से निकलकर कविता फिर मनुष्य की चिन्ता करेगी और अपने भविष्य के लिए जनता से जुड़ेगी।

—संवाद-परिसंवाद, पृ. 169-170

युगों से कविता समाज को इसलिए प्रिय रही है कि वह श्रोताओं/पाठकों को भावात्मक-वैचारिक शक्ति और नैतिक बल देती रही है। लेकिन कविता में यह क्षमता तभी आती है, जब वह जिन्दगी की वास्तविकताओं से जुड़ी हो, जिनमें सुन्दरता से अधिक कुरूपता, गरीबी और गुलामी की सच्चाइयाँ होती हैं। जो कवि-दृष्टि ऐसी सच्चाइयों की खबर लेने और देने से बचती है, वह चाहे जो रचे, अन्ततः पाठक को निराश और निर्बल बनाती है।

—हिन्दी कविता का अतीत और वर्तमान, पृ. 213

कविता एक तरह का संवाद है। एक स्तर पर वह कवि का स्वयं से संवाद होती है, जैसे कि प्रगीत में। दूसरे स्तर पर वह अन्यों से संवाद होती है, जैसे कि लम्बी कविताओं में। मुक्तिबोध ठीक ही कहते हैं कि—'कविताएँ मुस्कराकर लाग-डाँट करती हैं/प्यार बात करती हैं।' आजकल हिन्दी की अनेक कविताएँ पाठकों को मुँह चिढ़ाती हैं, वे बूझो तो जानें की चुनौती देती हुई पाठकों को बेवकूफ साबित करती लगती हैं।

—हिन्दी कविता का अतीत और वर्तमान, पृ. 214

कविता जिसको संबोधित होती है या जिसके लिए लिखी जाती है, उसकी मानसिकता और आकांक्षा के अनुरूप कविता का स्वरूप भी निर्मित होता है।

—मेरे साक्षात्कार, पृ. 30

प्रत्येक बड़े कवि की कविता बहुत दूर तक उसके व्यक्तिव की ही अभिव्यक्ति होती है। व्यक्तित्व में बहुत सारी चीजें शामिल होती हैं। कवि का परिवेश, उसकी मनोभूमि, उसका स्वभाव, उसके भाव, उसके विचार, उसकी संवेदनशीलता और उसकी समाज में कर्मशीलता—ये सब व्यक्तित्व के बनने-बनाने के हिस्से हैं। हरेक कवि की रचना में व्यक्तित्व के हिस्से होते हैं।

—हिन्दी कविता का अतीत और वर्तमान, पृ. 82

जैसे प्रकृति के बिना किसान का जीवन अधूरा होता है, वैसे ही प्रकृति की उपेक्षा करने वाली किसान-जीवन की कविता भी अधूरी होगी–यह बात किसान-जीवन की समग्रता का कवि जानता है। प्रकृति किसान-जीवन का अंग है। उससे किसान का सम्बन्ध मनमाने की बात नहीं है, अस्तित्व की अनिवार्यता है।

–हिन्दी कविता का अतीत और वर्तमान, पृ. 116

कविता वहीं होती है, जहाँ मूल्य या तो जीवन के अनुभवों के बीच व्यक्त होते हैं या वक्तव्य के पीछे मन्तव्य में रहते हैं। घटनाओं की कविता हमारे सामने की वास्तविकता का बोध कराती है, इसलिए वह जल्दी मन को छूती है। मूल्यों की कविता सतह के नीचे छिपी सच्चाइयों को पहचानने की अन्तर्दृष्टि देती है, इसलिए वह पाठकों से धैर्य की माँग करती है, धीरे-धीरे विवेक को प्रभावित करती है।

–हिन्दी कविता का अतीत और वर्तमान, पृ. 120

कविता स्वभाव से चाक्षुष कला नहीं है। वह शब्दों की साधना है और शब्द सगुण-साकार होते हैं बोलने के समय, केवल पढ़ने पर नहीं। कविता के रूप की पूर्णता और गुणों की समृद्धि का जैसा साक्षात्कार उसे सुनते हुए होता है, वैसा पढ़ने के दौरान नहीं।

–हिन्दी कविता का अतीत और वर्तमान, पृ. 210

काव्यपाठ की प्रक्रिया से भाषा की स्थानीयता और कथन-भंगिमा का सौन्दर्य खुलकर प्रकट होता है और अर्थ की नयी सम्भावनाएँ भी उजागर होती हैं।

–हिन्दी कविता का अतीत और वर्तमान, पृ. 210

जहाँ तक कविता के स्वरूप की बात है तो वह कोई स्थायी चीज नहीं है, जिसकी सामान्य विशेषताएँ बतलाई जा सकें। दुनिया भर के कविता के विकास या हिन्दी कविता के विकास को देखें तो लगेगा कि सामाजिक जरूरत के मुताबिक कविता के स्वरूप और सार्थकता की धारणा बदलती रही है।

–मेरे साक्षात्कार, पृ. 9

जब से कविता भाव की अभिव्यक्ति के बदले विचारों की अभिव्यक्ति की ओर अधिक झुकी है तब से उसकी सहजता भी कम हुई है। मैं यह नहीं कहना चाहता कि पहले की कविता में विचार का अभाव था। आज के सन्दर्भ को ध्यान में रखें तो आजकल के सजग मनुष्य की चेतना निरन्तर आलोचनात्मक चेतना बनती जा रही है। इसलिए कविता में विचार-तत्त्व की प्रधानता बढ़ी है।

–मेरे साक्षात्कार, पृ. 10

प्रयोजन के अनुरूप ही कविता की धारणा भी बनती है। मैं समझता हूँ कि कविता का कोई शाश्वत रूप नहीं होता। कविता सामाजिक मनुष्य, इतिहास से जुड़े हुए मनुष्य और इतिहास-प्रक्रिया में संघर्षरत मनुष्य की जीवन दशाओं और आकांक्षाओं की अभिव्यक्ति के कारण ही सार्थक होती है।

–मेरे साक्षात्कार, पृ. 10

असल में जटिलता और सरलता, इन दोनों को, कहिए कि कविता के प्रसंग में निरपेक्ष मूल्य बनाना ठीक नहीं है। कुछ लोग ऐसे हैं, जो जटिलता में ही कविता का सौन्दर्य खोजते हैं, यह एक गड़बड़ी है। दूसरी गड़बड़ी यह है कि कुछ सरलता में सौन्दर्य खोजते हैं।

–मेरे साक्षात्कार, पृ. 59

कविता में बिम्ब, प्रतीक, सांकेतिकता की सार्थकता अवश्य होती है क्योंकि उसमें भाषा का अत्यन्त घनीभूत रूप प्रकट होता है। लेकिन ये सब कविता के उपकरण ही हैं, साधन ही हैं, साध्य नहीं। ऐसे साधनों को साध्य मान लेने से ही कविता में रूपवाद आता है।

–मेरे साक्षात्कार, पृ. 19

जो कवि जीवन के अनुभवों और स्थितियों का आख्यान के सहारे चित्रण नहीं करते, बल्कि उनसे उत्पन्न संवेदनाओं और विचारों की अभिव्यक्ति पसन्द करते हैं; वे प्रायः बिम्बों और प्रतीकों को माध्यम बनाते हैं। इस प्रक्रिया में कविता की जो संरचना बनती है, उसमें आख्यान वाली सहजता तो नहीं होती, लेकिन ऐन्द्रिकता अधिक होती है और अर्थछटा का विस्तार भी होता है, जैसा कि केदारनाथ सिंह की कविताओं में दिखाई देता है।

–हिन्दी कविता का अतीत और वर्तमान, पृ. 216

छन्द

मुक्त छन्द की भी रीति या रूढ़ि बन जाती है और आज की हिन्दी कविता बहुत कुछ इसी रीति और रूढ़ि का शिकार दिखाई दे रही है। इसलिए अब इस कविता को मुक्त छन्द की रूढ़ि से भी मुक्त करने की जरूरत है।

–मेरे साक्षात्कार, पृ. 67

कविता के छन्द से मुक्त होने का मतलब यह नहीं था कि वह आन्तरिक संगीतात्मकता से भी मुक्त हो। कविता की संगीतात्मकता तीन स्तरों पर होती है- भाषा, विचार और रचाव-इसके बगैर कविता सम्भव नहीं है। मैं संक्षेप में इन्हें स्पष्ट करने की कोशिश कर रहा हूँ।

भाषा की संगीतात्मकता की रक्षा के लिए जरूरी है कि उसमें

संवादधर्मिता हो जबकि आज की कविता एकालाप बनकर रह गयी है। विचारों की संगीतात्मकता से मेरा आशय विचारों में मौजूद विकासशील (धारा की) संगति से है। जबकि आज की कविता में कुल मिलाकर स्थिति के बारे में असम्बद्ध प्रतिक्रियाएँ दर्ज हो रही हैं, जिसके चलते कविता के अलग-अलग कुछ टुकड़े पसन्द आते हैं, पूरी कविता अपनी सम्पूर्णता में प्रभावित नहीं करती।

तीसरे स्तर की संगीतात्मकता की चर्चा के लिए मैं ब्रेष्ट को उद्धृत करना चाहूँगा। ब्रेष्ट ने कहा था कि कविता तर्क के आधार पर नहीं चलती, कविता का अपना तर्क होता है जो उसके भीतरी रचाव में प्रकट होता है। इसके विपरीत, आज की हिन्दी कविता अधिक तार्किक हो गयी है और उसमें काव्यतर्क नहीं है। जिसके चलते उसके रचाव की संगीतात्मकता नष्ट हुई है और वह खराब गद्य के निकट पहुँच गयी है।

—संवाद-परिसंवाद, पृ. 168-169

छन्द बाहरी संगीत था और आन्तरिक संगीत को एक ढाँचा देता था, मगर तोड़-फोड़ भी बहुत करता था। निराला ने उसी तोड़-फोड़ से मुक्ति की बात की थी। उन्होंने कविता की मुक्ति को मनुष्य की मुक्ति से जोड़ा था। इसी में उसकी सार्थकता है। मुक्ति का मतलब निरर्थक बनाना नहीं हैं, न तो कविता के प्रसंग में, न ही मनुष्य के प्रसंग में।

—संवाद-परिसंवाद, पृ. 169

कविता की जटिलता और सरलता के सन्दर्भ में, या कहिए कि कविता की सम्प्रेषणीयता के सन्दर्भ में छन्दमुक्त और छन्दयुक्त कविताओं की स्थिति पर विचार करने से कई बातें सामने आती हैं। सामान्य रूप से यह कहा जा सकता है कि छन्दयुक्त कविताएँ मुक्त छन्द की कविताओं से अधिक सम्प्रेषणीय होती हैं।

—मेरे साक्षात्कार, पृ. 66

मुक्त छन्द में कविता की बनावट और भाषा की संरचना की जटिलता प्रायः अधिक मिलती है। इसलिए जब तक उसमें व्यक्त विचार, संवेदना, बिम्ब या संकेत का अर्थ समझ में न आये, तब तक वह कविता सम्प्रेषित भी नहीं होती या कि पाठक को प्रभावित भी नहीं करती। आप देख सकते हैं कि मुक्त छन्द के ढाँचे में एक स्तर के बाद ही कविता बनती है, अन्यथा कविता के नाम पर काव्याभास की ही स्थिति ज्यादा मिलती है। ...मुक्त छन्द की कविताओं में कविता की संरचना—विचार और संवेदना की जटिलता के साथ जुड़कर आगे बढ़ती है, इसलिए भी उसमें दुरूहता की सम्भावना अधिक

रहती है। इस स्थिति को देखते हुए जो कवि कविता की सम्प्रेषणीयता के लिए चिन्तित रहे हैं, वे मुक्त छन्द की रीति या रूढ़ि से मुक्त होकर छन्द में भी कविता लिखने की कोशिश करते रहे हैं और आज भी कर रहे हैं।

—मेरे साक्षात्कार, पृ. 66

छन्दों में जातीय जीवन का स्पन्दन व्यक्त होता है और नागार्जुन का यह कहना सच है कि छन्दों से कविता की आयु बढ़ती है। यह ध्यान देने की बात है कि मुक्त छन्द या छन्दमुक्त कविता के विकास में निराला की महत्त्वपूर्ण भूमिका रही है। लेकिन उनकी सर्वाधिक महत्त्वपूर्ण कविताएँ छन्दोबद्ध ही हैं। यहाँ तक कि मुक्तिबोध की कविताओं के भीतर भी परिवर्तित रूप में छन्द मौजूद है। छन्द से मुक्त होकर हिन्दी कविता का जो अब तक विकास हुआ है, उसकी उपेक्षा करके अब कविता को पूरी तरह छन्दों में बाँधने का अतिरिक्त आग्रह भी उचित नहीं लगता। यह जरूर है कि कविता छन्द से मुक्त होने के बावजूद लय से मुक्त नहीं होती और जो लोग छन्द से मुक्त कविताएँ लिखते हैं, उनकी कविताएँ खराब गद्य के नमूने के रूप में सामने आती हैं। इस सन्दर्भ में यही कहा जा सकता है कि जनवादी कवि को कविता की लोकप्रियता बढ़ाने के लिए आवश्यक हो तो छन्दों का उपयोग भी करना चाहिए। इसे किसी सैद्धान्तिक आग्रह का रूप देना और रचनाकारों के सामने अनिवार्य माँग के रूप में रखना ठीक नहीं है।

—मेरे साक्षात्कार, पृ. 19

दर्शन, यथार्थ, कल्पना, आकांक्षा

कविता में दर्शन की खोज करना एक ऐसा आलोचनात्मक प्रयत्न है जिसमें कविता और दर्शन दोनों के स्वभाव के साथ अन्याय होता है। अगर कविता में किसी शास्त्रीय दर्शन की खोज की जाये तब तो दोनों की दुर्गति होती है। ऐसा नहीं है कि कविता में विचार नहीं होता। कविता में विचार होता है, लेकिन उसका रूप और प्रयोजन वही नहीं होता जो दर्शन में होता है। कविता में विचार या तो जीवन-जगत को देखने वाली कवि दृष्टि में होता है या फिर देखे गये जीवन-जगत के आकांक्षित रूप की रचना में। दोनों ही स्थितियों में उसका स्वरूप शास्त्रीय मतवाद से भिन्न होता है। फिर दर्शन में आया विचार पाठक की केवल बौद्धिक जिज्ञासा को जगाता और सन्तुष्ट करता है जबकि कविता, पाठक की सम्पूर्ण संवेदनशीलता को जगाती और परिष्कृत करती है जिसमें कल्पना, इन्द्रियबोध, भाव और विचार की प्रक्रियाएँ संयुक्त रूप से सक्रिय होती हैं। यही नहीं, दर्शन में विचारों का विकास

अमूर्तन की प्रक्रिया से होता है, जबकि कविता में विचार अनुभव का अंग बनकर सम्मूर्तन की प्रक्रिया में व्यक्त होता है।

–हिन्दी कविता का अतीत और वर्तमान, पृ. 31

कोई भी कवि इस वास्तविक संसार के आधार पर ही अपनी कविता में एक नये संसार की रचना करता है और उस काव्य संसार की रचना में सर्वाधिक महत्त्वपूर्ण भूमिका सर्जनात्मक कल्पना की होती है। लेकिन जब सर्जनात्मक कल्पना जीवनानुभव के आधार पर सक्रिय होती है तभी बेहतर कविता बनती है। जब कविता में जीवनानुभव का आधार कमजोर होता है और कल्पना की सक्रियता अधिक होती है तो कविता में वायवीयता आती है या काल्पनिकता बढ़ती है।

–मेरे साक्षात्कार, पृ. 11

यथार्थवाद के सहारे कविता की व्याख्या में प्रतिबंबन सिद्धान्त को दोहराया जाता है। यह विचारणीय सवाल है कि क्या यथार्थवाद की अवधारणा की मदद से कविता की सार्थक आलोचना हो सकती है। वर्णनात्मक और कथात्मक कविताओं के प्रसंग में यथार्थवाद भले ही कुछ उपयोगी हो, लेकिन प्रगीत और प्रगीतात्मक संरचना वाली कविताओं की व्याख्या में यथार्थवाद बहुत सहायक नहीं होगा। अगर प्रगीत भी रोमांटिक, बिम्बाश्रित, प्रतीक निर्भर और अत्यन्त आत्मपरक हो तो यथार्थवाद वैसे ही दुर्बल और असहाय सिद्ध होगा जैसे महाभारत के नायक अर्जुन का गांडीव जनजातियों के सामने व्यर्थ साबित हुआ था। शमशेर बहादुर सिंह की अधिकांश कविताओं के सामने यथार्थवाद निरर्थक साबित होगा। अगर यथार्थवाद के आधार पर नागार्जुन की ही सभी तरह की कविताओं का मूल्यांकन करना हो तो उसकी सीमाएँ प्रकट हो जायेंगी। नागार्जुन की 'अब तो बन्द करो हे देवी यह चुनाव का प्रहसन'' या ''तुम रह जाते दस साल और'' या ''सत्य को लकवा मार गया है'' जैसी कविताओं का सामाजिक अर्थ और अभिप्राय यथार्थवाद की मदद से कुछ समझा-समझाया जा सकता है, लेकिन ''कालिदास सच-सच बतलाना'' या 'श्याम घटा सित बिजुरी रेह', 'सुजन नयन मनि', 'मेघ बजे' आदि कविताओं की कला यथार्थवाद के दायरे के बाहर पड़ती है।

–साहित्य के समाजशास्त्र की भूमिका, पृ. 222-223

जीवन जगत के अनुभव के आधार पर ही एक स्वच्छन्दतावादी कवि कविता लिखता है और यथार्थवादी कवि भी लिखता है। दोनों प्रकार की कविता में कल्पना की सक्रियता होती है। लेकिन दोनों में जीवन जगत सम्बन्धी दृष्टिकोण की भिन्नता के कारण कल्पना की भूमिकाएँ भी अलग-अलग

होती हैं। अगर आप निराला की 'जुही की कली' और 'भिक्षुक' कविताओं को देखेंगे तो पायेंगे कि दोनों में कल्पना की भूमिका एक तरह की नहीं है।

—मेरे साक्षात्कार, पृ. 11

कविता में जीवन-जगत के यथार्थ और अनुभव की अभिव्यक्ति केवल प्रातिनिधिक रूप में नहीं होती, प्रतीकात्मक ढंग से भी होती है। सच तो यह है कि उपन्यास में प्रातिनिधिक पद्धति की प्रधानता मिलती है तो कविता में व्यंजना की पद्धति प्रायः प्रतीकात्मक ही अधिक होती है। कविता में यथार्थ और अनुभव की सीधी अभिव्यक्तियाँ नहीं होतीं। उसमें पुनर्रचित यथार्थ और अनुभव की अभिव्यक्ति होती है, इसलिए कविता का यथार्थ जीवन के यथार्थ से भिन्न होता है; कभी उससे कुछ अधिक कभी उससे कुछ कम। कविता की रचना प्रक्रिया में पहली वास्तविकता (जीवन-जगत की वास्तविकता) का दूसरी वास्तविकता (पुनर्रचित वास्तविकता) में रूपांतरण ही नहीं होता, कई बार अन्यथाकरण भी होता है। इस अन्यथाकरण की व्याख्या यथार्थवाद के सहारे कैसे होगी।

—साहित्य के समाजशास्त्र की भूमिका, पृ. 223

कविता में कभी-कभी जीवन की वास्तविकता से अधिक मानवीय आकांक्षा की व्यंजना होती है। कविता अपनी नितांत निजी अनुभूतियों में समाज की आकांक्षा लिए रहती है। फिर कविता के सौन्दर्य का एक रूप भाषिक सृजनशीलता के सौन्दर्य में होता है। कुछ कवि शब्दों से वैसे ही खेलते हैं जैसे कुछ चित्रकार रंगों से खेलते हैं। इस क्रीड़ा भाव का भी विशिष्ट सौन्दर्य होता है। प्रगीत के इन पक्षों को अगर यथार्थवाद की मदद से समझने की कोशिश होगी तो एक ओर प्रगीत की दुर्गति होगी और दूसरी ओर स्वयं यथार्थवाद सीमाहीन ही नहीं अर्थहीन भी हो जायेगा।

—साहित्य के समाजशास्त्र की भूमिका, पृ. 223

कविता में कल्पना और अनुभव का अनुपात क्या हो, यह सवाल मेरी समझ से कविता को समझने में यांत्रिकता पैदा करेगा। यह बहुत कुछ जीवनानुभव के स्वरूप और उससे निर्मित होने वाली कविता के रूप पर निर्भर करता है कि जीवनानुभव और कल्पना में क्या सम्बन्ध हो? यह सही है कि वास्तविकता की पुनर्रचना कल्पना की मदद से होती है। कल्पना के साथ जीवन जगत के प्रति कवि के दृष्टिकोण की भी महत्त्वपूर्ण भूमिका होती है।

—मेरे साक्षात्कार, पृ. 11

कविता जिंदगी की ठोस सचाइयों को मूर्त रूप में देखती-दिखाती है, वह व्यक्ति के अनुभवों को महत्त्व देती है। कविता में सामाजिक अनुभव भी वैयक्तिक अनुभूति बनकर ही प्रकट होता है। उसकी चिन्ता का विषय केवल

समाजशास्त्र का वह ''सामाजिक'' नहीं होता जो विभिन्न संस्थाओं, संरचनाओं, सम्बन्धों और नियमों आदि से निर्धारित और परिभाषित होता है। कविता की दिलचस्पी जीवन के व्यक्तिगत से लेकर मनवीय पक्षों तक फैली होती है। उसकी इस व्यापकता में, व्यक्तिगत और मानवीय के बीच में ही कहीं ''सामाजिक'' भी स्थित होता है। कविता सामाजिक के पीछे-पीछे चलने के बदले प्रायः मनुष्य को अपने समय के सामाजिक सम्बन्धों और संस्थाओं के आतंककारी दबावों और दमनकारी प्रभावों से बचाती है। उसकी यह भूमिका भी सामाजिक ही होती है।

—साहित्य के समाजशास्त्र की भूमिका, पृ. 224

कविता दूसरे साहित्य रूपों से अधिक आत्मपरक और वैयक्तिक होती है। उपन्यासकार या नाटककार की तरह कवि परोक्ष में रहने के बदले अपनी आवाज और अन्दाज में बोलता है, इसलिए कविता में कवि की आवाज और अन्दाजेबयाँ का विशेष महत्त्व होता है। कवि जब अतीत की बात करता है तब भी वह अपने वर्तमान के अनुभवों की ही अभिव्यक्ति करता है, इसलिए कविता की अनुभूति में तात्कालिकता होती है। कविता आत्मपरकता के कारण असामाजिक नहीं हो जाती।

—साहित्य के समाजशास्त्र की भूमिका, पृ. 224

कविता में समकालीन जीवन की संवेदना होती है लेकिन साधारण अखबारी खबर की तरह एक पाठ के बाद वह संवेदना बासी नहीं हो जाती है। हर पाठ में उसकी संवेदना की ताजगी बनी रहती है। इसलिए महत्त्वपूर्ण कविता समकालीन होते हुए भी कालातीत होती है। जिस कला से कविता में यह विशिष्टता आती है उसकी व्याख्या के लायक साहित्य के समाजशास्त्र का विकास अभी नहीं हुआ है।

—साहित्य के समाजशास्त्र की भूमिका, पृ. 225

भूसा के भाव भाषा को तौलने वाले शब्द-व्यवसायी कवियों की बात अलग है, लेकिन सजग कवियों की भाषिक संवेदनशीलता उनकी सामाजिक संवेदशीलता की गवाही देती है।

—हिन्दी कविता का अतीत और वर्तमान, पृ. 199

अपने समय के समाज और उसमें संघर्षशील मनुष्य के यथार्थ की कलात्मक अभिव्यक्ति करने वाली कविता ही महान या महत्त्वपूर्ण होती है। अभिव्यक्ति को कलात्मक कहने का कारण यह है कि कलात्मकता से ही प्रभावशीलता बढ़ती है और वही कविता अपने प्रयोजन को पूरा कर सकती है जो पाठकों को प्रभावित करती हो। अगर कविता का प्रयोजन आज के जमाने में जनता

से जुड़ना या जनता की चेतना को विकसित करना है तो उसके लिए यह जरूरी है कि वह पाठकों पर प्रभाव भी डाले। मेरे लिए कलात्मकता और प्रभावशीलता एक-दूसरे से जुड़े हुए हैं। मैं कलात्मकता का ऐसा अर्थ नहीं लेता कि जो दुरूहता या अस्पष्टता में निहित मानी जाती है।

—मेरे साक्षात्कार, पृ. 10

कविता में जीवनानुभव या अनुभूति से रूप का सम्बन्ध दूसरे साहित्य रूपों की तुलना में अधिक आत्मीय और कुछ जटिल होता है। बिम्ब, प्रतीक, संकेत, फैंटेसी आदि कविता के साधन ही नहीं होते। कई बार साधन और साध्य में अद्वैत या अभेद की स्थिति होती है। फिर लय, छन्द और संगीत की आंतरिक संरचना से भी कविता का विशिष्ट रूप बनता है। इन सब की उपेक्षा करके केवल सामाजिक सत्य खोजने वाला साहित्य का समाजशास्त्र कविता का समाजशास्त्र नहीं हो सकता। कविता में भाषा की भूमिका अधिक निर्णायक और महत्त्वपूर्ण होती है। यहाँ भाषिक संवेदनशीलता में सामाजिक संवेदनशीलता छिपी रहती है।

—साहित्य के समाजशास्त्र की भूमिका, पृ. 225

मौखिक, लिखित, मुद्रित

लेखन-कला मुद्रण-कला से काफी प्राचीन है। कविता का लिपिबद्ध होना भी काफी पुराना है, किन्तु बड़े पैमाने पर मुद्रित होना नयी बात है। इसने कविता के चरित्र में बहुत बड़ा परिवर्तन किया है। कौन क्या पढ़ेगा और क्या नहीं पढ़ेगा, जैसे विधि-निषेध अब महत्त्वपूर्ण नहीं रह गये। और, कह सकते हैं, साहित्य में यहीं से लोकतन्त्र की पूर्ण स्थापना भी हुई। किन्तु इसके सामानान्तर और साथ-साथ एक बात और घटित हुई, कविता अब समूह से व्यक्ति के निजी पठन-क्षेत्र में आ गयी।

—संवाद-परिसंवाद, पृ. 15-16

सभ्यता के विकास के साथ समाज से कविता का सम्बन्ध बदलता रहा है। व्यापक जनजीवन से कविता की अन्तरंगता क्रमशः कम हुई है। कविता के इतिहास में अब तक तीन मूलगामी परिवर्तन हुए हैं। सभ्यता के इतिहास में सम्प्रेषण की पहली अवस्था मौखिक थी, दूसरी लिखित और तीसरी अवस्था मुद्रण या प्रकाशन की है। इन तीनों का कविता के स्वरूप पर भी गहरा प्रभाव पड़ा है।

—हिन्दी कविता का अतीत और वर्तमान, पृ. 207

आरम्भिक काल मे जब मानव समाज मौखिक संस्कृति की अवस्था में था, तब कथा की तरह कविता भी मौखिक थी। उस समय कविता व्यक्तिगत

कला नहीं, सामूहिक क्रियाशीलता थी, जिसमें पूरा जनसमुदाय शामिल होता था। तब कविता सामाजिक जीवन के धर्म और कर्म से अनिवार्य तथा अविभाज्य रूप से जुड़ी हुई थी। जनजीवन पर उसका प्रभाव बहुत व्यापक था और गहरा भी। लगभग जादुई प्रभाव। उस समय कविता प्रार्थना थी, भविष्यवाणी थी, आप्त वचन थी और आर्ष वाक्य थी। वह सत्य के स्रोत और ज्ञान के साधन के रूप में सर्वजनसुलभ थी; क्योंकि सम्पूर्ण समाज के जीवन, व्यवहार और अनुभव की भाषा में उसकी रचना होती थी। जनसमुदाय तक उसके पहुँचने में न कोई बाधा थी, न शर्त और न भेद की स्थिति। उस समय कविता मनुष्य की कल्पना और चिन्ता की अभिव्यक्ति का मुख्य माध्यम थी और उसकी सामाजिकता और मानवीयता के विकास का साधन भी।

—हिन्दी कविता का अतीत और वर्तमान, पृ. 207

जब मानव समाज मौखिक संस्कृति को पीछे छोड़कर लेखन की संस्कृति की ओर बढ़ा, तब साहित्य केवल कविता और कथा तक सीमित नहीं रहा। उसकी सीमा का विस्तार हुआ और नये-नये रूपों का विकास। लेकिन तभी साहित्य की संस्कृति में एक स्थायी विभाजन भी हुआ। मौखिक साहित्य से लिखित साहित्य अलग हो गया। मौखिक साहित्य लोक साहित्य बन गया और लिखित साहित्य शिष्ट या विशिष्ट साहित्य कहा जाने लगा, क्योंकि उसके लेखक समाज के अभिजात समुदाय के विशिष्ट लोग थे। इस विभाजन के साथ साहित्य के बोध और प्रभाव का भी विभाजन हुआ, लोक साहित्य का प्रभाव-क्षेत्र अलग और लिखित साहित्य का अलग हो गया। समाज का अधिकांश जनसमुदाय, जो अनपढ़ और निरक्षर था, वह लोक साहित्य से जुड़ा रहा, जबकि मुट्ठी भर पढ़े-लिखे लोग लिखित साहित्य के लेखक और पाठक बन गये। इस प्रक्रिया में जहाँ मौखिक साहित्य की भाषा से लिखित साहित्य की भाषा का अलग विकास हुआ, वहाँ दोनों के बीच की दूरी और भी बढ़ी।

—हिन्दी कविता का अतीत और वर्तमान, पृ. 207-208

साहित्य की संस्कृति में मौखिक से लिखित के अलगाव का सर्वाधिक दूरगामी प्रभाव कविता पर पड़ा। उससे कविता का आन्तरिक स्वरूप और बाहरी रूप तो बदला ही, काव्यानुभव की पूरी प्रक्रिया रूपान्तरित हो गयी। कविता श्रुति और स्मृति न रहकर पाठ बन गयी। वह सामूहिक संवाद की जीवन्त प्रक्रिया के बदले व्यक्तिगत रूप से आस्वाद की वस्तु हो गयी। यही नहीं, वह व्यापक जनजीवन से अलग और उस जीवन की भाषा से दूर जाकर एक सीमित समुदाय के सांस्कृतिक शौक का सीमित साधन बन गयी। कविता

जब लिखित रूप में पाठ बनी, तब उसमें रचनात्मक प्रयोग की सम्भावनाएँ जरूर बढ़ीं, लेकिन उसकी रचना से पाठ तक की पूरी प्रक्रिया विशिष्ट और व्यक्तिगत हो गयी। वह बहुसंख्यक जनसमुदाय के लिए सहज सुलभ नहीं रही, उसके आस्वाद के अधिकारी थोड़े से विशिष्ट, नागर, सहृदय, रसिक, विदग्ध और पंडित रहे। कविता जब मौखिक से लिखित अवस्था में आयी तो वह पूरे समाज की संजीवनी शक्ति नहीं, बल्कि एक सीमित समुदाय के लिए मकरध्वज बन गयी। अब तक के इतिहास में कविता इस स्थिति से तभी उबरी है, जब वह मौखिक से लिखित के विभाजन की सभी सीमाओं को तोड़कर विकसित हुई है, जैसे कि भक्तिकाल की कविता।

–हिन्दी कविता का अतीत और वर्तमान, पृ. 208

मौखिक कविता के काल में कवि का अपने श्रोताओं से जो आत्मीय संवाद था, वह लेखन का दौर आने पर खण्डित हुआ, लेकिन मुद्रण के दौर में लेखक और पाठक के बीच बाजार के आ जाने के कारण दोनों के बीच का बचा हुआ संवाद भी टूट गया। आज का कवि किसी वास्तविक पाठक के लिए नहीं, बल्कि सम्भावित पाठकों के लिए लिखता है। दूसरी ओर आज का पाठक छपी हुई रचना को हमेशा अकेले पढ़ता है, मानसिक रूप से और भौतिक रूप से भी। आज के कवि को अपनी पुकार के उत्तर की उम्मीद नहीं होती, इसलिए कविता अपनी सहज तथा स्वाभाविक संवादधर्मिता छोड़कर एकालाप बनती जा रही है। लगता है कि आज के समय में कविता कवि के एकाकीपन की व्याख्या होने के लिए अभिशप्त है।

–हिन्दी कविता का अतीत और वर्तमान, पृ. 209

अगर कविता अभी पूरी तरह बुर्जुआ सभ्यता का शिकार नहीं हुई है तो उसका एक कारण यह है कि कविता का आज भी जितना सम्बन्ध आँखों से है, उससे अधिक कानों से है। वह मौखिक संस्कृति के युग में लम्बे काल तक श्रव्य रही है। लय और छन्द के रूप में नाद से उसका अन्तरंग सम्बन्ध रहा है और अर्थ की संरचना से शब्द की योजना के आत्मीय सम्बन्ध के सहारे उसकी संगीतमयता विकसित होती रही। लिखित रूप में आने पर कविता आँख की वस्तु बनी और बाद में मुद्रित होने पर वह पहले से अधिक चाक्षुष हुई। फिर बिम्बवाद ने कविता को विशेष रूप से चाक्षुष बनाने की कोशिश की। इस कोशिश का बेतुकापन तब उजागर हुआ, जब ठोस कविता का फैशन आया, जिसमें कविता से संगीत को पूरी तरह निकालकर उसमें ठोसपन लाने का प्रयत्न हुआ। तब यह भी कहा गया कि कविता में शब्द किसी अर्थ के संकेत नहीं बल्कि वस्तु हैं और कविता का कोई अर्थ नहीं होता, वह जो

है सो है। उसके बाद वही हुआ, जो होना था–कविता की बनावट अमूर्त चित्रों से होड़ करने लगी, कागज के पन्ने का आकार-प्रकार कविता का रूपात्मक आधार बनने लगा, कविता की पंक्तियों के ऊपर और नीचे की खाली जगहें कविता की संरचना का हिस्सा होने लगीं। इस तरह कविता की कला लिखावट और छपाई की कला बन गयी। कविता को अत्यन्त चाक्षुष बनाने की कोशिश का यही परिणाम होना था।

–हिन्दी कविता का अतीत और वर्तमान, पृ. 210

प्रायः चित्र पर कविता लिखते समय कवि या तो कविता में चित्र का वर्णन करते हैं, या चित्र के प्रभावों का चित्रण करते हैं, या फिर चित्र के विषय पर स्वतन्त्र शब्द-चित्र बनाते हैं। कुछ कवि चित्र में कविता की खोज करते हुए कविता लिखते हैं। चित्र और कविता के बीच एकता का आधार बिम्ब है, इसलिए कहा जाता है कि चित्र मौन कविता है और कविता मुखर चित्र। चित्र पर कविता लिखने का एक तरीका यह भी है कि कवि चित्र के बिम्बों को शब्द चित्रों में व्यक्त करे।

–हिन्दी कविता का अतीत और वर्तमान, पृ. 73

बा-ख़बर और लोकप्रिय

कुछ कविताएँ अपने समय की हलचलों से जीवन ग्रहण करती हैं और काफी प्राणदायी हो उठती है। इन्हें आन्दोलनधर्मी कविताएँ कह सकते हैं। शैलेन्द्र का गीत "हर जोर जुल्म के टक्कर में हड़ताल हमारा नारा है" या फैज का "हम मिहनतकश इस दुनिया से जब अपना हिस्सा माँगेंगे..." जैसी रचनाएँ इसी श्रेणी की हैं। आज भी इनमें वैसी ही ताज़गी है। दूसरी ओर मुक्तिध र्मी कविताएँ भी हैं। इस श्रेणी की कविताएँ माँजती और मुक्त करती हैं। नागार्जुन की 'आओ रानी हम ढोयेंगे पालकी' तथा 'हरिजन गाथा' में दोनों श्रेणियों की विशेषता मिलती है। 'बादल को घिरते देखा है' दूसरे प्रकार की रचना है, मुक्तिधर्मी है।

–संवाद-परिसंवाद, पृ. 16–17

एक पक्ष आज की कविता का है जिसकी चर्चा मैं करना चाहूँगा–वह जनतन्त्र और इतिहास से मुठभेड़ का पहलू। कविता को लेकर हुई इधर की बहसों में इस पर बहुत कम ध्यान गया है कि पिछले पचास वर्षों में कविता की संस्कृति बदली है, वह अधिक जनतान्त्रिक और इतिहास से मुठभेड़ में सक्षम हुई है।

–संवाद-परिसंवाद, पृ. 17

एक कवि की काव्यानुभूति की संस्कृति बहुत व्यापक होती है। उसके निर्माण में परम्परा की भी भूमिका होती है। पर सबसे अधिक उसका स्रोत समकालीन जिन्दगी की वास्तविकताओं और आकांक्षाओं की समझ से निर्मित होता है। इसलिए काव्यानुभव या क़ाव्यानुभूति का आधार तो जीवनानुभूति ही है। लेकिन अपने समय और समाज का अनुभव—उस सबका समावेश जीवनानुभव के भीतर होता है। इसके साथ ही एक कवि के लिए अपनी ही या अपने से अन्य काव्य-परम्पराओं का बोध भी उसकी रचनाशीलता को आगे बढ़ाने में सहायक होता है। पर यहाँ एक बात को ध्यान में रखना बेहद जरूरी है। कविता की परम्परा से प्राप्त जो अनुभव है, उससे अगर कोई प्रभावित होते हुए कविता लिखता है, तो वह मेरे ख्याल से महत्वपूर्ण कविता नहीं बनती। बल्कि परम्परा से प्राप्त काव्यानुभव जब चुनौती के रूप में रचनाकार के सामने होता है, तभी वह सार्थक और महत्त्वपूर्ण रचनाशीलता का कारण बनता है।

—मेरे साक्षात्कार, पृ. 32

कविता विचारशीलता के कारण निर्जीव और उबाऊ नहीं होती, बशर्ते कि वह विचारशीलता जीवन के अनुभवों से उपजी हो, समकालीन संवेदनाओं से जुड़ी हो और इतिहास से मुठभेड़ करती हो, जैसा कि मुक्तिबोध की कविताओं में दिखाई देता है। लेकिन जब कविता में अमूर्त और मनगढ़न्त विचार सन्ध्याभाषा में उपस्थित होते हैं, तब वे आतंक पैदा करते हैं। आज की हिन्दी कविता में विचारों का ऐसा आतंक बहुत है।.

—हिन्दी कविता का अतीत और वर्तमान, पृ. 21

इतिहास गवाह है कि हिन्दी कविता की परम्परा में वही कविता सजीव और आकर्षक बनी है जो लोकप्रियता का बहिष्कार नहीं, परिष्कार करती हुई विकसित हुई है। इसका एक प्रमाण है भक्ति आन्दोलन की कविता और दूसरा प्रगतिशील आन्दोलन की कविता।

—हिन्दी कविता का अतीत और वर्तमान, पृ. 216

कविता में लोकप्रियता केवल रूप की विशेषता नहीं है, उसके स्वभाव का गुण है। वह कविता की कल्पना से लेकर अभिव्यक्ति तक की पूरी प्रक्रिया में व्याप्त होती है। कविता की लोकप्रियता के इतिहास से यह भी साबित होता है कि वह हमेशा एक जैसी नहीं होती, उसका रूप बदलता रहता है। कबीर की कविता में लोकप्रियता का जो रूप है, वही तुलसी के काव्य में नहीं है और वह नागार्जुन की कविता में जैसी है, वैसी ही धूमिल की कविता में नहीं है।

—हिन्दी कविता का अतीत और वर्तमान, पृ. 216

समकालीन हिन्दी कविता में कला से लोकप्रियता के अलगाव का सबसे अधिक असर कविता की बनावट पर पड़ा है। आज की अधिकतर कविताओं में समकालीन जीवन के अनुभवों और संवेदनाओं की अभिव्यक्ति के बदले जीवन की स्थितियों के बारे में कवियों की वैचारिक प्रतिक्रियाएँ सामने आती हैं, जो प्रायः बिखरी हुई होती हैं। ऐसी अधिकांश कविताओं में सुगठित संरचना नहीं मिलती और आन्तरिक विकास का अभाव भी होता है। कविता की आन्तरिक संरचना के निर्माण के दो मुख्य माध्यम हैं–आख्यान और बिम्ब। आज के अधिकांश कवियों ने इन दोनों का बहिष्कार कर दिया है।

–हिन्दी कविता का अतीत और वर्तमान, पृ. 216

जनजीवन में वही कविता लोकप्रिय होती है जो संकट के समय याद आये और संकट में काम आये। हमारे, आपके, सबके जीवन में कभी-न-कभी समस्या, संकट, परेशानी आती ही है। ऐसे में जो कवि और जो कविता याद आती है, जीवन जीने में जो कविता मदद करती है, उसी से हम प्रेम करते हैं। आज की अधिकांश कविता अगर अलोकप्रिय है तो उसका एक कारण यह है कि लोकजीवन के अनुभवों से उसका सम्बन्ध नहीं है। इसलिए संकट आने पर न वह याद आती है और न काम आती है। ऐसी कविता की एक और विशेषता यह है कि कवि की विश्वदृष्टि और आम जनता की विश्वदृष्टि के बीच जितनी दूर तक सहभागिता होती है, उतनी ही दूर तक कविता की लोकप्रियता जाती है।

–हिन्दी कविता का अतीत और वर्तमान, पृ. 51

हिन्दी में ऐसे भी कवि हैं, जिनके लिए कविता आत्मा की पुकार है, अपने समय की गवाह है और अपने समाज की खबर भी। ऐसी कविता समाज से अलग रहकर सार्थक नहीं होती, क्योंकि पुकार में दूसरे तक पहुँचने की बेचैनी होती है और उत्तर पाने की आकांक्षा भी। जब साहित्यक समुदाय के बाहर के व्यापक समाज में ऐसी कविता की पहुँच और प्रभाव का अभाव हो, तब मानना होगा कि समाज से कविता के सम्बन्ध के बीच कोई बड़ी दरार आ गयी है और समाज से कविता का रिश्ता टूट गया है। आज की अधि कांश हिन्दी कविता, चाहे वह व्यक्तिवादी हो या जनवादी, केवल साहित्यिक समुदाय की दिलचस्पी की वस्तु रह गयी है। यह स्थिति हिन्दी समाज और हिन्दी कविता दोनों के स्वास्थ्य के लिए खतरनाक है। इससे यह भी संकेत मिलता है कि हमारा समाज एक गहरे सांस्कृतिक संकट से गुजर रहा है।

–हिन्दी कविता का अतीत और वर्तमान, पृ. 206

कविता की दुनिया एक अर्थ में अपनी बनावट में जनवादी होती है। जब

मैं यह कह रहा हूँ तो मेरा आशय यह है कि असल में किसी भी एक कालखण्ड में पहले के महत्त्वपूर्ण कवि भी उतने ही सक्रिय-सार्थक हो सकते हैं, जितने नये से नये कवि, बशर्ते कि अपने समय और समाज के साथ वे दोनों कवि जुड़े हुए हों...तो मेरा मतलब यह है कि एक उम्र के कवियों को ही समकालीन कहना मुझे ठीक नहीं लगता। मान लीजिए कि आप कविता लिख रहे हैं और आप ही के समय में नगार्जुन कविता लिख रहे हैं। तो अब हम यह देखना चाहें कि आज के समय और समाज के साथ आपकी कविता का क्या रिश्ता है और नागार्जुन की कविता का क्या रिश्ता है, और सम्भव है, नागार्जुन का रिश्ता अधिक गहरा हो और आपका रिश्ता अधिक गहरा न हो, तो आप नागार्जुन से उम्र में कम होते हुए भी एक स्तर पर मेरे लिए समकालीन नहीं होंगे, नागार्जुन होंगे।

—मेरे साक्षात्कार, पृ. 55-56

समाज और वर्ग के जीवन की हलचलों से जुड़ा हुआ कवि, उस जीवन की आशा, अभिलाषा और संघर्ष को चित्रित करने वाला कवि, नये चित्रों से भरी नयी भाषा की रचना दे सकता है। मरणोन्मुख समाज और वर्ग की बुझती आशाओं, गिरती अभिलाषाओं और सिमटते जीवन का कवि पुराने चित्रों की रूढ़िबद्ध भाषा में कविता लिखने के लिए अभिशप्त होगा।

—हिन्दी कविता का अतीत और वर्तमान, पृ. 200

व्यापक समाज से कविता के रिश्ते के टूटने का अनुभव अनेक कवियों को हो रहा है। जो कवि इस संकट के बारे में सचमुच सजग हैं, वे रचना के स्तर पर उससे जूझ भी रहे हैं। ऐसे कवि अपनी कविताओं में समाज से कविता के वास्तविक और सम्भावित सम्बन्धों की खोज और पहचान कर रहे हैं। लेकिन कुछ दूसरे कवि समाज में कविता की संकटग्रस्त स्थिति से निराश होकर भविष्य के लिए कविता लिख रहे हैं। वे अपनी कविता की असामाजिकता की जाँच-परख करने और उसे बदलने के बदले आज के समाज को ही कविता-विरोधी कहकर भवभूति की तरह भविष्य के समानधर्माओं के लिए इस उम्मीद में कविताएँ लिख रहे हैं कि 'आयेंगे दिन कविताओं के'।

—हिन्दी कविता का अतीत और वर्तमान, पृ. 206-207

अब अगर कवि की दृष्टि में दुविधा हो, तो उसके बात कहने के ढंग में भी दुविधा होगी, और उसी दुविधा को नागार्जुन हकलाहट कहते हैं और चूँकि जनता के सामने सच कहने की वे एक तरह से प्रतिज्ञा करते हैं, इसलिए उनकी काव्य-भाषा में और कविता की बनावट में किसी तरह की दुविधा या संकोच या दुराव की कहीं जगह नहीं है।

—मेरे साक्षात्कार, पृ. 30

संस्कृति का उद्योग, नागरता

आज की कविता के सामने एक बड़ा संकट संस्कृति के उद्योग का विस्तार है। इससे समाज में कविता की जरूरत खतरे में है और उसका अस्तित्व भी। उसकी सार्थकता के बारे में तरह-तरह के सवाल खड़े हो रहे हैं।

–हिन्दी कविता का अतीत और वर्तमान, पृ. 209

कविता की जिन्दगी के लिए श्रव्य परम्परा के महत्त्व की पहचान आज भी कई जगह मिलती है। आज भी उर्दू का हर शायर ग़ज़ल या शेर कहता है, लिखता नहीं, जैसा कि हिन्दी के कवि करते हैं। बांग्ला में आवृत्ति की परम्परा ने कविता की सामाजिकता की रक्षा की है और उसे नयी जिन्दगी दी है। हिन्दी कविता को संस्कृति के उद्योगों के खतरों से बचाने के लिए उसके श्रव्य रूप की चिन्ता जरूरी है।

–हिन्दी कविता का अतीत और वर्तमान, पृ. 210-211

कविता केवल विशेषज्ञों के लिए न हो, व्यापक समाज के लिए भी हो। वह केवल पढ़ने के लिए न हो, सुनने-सुनाने लायक भी हो।

–हिन्दी कविता का अतीत और वर्तमान, पृ. 211

पूँजीवादी समाज में कविता न तो संस्कृति के उद्योग का हिस्सा बनकर जिन्दा रह सकती है और न माया की संस्कृति से होड़ करती हुई। वह मुक्तिधर्मी संस्कृति से जुड़कर ही अब तक जीवित रही है और आगे भी रहेगी। कविता जब मुक्तिधर्मी संस्कृति का माध्यम होती है, तभी वह सामाजिक जीवन में हस्तक्षेप करने वाली शक्ति बनती है, अन्यथा वह या तो बुद्धिजीवी समुदाय के मनोरंजन का एक साधन होती है या संस्कृति के संग्रहालय की वस्तु।

–हिन्दी कविता का अतीत और वर्तमान, पृ. 212

आज की हिन्दी कविता में बौद्धिक एकाकीपन बहुत है, लेकिन उसके वस्तुगत आधार और प्रतिरूप की चिन्ता बहुत कम।

–हिन्दी कविता का अतीत और वर्तमान, पृ. 213

समकालीन हिन्दी कविता की एक विशेषता यह है कि वह दिलचस्प एकदम नहीं है। यह गुण उसके स्वभाव से गायब हो गया है। सम्भव है, मेरी इस बात से कुछ लोग चकित हों और पूछें कि क्या दिलचस्प होना कविता का कोई आवश्यक गुण है।

–हिन्दी कविता का अतीत और वर्तमान, पृ. 214

यह ठीक है कि कविता केवल दिलचस्प होने के कारण सार्थक नहीं होती, लेकिन वह उबाऊ होने पर व्यर्थ जरूर हो जाती है। तब वह पाठकों को

आकर्षित नहीं करती है और बहुत दिनों तक जीवित भी नहीं रह पाती।

–हिन्दी कविता का अतीत और वर्तमान, पृ. 214

आजकल हिन्दी में जिस कविता का बोलबाला है, वह नागर कविता है, शहराती और चालाक। उसके रूप और स्वभाव में ही नहीं, अभिप्राय में भी नागरता छायी हुई है। वह शहरी मध्य वर्ग के बौद्धिक समुदाय की आत्मकेन्द्रित दृष्टि की उपज है, इसलिए उसमें उसी वर्ग के जीवन की वास्तविकताओं, संवेदनाओं, आकांक्षाओं और उम्मीदों की अभिव्यक्ति हो रही है।

–हिन्दी कविता का अतीत और वर्तमान, पृ. 215

इस नागर कविता की काव्यानुभूति की संस्कृति में गाँव का समाज, वहाँ के लोगों की जिन्दगी, उस जिन्दगी के संघर्ष, उस संघर्ष के अनुभव और उस अनुभव की भाषा के लिए प्रायः बहुत कम जगह होती है। अगर उसमें इन सबको कभी थोड़ी जगह मिलती भी है तो सजावट की वस्तुओं के रूप में ठीक वैसे ही, जैसे शहरी मध्य वर्ग के लोगों के घरों में आजकल सूप, चलनी, हाँड़ी, डलिया, टोकरी आदि का उपयोग होता है। इससे एक ओर मध्यवर्गीय जिन्दगी का खोखलापन ढँकता है तो दूसरी ओर लोकजीवन और संस्कृति से प्रेम का प्रदर्शन भी होता है।

–हिन्दी कविता का अतीत और वर्तमान, पृ. 215

जिन्हें नागर कविता की कानाफूसी प्रिय है, उन्हें दलित जीवन की 'चीखती कविता' का स्वर कर्कश और विसंवादी लग रहा है। लेकिन इस स्वर के साथ लोकजीवन की पुकार हिन्दी में एक बार फिर लौट रही है। इससे नागर कविता की नीरस एकस्वरता टूट रही है और हिन्दी कविता में स्वरों की अनेकता आ रही है।

–हिन्दी कविता का अतीत और वर्तमान, पृ. 215

नागर कविता की अपने रूप के बारे में अत्यधिक चिन्ता से लोकप्रियता और कला के बीच अलगाव पैदा हुआ है और हिन्दी कविता से लोकप्रियता के साथ सहजता, ऐन्द्रिकता और भावावेग की विदाई हो गयी है। इस प्रक्रिया में कविता से जीवन्तता गायब हो गयी है। कविता की अभिजनवादी दृष्टि हमेशा लोकप्रियता को कला का प्रतिद्वन्द्वी और विरोधी मानकर उसे खारिज करती है। इससे आजकल एक ओर लोकप्रिय कविता कमजोर हो रही है तो दूसरी ओर कलावादी कविता मरणोन्मुख।

–हिन्दी कविता का अतीत और वर्तमान, पृ. 215-216

आज की नागर कविता की एक विचित्रता भाषा की वह बनावट है जो साधारण ही नहीं, सुधी पाठकों की समझ को भी अँगूठा दिखाती है। कभी-कभी

वाक्य का गठन इतना विचित्र होता है कि उसमें प्रत्येक शब्द का अर्थ तो समझ में आता है, लेकिन पूरा वाक्य एक पहेली लगता है।

–हिन्दी कविता का अतीत और वर्तमान, पृ. 217

आज की अधिकांश नागर कविता एक गढ़ी हुई साहित्यक हिन्दी में लिखी जा रही है। वह जीवन के कर्म और अनुभव की भाषा नहीं है। यहाँ तक कि वह मध्य वर्ग के भी जीवन-व्यवहार की भाषा नहीं है। इसीलिए उसकी बोलचाल की भाषा, उसके मुहावरे और कथन-भंगिमा से कोई आत्मीय सम्बन्ध नहीं है। यही नहीं, उसका लोकभाषाओं से सम्बन्ध भी क्रमशः कम होता जा रहा है। इस भाषा में जब कोई कवि लोकजीवन के अनुभवों को व्यक्त करना चाहता है, तब भाषा और संवेदना के बीच अन्तरंगता की जगह अन्तराल आ जाता है। कुछ कवियों की भाषा पर अँग्रेजी के शब्द, मुहावरे और संरचना का इतना अधिक प्रभाव है कि वह अनुवाद की भाषा लगती है।

–हिन्दी कविता का अतीत और वर्तमान, पृ. 217

जिन्दगी में भावनाओं के लिए भी जगह होनी चाहिए, अनुभवों के लिए भी जगह होनी चाहिए, केवल बौद्धिक व्यायाम से पैदा हुई कविता दूसरों के मन को नहीं छूती, बल्कि समान स्तर के बौद्धिकों की बुद्धि को कहीं छू ले, तो छू ले!

–मेरे साक्षात्कार, पृ. 34

विविध

सामाजिक परिवर्तन की आकांक्षा रखने वाले रचनाकार राजनीतिक दलों से कभी-कभी जुड़ने की भी कोशिश करते हैं। सामाजिक परिवर्तन की प्रक्रिया में साहित्य की सक्रिय साझेदारी समझने वाले रचनाकार राजनीतिक दलों से अपनी रचनाशीलता की कीमत पर जुड़ते हैं तो यह चिन्ताजनक बात है। अगर राजनीतिक दलों से जुड़ने पर रचनाशीलता को गति और दिशा मिलती है तो ऐसा करना उचित ही है।

–मेरे साक्षात्कार, पृ. 20

यह एक जानी-पहचानी सच्चाई है कि हिन्दी के जो कवि अपने जनपद की बोली से भी गहरा लगाव और आत्मीय सम्बन्ध बनाये रखे हैं और अपनी काव्य-भाषा की शक्ति के रूप में अपनी बोली का रचनात्मक उपयोग करते रहे हैं, वही सच्चे अर्थों में हिन्दी के जातीय कवि और वास्तविक भारतीय कवि के रूप में हमारे सामने आते हैं।

–मेरे साक्षात्कार, पृ. 28

कविता में जनवाद अगर काव्यदृष्टि अर्थात् संवेदना और कविता के रचाव में नहीं है तो केवल आकांक्षा से कविता जनवादी नहीं हो जाती।

–मेरे साक्षात्कार, पृ. 29

कविता जनता के जीवन में उस तरह नहीं होती, जैसे वह साहित्यक समुदाय के जीवन में होती है। असल में साहित्यिक समुदाय या तो कविता का व्यवसाय करता है या फिर अधिक से अधिक कभी सतही तो कभी गम्भीर स्तर पर उसका आस्वादन। लेकिन दोनों ही स्थितियों में कविता एक बाहरी चीज होती है। जब कि आम जनता के जीवन में कविता जब आती है, तो वह जिन्दगी के हिस्से के रूप में आती है। इसलिए जनता कविता जीती है।

–मेरे साक्षात्कार, पृ. 30-31

हिन्दी में कविता लिखने, पढ़ने और उसकी चर्चा करने का काम मुट्ठीभर साहित्यिक समुदाय के लोग करते हैं। कविता के प्रमुख पाठक कवि ही हैं। वे एक-दूसरे की कविताएँ पढ़ते हैं, उन पर बातें करते हैं और कभी-कभी लिखते भी हैं। कवियों के बाद कविता के पाठक वे हैं, जो साहित्य के पुरोहित माने जाते हैं। उन्हें आलोचक भी कहा जाता है। वे कोई किताब तभी पढ़ते हैं, जब उसे पढ़ना जरूरी होती है। इन सबके साथ ही कविता के पाठक वे भी हैं, जो साहित्यिक समुदाय में शामिल होने की तैयारी में कविता उसी तरह पढ़ते हैं, जैसे उपन्यास और कहानियाँ। कविता का एक बड़ा पाठक वर्ग शिक्षा संस्थाओं में पाया जाता है, जो जरूरत के मुताबिक मजबूरी में कविता पढ़ता और पढ़ाता है। इन सबसे अलग कविता का एक और पाठक समुदाय है, जिसे साधारण पाठक कहा जाता है। वह साहित्यिक समुदाय का हिस्सा नहीं है, उसके हाशिए पर रहता है और साहित्यिक समुदाय के कर्म-कुकर्म को सहता, भोगता और स्वीकार करता है। वह मनुष्य और उसकी संस्कृति में दिलचस्पी के कारण कविता पढ़ता है। इसी साधारण पाठक के पास पहुँचकर कविता सचमुच सार्थक होती है; क्योंकि वह उसकी चेतना का हिस्सा बनती है।

–हिन्दी कविता का अतीत और वर्तमान, पृ. 205-206

कुछ ऐसे लोग हैं जो समझते हैं कि कविता के माध्यम से ही क्रांति की पूरी प्रक्रिया पूरी हो जायेगी। यह कविता से अतिरिक्त अपेक्षा करना है। शब्दों को गोली और कविता को गोली दागने की बन्दूक समझने की धारणा भी गलत है। कई बार कविता जनविरोधी स्थितियों, विचारों आदि पर आक्रमण करके भी आलोचना के हथियार के रूप में काम करती है। लेकिन इन सब कामों के लिए यह जरूरी है कि कविता कविता ही रहे।

–मेरे साक्षात्कार, पृ. 13

कविता के स्तर पर विषयवादी आलोचना का दुष्प्रभाव यह है कि बहुत सारे कवि निश्चित विषयों पर ही कविता लिख रहे हैं। जीवन के छोटे-छोटे प्रसंगों में भी मनुष्य की मनुष्यता और उसके विरुद्ध खड़ी अमानवीय स्थिति का संघर्ष हो सकता है।

–मेरे साक्षात्कार, पृ. 14

मैं आचार्य रामचन्द्र शुक्ल, रामविलास शर्मा और नामवर सिंह की काव्यालोचना से सीखते हुए अपनी क्षमता के अनुसार इस क्षेत्र में कुछ करने की कोशिश करता हूँ। इस बात का निर्णय हिन्दी कविता और उसकी आलोचना के पाठक ही आज और कल करेंगे कि मैं कविता की आलोचना के क्षेत्र में जो कर रहा हूँ और करूँगा, उसकी क्या सार्थकता है।

–मेरे साक्षात्कार, पृ. 29

उपन्यास

लोकतान्त्रिक चेतना की विधा

मैनेजर पाण्डेय ने 'उपन्यास और लोकतन्त्र' पुस्तक की भूमिका में लिखा है कि हिन्दी में उपन्यास की आलोचना का प्रारम्भ बालकृष्ण भट्ट से हुआ। इस क्रम में काशी प्रसाद जायसवाल, अम्बिकादत्त व्यास, माधव प्रसाद मिश्र, चन्द्रधर शर्मा गुलेरी, रामचन्द्र शुक्ल, महावीर प्रसाद द्विवेदी, प्रेमचन्द, हजारी प्रसाद द्विवेदी, निराला, जैनेन्द्र कुमार, अज्ञेय, निर्मल वर्मा, नलिन विलोचन शर्मा और नामवर सिंह का नामोल्लेख करते हुए उन्होंने अपना प्रयोजन बताया है कि "पाठक और आलोचक यह जाने कि हिन्दी में उपन्यास के सैद्धान्तिक विचार-विमर्श की एक परम्परा रही है जिसे अब उपन्यास के आलोचक भूल गये हैं। परिणाम यह है कि हिन्दी में आजकल उपन्यास की आलोचना केवल पुस्तक समीक्षा बन गयी है।" इस पुस्तक में, एक विधा के तौर पर उपन्यास में हुए विकास के बारे में पाण्डेयजी ने अनेक महत्त्वपूर्ण बातें कही हैं। हिन्दी उपन्यास के विधागत विकास को समझने-समझाने के लिए वे भारतीय उपन्यास और अफ्रीका एवं दक्षिण अमेरिका के उपन्यासों का भी हवाला देते हैं ताकि राष्ट्रीय और वैश्विक सन्दर्भ में भी हिन्दी उपन्यास का अर्थ खुल सके। पाण्डेयजी रणेन्द्र के उपन्यास 'ग्लोबल गाँव के देवता' का विश्लेषण करते हुए इसे अमेरिका की अश्वेत कथा लेखिका टोनी मॉरिसन की कथा-दृष्टि की परम्परा का उपन्यास बताते हैं। ऐसा करते हुए वे हिन्दी उपन्यास के विधागत विकास और वैविध्य को रेखांकित करते हैं।

कविता की तरह उपन्यास के सामने भी अपने विधागत स्वरूप को लेकर अनेक चुनौतियाँ हैं। केवल रची जाती रहने से साहित्य की विधाएँ बची रहें, यह जरूरी नहीं। आधुनिक काल में अनेक महाकाव्य रचे गये, मगर 'कामायनी' आदि दो-चार को छोड़कर शेष अपनी सार्थकता सिद्ध नहीं कर पाये। बड़ी संख्या में प्रकाशित हो रहे उपन्यासों के बीच यह प्रश्न और भी महत्त्वपूर्ण हो गया है कि इसके विधागत वैशिष्ट्य को किस रूप में समझा जाये! आत्मकथा और जीवनी की सामग्री का भरपूर उपयोग अब उपन्यास में हो रहा है, जिसका

सशक्त उदाहरण स्त्री और दलित उपन्यास हैं। आदिवासी साहित्य की चेतना ने प्राकृतिक संसाधनों के दोहन और लोकतान्त्रिक सत्ता के द्वारा अमानवीय अत्याचार के जिन प्रसंगों को साहित्य का विषय बनाया है, उसके आगे दलित-स्त्री विमर्श की पीड़ा कमतर मालूम पड़ने लगती है। लगता है जैसे न्याय की तलाश का अन्त नहीं है, वैसे ही अन्याय की अन्तिम सीमा का भी पता नहीं है। सामाजिक अध्ययन से सम्बन्धित आँकड़ों और सूचनाओं की सुलभता के कारण इन प्रश्नों से जुड़े उपन्यास अलग ही रंग में लिखे जा रहे हैं। सूचना क्रान्ति, राजनीतिक-सामाजिक आन्दोलन, गैर-सरकारी संगठनों की भीड़ और सक्रियता, पूँजीवाद में लिपटता लोकतन्त्र, जातिवादी संरचना के नये-नये राजनीतिक आयाम, साम्प्रदायिकता और फासीवाद के नये लुभावने-क्रूर चेहरे, इंटरनेट का मनुष्य के जीवन में हस्तक्षेप आदि अनेक नये प्रकरण हैं जो हिन्दी उपन्यास के विषय बन रहे हैं। आज विषय की सर्वाधिक विविधता और व्यापकता उपन्यास विधा में दिखाई पड़ रही है। वैसे तो कविता में भी विविध विषय उठाये जा रहे हैं, मगर आज की हिन्दी कविता इन विषयों को व्यापकता प्रदान करने लायक अपनी संरचना को बचाये नहीं रख सकी है। वह क्रमशः संक्षिप्त होती गयी है, जिसमें त्वरा तो हो सकती है मगर किसी विषय को व्यापक विस्तार नहीं मिल सकता है। हिन्दी कविता के संरचनात्मक विस्तार पर मानो प्रतिबन्ध लग गया है। 'मानवता का रसात्मक इतिहास' बनने के लिए 'कामायनी' को महाकाव्य का ढाँचा अपनाना पड़ा, कविता के संक्षिप्त रूप में यह काम सम्भव नहीं था। 'रस' को व्यापक अर्थ में समझा जाये तो आज की 'मानवता का रसात्मक इतिहास' हिन्दी उपन्यासों में मिलने लगा है। आज के समय में 'मुक्ति' के प्रसंग 'रसात्मक' लगने लगे हैं और इस लड़ाई को साहित्य की जमीन से सबसे सशक्त तरीके से लड़ने वाली विधा उपन्यास है. यह विधा जनता से लेकर सत्ता तक अपनी बात पहुँचाने में समर्थ है, यही कारण है कि उपन्यास को सर्वाधिक प्रतिबन्ध का दंड झेलना पड़ा है, "आधुनिक युग की सांस्कृतिक चेतना का प्रतिनिधि कला रूप बनने के लिए उपन्यास को कठिन संघर्ष करना पड़ा है। आधुनिक युग के प्रतिबन्धित और तरह-तरह के सेंसरशिप के शिकार साहित्य का अगर कोई ब्योरा तैयार किया जाये तो उसमें सबसे अधिक संख्या उपन्यासों की ही होगी। उपन्यास के विरोध के अनेक कारण रहे हैं। आरम्भ से ही उपन्यास की कला में निहित लोकतान्त्रिक चेतना का विरोध सामन्ती चेतना की ओर से होता रहता है।"[1]

उपन्यास के स्वरूप के बारे में प्रायः यही मान्यता रही है कि मध्यवर्ग के उदय के बाद इसका जन्म हुआ, यह आधुनिक युग का महाकाव्य है, यह

यथार्थवादी होता है, इसमें सामाजिक प्रश्नों को उठाने की प्रवृत्ति होती है, यह मनोविश्लेषणात्मक भी होता है आदि। इन सबके सहारे हिन्दी उपन्यासों की आलोचना भी चलती रही। हिन्दी उपन्यासों को समझने में ये सूत्र हमारी मदद भी करते हैं। विविधताओं में वृद्धि के साथ-साथ उपन्यास के रंग-रूप और विन्यास बदलने लगे। अब ऐसे उपन्यास लिखे जाने लगे जिन्हें आप मध्यवर्ग की विधा के रूप में नहीं देख सकते, जैसे दलित लेखकों के उपन्यास या महुआ माजी का उपन्यास। महाकाव्य कहने से जो औदात्य सामने आता है उसे अतिक्रमित करते ऐसे उपन्यास लिखे गये जिनमें जातिवादी राजनीति को विषय बनाया गया है, जैसे प्रेम कुमार मणि का उपन्यास 'ढलान'। इसमें जो कुछ है, उसे औदात्य की अवधारणा के सहारे नहीं समझा जा सकता है, बल्कि सतह पर तैरते जातिवादी सूत्रों के करीब जाने की जरूरत होगी। सामाजिक प्रश्न और मनोविश्लेषण को काफी गहराई से मिश्रित करके स्त्री-विमर्श के उपन्यास लिखे गये; इनमें सामाजिक प्रश्न तो हैं ही, स्त्री की मनोदशा की छाप इन्हें विशिष्ट बना देती है। स्त्री पर होनेवाले अत्याचारों की अभिव्यक्ति पहले से हो रही थी, मगर सामाजिक प्रश्न के रूप में। स्त्री-विमर्श ने इसे मनोदशा की प्रामाणिकता प्रदान करके अधिक प्रभावशाली बना दिया। उपन्यास की आलोचना ने इन बदलते स्वरूपों को विश्लेषित करने के लिए अपनी सैद्धान्तिकी का पर्याप्त विकास नहीं किया। व्यावहारिक आलोचना की आँधी ने उपन्यासकारों को बहुत निराश किया है। मैनेजर पाण्डेय ने ठीक कहा है कि उपन्यास की आलोचना केवल पुस्तक-समीक्षा बन गयी है। उचित आलोचना के अभाव में यह बताना कठिन हो जाता है कि अमुक उपन्यास के महत्त्व को किस सीमा तक स्वीकार किया जाये। पिछले दिनों अखिलेश के उपन्यास 'निर्वासन' की खूब चर्चा हुई। इस उपन्यास के कथा-सूत्र रोचक हैं, उनके बीच की बतकही मनभावन है, भाषा बोधगम्य और लगाव से भरी है, उठाये गये विषय को चौतरफा सम्हालने की सफल कोशिश है आदि। मगर यह उपन्यास कुल मिलाकर जनता की ताकत पर भरोसा नहीं करता है। जो कुछ मूलगामी है उसे लेखक ने अतीतजीवी बना दिया है। समस्या को प्रामाणिक तरीके से उठाना प्रशंसनीय है, मगर समस्या को ही भविष्य समझ लेना अधूरी लेखकीयता है। 'निर्वासन' के अनेक रूपों को पहचान लेने में अखिलेश को सफलता मिली है, मगर इस समस्या के प्रतिरोध की आंशिक कोशिश भी जहाँ हो रही है, उसकी तलाश भी उपन्यासकार का दायित्व है। उपन्यास में जो लिखित है केवल वही उसका दायरा नहीं होता, लिखे जाने की तैयारी को भी आलोचक पढ़ता है। उपन्यासकार द्वारा रचित आख्यान में मनुष्य और उसके समाज के अन्त:सम्बन्ध को अपने देश-काल के अनुसार

समझा गया है या नहीं, यह भी देखना आलोचक का काम है। पुस्तक-समीक्षा पाठ-आधारित-सीमित हो सकती है, मगर आलोचना को पाठ के साथ पाठेतर दिशाओं में भी देखना पड़ता है, "उपन्यास केवल यथार्थ की खोज और उसकी गति की पहचान का आख्यान ही नहीं है, वह सम्भावनाओं की तलाश का आख्यान भी है। उसमें वर्तमान की सीमाओं के बोध के पार जाने की आकांक्षा के कारण सम्भावित संसार की रचना की कोशिश भी होती है। उपन्यास के माध्यम से ऐसी दुनिया निर्मित की जाती है जो पाठकों को वास्तव में सम्भव लगे। ऐसी दुनिया रचने वाला उपन्यासकार ही सम्भावनाओं का व्याख्याकार भी कहा जा सकता है। आजकल ऐसे उपन्यास लिखे जा रहे हैं जो पूँजीवाद की बर्बरता से मुक्ति की आकांक्षा के कारण एक बेहतर दुनिया की कल्पना पाठकों के सामने रखते हैं।"[2]

मैनेजर पाण्डेय ने उपन्यास की आलोचना के सन्दर्भ में सबसे महत्त्वपूर्ण बात यह कही है कि उपन्यास का सम्बन्ध लोकतन्त्र से है। लोकतन्त्र की विभिन्न प्रक्रियाओं को ध्यान में रखें तो उपन्यास के रचाव को समझने में सुविधा महसूस होने लगती है। पाण्डेयजी ने उपन्यास से स्त्री, दलित, जाति, नस्ल, धर्म, उपनिवेशवाद, इतिहास, व्यक्ति, समाज, आख्यान, मध्यवर्ग, शोषित जन आदि को जोड़ते हुए लोकतन्त्र के सूत्र को आधार बनाया है। उपन्यास की आलोचना के लिए इतने स्पष्ट सूत्रों की पहचान इससे पहले दिखाई नहीं पड़ती है। पाण्डेयजी अपनी इस अवधारणा के आधार पर अफ्रीकी और दक्षिणी अमरीकी उपन्यासों का हवाला देते हुए मानो उपन्यास की आलोचना को वैश्विक रूप देते हैं और हिन्दी उपन्यासों को श्रेष्ठता का गौरव प्रदान करते हैं, "तीसरी दुनिया के उपन्यासों के समाजशास्त्री के लिए यह समझना जरूरी है कि गोदान (प्रेमचन्द), पाथेर पांचाली (विभूतिभूषण), परजा (गोपीनाथ महांथी), संस्कार (यू.आर. अनन्तमूर्ति) या सौ सालों का एकान्त (गार्सिया मार्क्वेस), गेहूँ के दाने (न्गूगी) जैसे उपन्यास तीसरी दुनिया में ही लिखे जा सकते हैं। ऐसे उपन्यास पश्चिम में वैसे ही नहीं लिखे जा सकते जैसे काफ्का, जेम्स ज्वायस और वर्जिनिया वुल्फ के उपन्यासों की तरह के उपन्यास तीसरी दुनिया में नहीं लिखे जा सकते। इन उपन्यासों का अपने-अपने समाजों के सांस्कृतिक अनुभवों से गहरा रिश्ता है। तीसरी दुनिया के उपन्यासों की सामाजिकता को सही ढंग से तभी समझा जा सकता है, जब उनके उदय और विकास के ऐतिहासिक-सांस्कृतिक सन्दर्भ का ठोस और गतिशील विश्लेषण हो। इसके लिए उपन्यासों की विषयवस्तु और रचना पद्धतियों की प्रेरक ऐतिहासिक विशिष्टताओं की खोज और पाठकों की मानसिकता की पहचान आवश्यक है। वास्तव में तीसरी दुनिया के देशों में उपन्यास सदियों के साम्राज्यवादी प्रभुत्व के कारण विनष्ट हुए जनता के ऐतिहासिक व्यक्तित्व के अभिज्ञान का कलात्मक

माध्यम है और उसके इसी महत्त्व की पहचान से उसकी सामाजिक सार्थकता सामने आ सकती है।"[3]

उपन्यास की सामाजिकता पर अनेक आलोचकों ने बात की है, मगर उसमें निहित 'जनता के ऐतिहासिक व्यक्तित्व' को व्यवस्थित तरीके से पाण्डेयजी ने रेखांकित किया है। उनके अनुसार प्रत्येक उपन्यास अपने भीतर इतिहास को समेटे रहता है, उसमें मौजूद प्रत्येक पात्र ऐतिहासिक होता है। उपन्यास के पात्रों को व्यक्तिवादी कहकर मनमानी व्याख्या से बचने की सलाह उनकी आलोचना देती है। मैनेजर पाण्डेय की दृढ़ मान्यता है कि उपन्यास की सम्पूर्ण प्रक्रिया लोकतन्त्र पर आधारित होती है, यहाँ तक कि उसकी संरचना का भी इससे गहरा सम्बन्ध है। लोकतन्त्र का मूल स्वर है बहुलता का स्वीकार। अपने से भिन्न के प्रति सहिष्णुता और उदारता के व्यवहार को प्रश्रय देते हुए एक ऐसी मानसिकता का निर्माण जो जीवन के प्रत्येक क्षेत्र में लोकतन्त्र को अपनाने की इच्छाशक्ति रखे। हिन्दी उपन्यास ने इस मानसिकता को साहित्य में लाने में सबसे बड़ी भूमिका निभाई है। वैचारिक लेखन में जीवन के अन्तर्विरोधों पर जितनी बातें हुई हैं, उससे ज्यादा सार्थक और सम्भावनाशील तरीके से उपन्यासों ने असंगतताओं का तार्किक और स्वाभाविक विश्लेषण किया है। वैचारिक लेखन की तुलना में रचनात्मक साहित्य में 'विरुद्धों के सामंजस्य' की सम्भावना ज्यादा रहती है। हिन्दी आलोचना ने जिन्हें 'विरुद्ध' माना था, वे वस्तुतः बाद के दौर में लोकतान्त्रिक विविधता के रूप में पहचाने गये। दलित-स्त्री से लेकर आदिवासी और पिछड़ी जातियों के साहित्यिक हस्तक्षेप को हिन्दी साहित्य की विविधता के विस्तार के रूप में देखा जाना चाहिए। ये सारी प्रवृत्तियाँ परस्पर पूरक हैं और इनके विकास से हिन्दी साहित्य की सम्पूर्णता का विकास होगा। मुख्यधारा की अवधारणा को छोड़े बगैर लोकतन्त्र की सम्पूर्णता को प्राप्त नहीं किया जा सकता है। उपन्यास का सम्बन्ध जितना मुख्यधारा से रहा है उससे कहीं बहुत ज्यादा उपेक्षितों, शोषितों और पीड़ितों के समुदायों से रहा है। लोकतन्त्र को एक राजनीतिक व्यवस्था के बजाय मनुष्य और उसके समाज के चतुर्दिक विस्तार के रूप में उपन्यास ने व्यक्त करने का प्रयास किया है, "उपन्यास और लोकतन्त्र के सम्बन्ध पर विचार करते समय यह ध्यान में रखना जरूर है कि लोकतन्त्र केवल एक राजनीतिक व्यवस्था और शासन-पद्धति ही नहीं है, वह एक ऐसी मानसिकता भी है जो सहिष्णुता की संस्कृति, दूसरों का सम्मान, दूसरों के अन्तरों का स्वीकार, विचारों की अनेकता का आदर, अभिव्यक्ति की स्वतन्त्रता और संवाद की तत्परता विकसित करती है। लोकतन्त्र की ये विशेषताएँ उपन्यास के स्वभाव और संरचना में निहित होती हैं और उपन्यास ऐसी ही मानसिकता का निर्माण भी करता है। वह व्यक्ति की

स्वतन्त्रता के साथ-साथ समाज के हित को भी ध्यान में रखता है, जो लोकतन्त्र का भी अनिवार्य गुण है।"[4]

लोकतन्त्र का स्थायी गुण है समता की भावना और व्यवस्था। फ्रांस की राज्यक्रान्ति से स्वतन्त्रता, समानता और बन्धुत्व की जो राजनीतिक अवधारणा विश्व भर में फैली, उसने लोकतन्त्र को अन्तिम आदमी तक पहुँचाने के संकल्प को मजबूती दी। डॉ. अम्बेडकर ने इनमें से 'समानता' को सबसे दुर्लभ बताया है क्योंकि सबके लिए 'स्वतन्त्रता' के इतिहास अलग-अलग हैं। स्वतन्त्रता और समानता की प्रक्रिया से गुजर कर ही 'बन्धुत्व' तक पहुँचा जा सकता है। स्वतन्त्रता एक राजनीतिक प्रश्न है, मगर समानता के सामने पग-पग पर कठिनाइयाँ हैं। लोकतान्त्रिक सत्ता कोशिश करती है और जनता का दबाव भी होता है कि सबके लिए 'समानता' के लक्ष्य को हासिल किया जाये। साहित्य की दुनिया में यह काम उपन्यास करता है। वह भेदभाव की पहचान करते हुए पीड़ितों की 'मुक्ति' का आख्यान रचता है। उसका जोर विसंगतियों को दूर करने और अन्ततः 'समानता' की एक सम्भावित दुनिया को प्रस्तुत करने पर होता है। ऐसा कहने का अर्थ यह नहीं है कि उपन्यासों को निष्कर्षमूलक होना ही चाहिए या किसी समाधान तक पहुँचने का उस पर दबाव होना चाहिए; मगर उसकी विधात्मक बनावट ऐसी है कि पाठक उसमें लोकतन्त्र के विविध स्वरों को सुन ही लेता है, फलतः वह अपनी आवाज या उसकी अनुगूँज की सम्भावना भी तलाश लेता है। यह सब कुछ घटित होते हुए उपन्यास जिस प्रक्रिया में बोधगम्य होता है उसे लोकतन्त्र की जुझारू सक्रियता के रूप में ही समझा जा सकता है। 'गोदान' और 'कामायनी' एक ही समय की कृतियाँ हैं, मगर दोनों में समता और लोकतन्त्र के लिए संघर्ष की प्रक्रिया को एक समान नहीं माना जा सकता है। गोदान का संघर्ष किसान और ग्रामीण जीवन के ब्योरों के बीच घटित होता है, जबकि कामायनी में मानसिक-प्रक्रिया ज्यादा महत्त्वपूर्ण है। गोदान के संघर्ष को लोकतन्त्र के ज्यादा करीब मानना पड़ेगा, क्योंकि उसकी प्रक्रिया में पग-पग पर लोकतन्त्र और समता-विरोधी शक्तियों से लड़ने की कोशिश है। उपन्यास असंगतियों को, पात्रों के माध्यम से, जीवन के बीच घटित होते हुए दिखाता है; इसी तरह विविधताओं को भी वह जीवन-जगत के व्यवहार के बीच सहयात्री की तरह दिखाता है। सुनने में असंगत लगनेवाले जीवन-सत्य को उपन्यास की भाषिक दुनिया में संगत दिखाकर उपन्यासकार अपने सांसारिक अनुभव की सहायता से पाठक के अनुभव का विस्तार करता है और वास्तविक संसार को देखने की नयी दृष्टि देता है। यह सब जितना उपन्यास में सम्भव है उतना किसी अन्य विधा में नहीं, "अन्तरों और अन्तर्विरोधों के अस्तित्वों का ज्ञान और उनकी

अर्थवत्ताओं की पहचान के बिना न उपन्यास की रचना सम्भव है, न लोकतन्त्र का व्यवहार। समाज में लोकतन्त्र के होने और बने रहने के लिए समता का होना जरूरी है। समता का बोध, उसकी चेतना तथा आर्थिक, सामाजिक, सांस्कृतिक और राजनीतिक स्तरों पर समता की उपस्थिति लोकतन्त्र के अस्तित्व के लिए जरूरी है। साथ ही समता के विरुद्ध क्रियाशील प्रवृत्तियों, परम्पराओं और स्थितियों का बोध भी लोकतन्त्र की रक्षा के लिए आवश्यक है। उपन्यास ने, विशेषरूप से हिन्दी उपन्यास ने अपने जन्मकाल से ही समाज में विषमता की वास्तविकताओं से पाठकों को परिचित कराने और समता की चेतना जगाने का काम किया है। सबसे महत्त्वपूर्ण बात यह है कि उपन्यास ने लोकतन्त्र के शत्रुओं की पहचान करने और कराने में पाठकों की मदद की है।"[5]

प्रेमचन्द भारतीय लोकतन्त्र की स्थापना से पहले अपना कथा-साहित्य रच चुके थे। यहाँ यह भी स्पष्ट हो जाना चाहिए कि जनता को धोखा देने के लिए छद्म लोकतन्त्र की स्थापना दुनिया के अनेक देशों में होती रही है और इसके खिलाफ जनता का संघर्ष भी चलता रहा है। दुनिया के सबसे बड़े लोकतन्त्र भारत में भी लोकतन्त्र की विडम्बनात्मक स्थितियाँ रही हैं। उपन्यास अपने विधात्मक विन्यास के भीतर से जो दृष्टि और संरचना अपनाए होता है, वह लोकतन्त्र के बहुत करीब होता है। यही कारण है कि प्रेमचन्द के उपन्यासों में जो लोकतन्त्र की तलाश है वह भारत के राजनीतिक लोकतन्त्र से पुराना है। रोचक बात यह लगती है कि राजनीतिक लोकतन्त्र अपने रास्ते से भटकता रहा है, मगर औपन्यासिक लोकतन्त्र क्रमशः लोकतान्त्रिक होता रहा है। साम्राज्यवाद से पीड़ित औपनिवेशिक भारत में प्रेमचन्द ने जिन वर्गों को ध्यान में रखकर अपने उपन्यासों की रचना की वे वर्ग आगे चलकर भारतीय लोकतन्त्र के मूल आधार बने। दलित-विमर्श की घोर असहमति भले हो, मगर दलित-जीवन को उपन्यास का विषय प्रेमचन्द ने ही बनाया। 'घासवाली' दलित युवती स्त्री से लेकर 'बेटोंवाली' वृद्ध माँ और जुझारू धनिया के अलावा अनेक स्त्री पात्रों के संघर्षमय चरित्र को प्रेमचन्द ने गढ़ा। लोकतन्त्र में स्त्री ने क्रमशः महत्त्वपूर्ण स्थान प्राप्त किया है। प्रेमचन्द के लिए किसान से ज्यादा महत्त्वपूर्ण कोई नहीं है, उन्होंने किसान की जो विविधवर्णी दुनिया रची उसकी तुलना किसी से नहीं की जा सकती। यह कहना प्रासंगिक होगा कि प्रेमचन्द के सभी किसान पात्र पिछड़ी जातियों से हैं। विभिन्न जातियों के ग्रामीण पात्रों के बीच वे सटीक पहचान बताते हैं कि उनके लोकतन्त्र के असली किसान पिछड़ी जातियों से आनेवाले होरी महतो और शंकर कुर्मी जैसे लोग ही हैं। मगर भारतीय लोकतन्त्र की किसान राजनीति का नेतृत्व किया ऊँची जातियों के भूमिपतियों ने। इस राजनीति ने प्रेमचन्द के औपन्यासिक

लोकतन्त्र के किसान की चिन्ता नहीं की, शायद यही कारण है कि भारतीय लोकतन्त्र में किसान राजनीति महत्त्वपूर्ण मुकाम हासिल नहीं कर सकी। एक लिहाज से कहा जा सकता है कि प्रेमचन्द ने दलित, स्त्री और पिछड़ी जातियों को अपने उपन्यास के लोकतन्त्र में महत्त्वपूर्ण जगह दी थी जो आगे चलकर भारतीय लोकतन्त्र के महत्त्वपूर्ण घटक सिद्ध हुए। इसके साथ-साथ यह भी कहा जा सकता है कि प्रेमचन्द ने अपने समतामूलक औपन्यासिक लोकतन्त्र की विरोधी शक्तियों की भी पहचान की थी और अपना पक्ष साफ शब्दों में पाठकों के सामने रखा था, "प्रेमचन्द अपने उपन्यासों के माध्यम से लोकतन्त्र की सम्भावनाओं की तलाश का आख्यान रचते हैं। उनके सामने जो स्वाधीनता-आन्दोलन था, उसके साथ होते हुए भी वे उससे न तो पूरी तरह सहमत थे और न सन्तुष्ट। उनकी आस्था अमीरों के आन्दोलन से अधिक जनता की शक्ति में थी। उनकी दृष्टि जितनी स्वाधीनता-आन्दोलन पर थी, उससे अधिक जनजीवन की समस्याओं और उन समस्याओं से जुड़े छोटे-बड़े आन्दोलनों पर रहती थी, इसीलिए उनके उपन्यासों में किसानों, मजदूरों, स्त्रियों और दलितों के जीवन की वास्तविकताओं और उनसे जुड़े आन्दोलनों के चित्र अधिक प्रभावशाली हैं।"[6]

हिन्दी उपन्यास की आलोचना को लोकतन्त्र के कुछ अन्य बुनियादी पक्षों से पाण्डेयजी ने जोड़ा है। वे लिखते हैं कि सामाजिक विषमताओं के प्रति हिन्दी उपन्यास अपने आरम्भ से ही सचेत रहा है। स्त्री जीवन की समस्याओं के अनेक रूपों को इस विधा ने अपना विषय बनाया। अलग-अलग नजरिए से समस्या के विश्लेषण और वास्तविक या कल्पित समाधान की इच्छा-शक्ति को इन उपन्यासों में देखा जा सकता है। इन सबसे आज असहमति जताई जा सकती है या इन्हें अप्रासंगिक बताया जा सकता है, मगर इनमें लोकतान्त्रिक स्वरों की उपस्थिति से इंकार नहीं किया जा सकता है। आज स्त्री-जीवन साहित्य का वैचारिक विषय बन चुका है; मगर स्त्री के दुःख से उसका रिश्ता बहुत पुराना है। स्त्री के दुःख की पहचान हिन्दी साहित्य के इतिहास की उपलब्धि है, इसे कमतर करके नहीं आँका जाना चाहिए। इसे अवमूल्यित करने का एक अर्थ यह भी होगा कि हम उस दौर के स्त्री-संघर्ष की अवहेलना कर रहे हैं, "हिन्दी में उपन्यास का उदय ही समाज में स्त्री की स्थिति के बोध के साथ हुआ था। आरम्भ के अधिकांश उपन्यास स्त्री केन्द्रित उपन्यास ही थे। चाहे गौरीदत्त का 'देवरानी-जेठानी की कहानी' हो या ईश्वरी प्रसाद और कल्याण राय का 'बामाशिक्षक' या श्रद्धाराम फिल्लौरी का 'भाग्यवती', इन सभी उपन्यासों में भारतीय समाज में स्त्री की दुर्दशा का चित्रण है और स्त्रियों की दशा सुधारने

की चिन्ता भी। जाहिर है इन उपन्यासों में पुरुष-दृष्टि से स्त्री के वर्तमान और भविष्य को देखा गया है।"[7]

प्रेमचन्द को औपन्यासिक विरासत के तौर पर स्त्री का दुःख मिला था, जिसे उन्होंने दलित, किसान से लेकर कोठे पर और कोठियों में रहने वाली स्त्रियों के जीवन में तलाशा। आगे चलकर स्त्रियों ने जब खुद उपन्यास लिखने की शुरुआत की, तब इसके स्वरूप में कई तरह के परिवर्तन आये। लोकतन्त्र में अपेक्षित होता है कि प्रत्येक व्यक्ति स्वयं को उस व्यवस्था में मौजूद पाये। यह मौजूदगी प्रतिनिधि के द्वारा भी हो सकती है। हम अपनी बात स्वयं कहें या हमारा प्रतिनिधि कहे, यह प्रक्रिया लोकतन्त्र की जान होती है। स्त्री ने स्वयं उपन्यास के लोकतन्त्र में प्रवेश करके जब कथ्य का विश्लेषण किया तो उनके सामाजिक-सांस्कृतिक के साथ राजनीतिक संघर्ष भी सामने आये। मैनेजर पाण्डेय ने स्त्री उपन्यासकारों के आगमन को लोकतन्त्र का साहित्यिक-राजनीतिक विस्तार बताया है, "हिन्दी उपन्यास की दुनिया में सचमुच लोकतन्त्र तब आया जब स्त्री लेखिकाओं ने अपने उपन्यासों में एक ओर पुरुष-सत्ता का विश्लेषण और चित्रण आरम्भ किया और दूसरी ओर स्त्री के संघर्ष की कथा को उपन्यास के केन्द्र में लाने का प्रयत्न किया। कृष्णा सोबती के उपन्यासों में स्त्री की दृष्टि से देखे गये भारतीय समाज और उसमें स्त्री-पुरुष के सम्बन्धों के सच को अनेक रूपों में व्यक्त किया गया है। कृष्णा सोबती और मन्नू भंडारी यद्यपि स्त्रीवादी लेखिकाएँ नहीं हैं, फिर भी इनके लेखन में पुरुष के छल-छद्म की शिकार स्त्री की विडम्बनापूर्ण स्थिति की अभिव्यक्ति है। मृदुला गर्ग ने कुछ अधिक साहस के साथ स्त्री-पुरुष सम्बन्ध के प्रसंग में स्त्री के अनुभव के ऐसे पक्षों को व्यक्त किया है, जो केवल एक स्त्री कर सकती है, कोई पुरुष नहीं। इस प्रक्रिया में उपन्यास के माध्यम से स्त्री ने अपनी स्वतन्त्र पहचान बनायी है और अपनी रचनात्मक स्वतन्त्रता को जीवन की स्वतन्त्रता से जोड़ने का प्रयत्न किया है। मैत्रेयी पुष्पा के 'इदन्नमम्' और 'चाक' में स्त्री केवल एक व्यक्ति के रूप में ही नहीं, एक सामाजिक शक्ति के रूप में भी सजग होती, अपनी पहचान खोजती, पुरुषों के पौरुष से संघर्ष करती और अपने लिए स्वतन्त्र राह बनाती दिखाई देती है। हिन्दी उपन्यास में इन लेखिकाओं का रचनात्मक संघर्ष इनका सामाजिक और सांस्कृतिक संघर्ष तो है ही, राजनीतिक संघर्ष भी है। इन लेखिकाओं ने उपन्यास को पहले से अधिक मानवीय, सामाजिक और परिवर्तनकामी बनाते हुए साहित्य की दुनिया के लोकतन्त्र को राजनीति के लोकतन्त्र से जोड़ने की कोशिश की है।"[8]

उपन्यास ने लोकतन्त्रविरोधी शक्तियों का विवरण ही नहीं दिया बल्कि

उनका तर्कसहित विरोध भी किया। जाति और धर्म का सहारा लेकर लोकतन्त्र और समता को सर्वाधिक चोट पहुँचाई गयी है। हिन्दी उपन्यास ने ग्रामीण और कस्बाई कथानकों में इन दोनों के आडम्बरों और उत्पीड़नों का पर्दाफाश करते हुए सशक्त प्रतिरोध दर्ज किया है। यदि उपन्यास न लिखे गये होते तो अन्य विधाओं में विस्तृत विवरण के साथ यह दिखा पाना सम्भव नहीं होता। डॉ. अम्बेडकर ने सामाजिक स्वतन्त्रता को राजनीतिक स्वतन्त्रता से ज्यादा जरूरी बताया था और सामाजिक स्वतन्त्रता की राह में जाति और धर्म ने सर्वाधिक रोड़े अटका रखे थे। इन्हें समाप्त कर पाना तो आज तक सम्भव नहीं हो पाया क्योंकि सामान्यतः उत्पीड़ितों को भी इन दोनों से किसी-न-किसी स्तर पर लगाव होता है। समाज की बनावट और उसके विकास में इन दोनों की बड़ी भूमिका रही है, इसलिए इनकी पकड़ बहुस्तरीय है, जिन्हें काट पाना आसान नहीं है। जाति और धर्म से परेशानी की वजह इनकी अन्यायमूलकता में है, जिनसे लड़ने की सफल कोशिश लोकतान्त्रिक माहौल में सम्भव हुई। यह तो मानना पड़ेगा कि हम जाति और धर्म से तो नहीं, मगर इनके आधार पर होनेवाले अन्याय से मुक्त होने की तरफ धीरे-धीरे बढ़ रहे हैं, जिसके प्रमाण समाज और उपन्यास दोनों में मौजूद हैं, "जाति-व्यवस्था काल्पनिक शुद्धता-अशुद्धता पर आधारित ऊँच-नीच के अन्तर की ऐसी श्रेणीबद्ध व्यवस्था है जो आदि में जन्म से जुड़ी रहती है और अन्त में धर्म से, इसलिए उसके बन्धनों से मुक्त होना अत्यन्त कठिन होता है। ऐसी व्यवस्था हर हाल में लोकतन्त्रविरोधी होगी। भारतीय उपन्यास ने जाति-व्यवस्था से उपजी पराधीनताओं की पहचान करते हुए उनका चित्रण किया है और उनकी आलोचना भी। उपन्यास ने व्यक्ति की स्वतन्त्र चेतना और अस्मिता की खोज करते हुए जाति-व्यवस्था की दमनकारी सामूहिकता से मुक्त होने में भारतीय मनुष्य की मदद की है। ...भारतीय गाँव जाति-व्यवस्था के गढ़ हैं। गाँव की जिन्दगी की कथा लिखने वाला कोई भी उपन्यासकार जाति की उपेक्षा करके उस जिन्दगी की जटिल समग्रता का आख्यान निर्मित नहीं कर सकता।"[9]

धर्म की नकारात्मक भूमिका के अनेक रूप रहे हैं जिनका प्रसार विश्व के अनेक देशों में देखा जा सकता है। धर्म की आलोचना या निन्दा को न बर्दाश्त करनेवाले लोगों ने हिंसा का सहारा लिया है। ईशनिन्दा के खिलाफ अनेक देशों में कानून बने हुए हैं। आलोचना को निन्दा बता कर मुकदमे कर देना बहुत आसान काम है। कुछ धार्मिक संगठन हिंसक गतिविधियों में संलग्न हैं और इसे वे जायज भी मानते हैं। लेखकों-चिन्तकों को धर्म की आलोचना करने के कारण मुकदमे झेलने पड़ते हैं और जेल की हवा खानी पड़ती है। हिंसक धार्मिक संगठनों के द्वारा ऐसे लोगों की हत्या भी की गयी है या जान से मार डालने की धमकी दी

गयी है। कुछ धार्मिक नेता ऐसे विचारवालों की हत्या करने के लिए इनाम की भी घोषणा करते हैं। यह सब आज के लोकतान्त्रिक विश्व में घटित हो रहा है। इन सबके खिलाफ साहित्य की तरफ से उपन्यास ने सार्थक लड़ाई लड़ी है। उपन्यास इन घटनाओं को रोक तो नहीं सकता, मगर इनकी निरर्थकता को जनमानस तक ले जाने का काम उसने जरूर किया है। धर्म के वर्चस्ववादी स्वभाव की पोल खोलने में उपन्यास को सफलता मिली है। धर्म अब चुनौतीविहीन नहीं रहा है। यद्यपि उसका प्रत्यय आज भी आस्था से जुड़ा है जिस पर सवाल खड़ा करना उचित नहीं माना जाता, मगर लोकतन्त्र ने आस्था की आड़ में होनेवाले खेलों पर काफी हद तक रोक लगाई है। उपन्यास का पाठक अब धर्म के भ्रम में नहीं पड़ता, वह अभ्यस्त हो चुका है कि जनता की बौद्धिक चेतना को कुंद करनेवाली किसी भी प्रक्रिया के विरोध में ही उपन्यास लिखा गया होगा।

यहाँ यह कहना प्रासंगिक होगा कि प्रगतिशीलता का भ्रम पैदा करनेवाली राजनीतिक गतिविधियों के खिलाफ भी उपन्यास लिखे गये। उपन्यास राजनीतिक पार्टियों के समर्थन में लिखे जाकर सार्थक नहीं हो पाते, क्योंकि वहाँ भी लोकतन्त्र को कमजोर करनेवाली शक्तियाँ मौजूद होती हैं। आशय यह है कि धर्म हो या राजनीति–उपन्यास के लिए स्वीकार्य होता है लोकतन्त्र। इसके विरुद्ध पड़ने वाले प्रसंगों का आलोचक होता है उपन्यास। चूँकि धर्म ने परम्परागत समाज का जबरदस्त शोषण किया है और उसके वर्तमान स्वरूप के साम्प्रदायिक दुरुपयोग से लोकतन्त्र खतरे में पड़ रहा है, इसलिए उपन्यास में इसकी आलोचना और मजाक उड़ाने की प्रवृत्ति बहुतायतता से मिलती है, "उपन्यास ने धार्मिक मिथकों और पवित्र ग्रन्थों की ऐतिहासिक तथा मनोवैज्ञानिक छानबीन करने की कोशिश की है, यह भी उपन्यास और धर्म के बीच टकराहट का एक कारण रहा है। सलमान रुश्दी के खिलाफ खुमैनी के फतवे के मूल में उपन्यास की यही प्रवृत्ति है। उपन्यास ने धर्म की आतंककारी गम्भीरता के प्रभाव को ध्वस्त करने के लिए प्रायः व्यंग्य और विनोद का सहारा लिया है। मिलान कुंडेरा ने ठीक ही लिखा है कि धर्म और विनोद का कोई मेल नहीं है। व्यंग्य और विनोद मूलतः लोक संस्कृति की देन हैं। इनके माध्यम से लोक संस्कृति में राजनीतिक तथा धार्मिक सत्ताओं की संस्कृति को चुनौती दी जाती रही है। व्यंग्य और हास्य हमेशा प्रभुत्वशाली सत्ता और संस्कृति के विरुद्ध आम जनता की आलोचनात्मक चेतना के माध्यम रहे हैं। व्यंग्य और विनोद के माध्यम से उपन्यासकार एक ऐसी दुनिया रचता है जो धार्मिक और राजनीतिक सत्ताओं की आकांक्षा की दुनिया से भिन्न होती है। उसमें व्यक्ति सच के प्रचलित रूपों, स्थापित व्यवस्था की मान्यताओं और धर्म के आदेशों-उपदेशों से मुक्ति का अनुभव करता है। व्यंग्य

और विनोद के माध्यम से जो हँसी पैदा होती है, वह व्यक्ति की स्वतन्त्रता का माध्यम होती है और साधन भी। इसलिए व्यंग्य और विनोद के उपन्यास राजनीतिक सत्ता और धार्मिक सत्ता की आँखों में खटते हैं। यह कोई आश्चर्य की बात नहीं है कि धार्मिक सत्ता हँसी को बर्दाश्त नहीं करती। दुनिया के अधिकांश धर्मों में हँसी की निन्दा की गयी है और उसे धार्मिक कृत्यों से दूर रखा गया है, लेकिन उपन्यास ने व्यंग्य और विनोद के माध्यम से हास्य का उपयोग करते हुए अपने पाठकों में लोकतान्त्रिक चेतना जगाने का काम किया है।"[10]

नस्लीय भेदभाव अब वैश्विक समस्या है। यूरोप, अमेरिका से होते हुए यह भारत जैसे देशों में भी आ पहुँचा है। भारत में नस्लीय भेदभाव के साथ हिंसा और हत्या की घटनाएँ भी घटित होने लगी हैं। वैसे तो भारत में कई नस्ल के लोग रहते हैं, जिन्हें दूसरे प्रान्त में विदेशी समझ लिया जाता है। पूर्वोत्तर भारत के निवासियों को शेष भारत में प्रायः इस तरह के व्यवहार का सामना करना पड़ता है। जब तक अपरिचय के कारण यह सब होता है तब तक तो चिन्ता की बात नहीं होती, मगर नस्लीय आधार पर कोई पूर्वग्रह सामने आ जाये तो स्थिति अलोकतान्त्रिक हो जाती है। नीग्रो नस्ल का होने के कारण पीट-पीट कर हत्या करने के मामले भारत में भी आये हैं। अमेरिका और यूरोप के देश नस्लीय भेदभाव के गढ़ रहे हैं। तमाम कोशिशों के बावजूद यह भेदभाव समाप्त नहीं हो पाया। यह अन्याय महज व्यवहार तक सीमित नहीं है, बल्कि वहाँ के समाज से लेकर संस्कृति और राजनीति तक इसके पाँव फैले हुए हैं। इस निराशाजनक स्थिति के खिलाफ संघर्ष की अटूट परम्परा भी वहाँ दिखाई पड़ती है। पूँजीवादी विचारधाराएँ अन्याय और उसके खिलाफ हुए संघर्ष को झुठलाने के लिए इतिहास और आख्यान के अन्त की घोषणा करती हैं ताकि निजी पूँजी के विकास के लिए शोषितों के सामने विकास की एक झूठी हसीन दुनिया दिखाने का करतब किया जा सके। इतिहास को भूलकर या मिटाकर रचा गया इतिहास जनता के साथ छल के सिवा कुछ नहीं होता है। मैनेजर पाण्डेय लोकतन्त्र के सूत्र को नस्लवादी भेदभाव के विरुद्ध रखते हुए अमेरिका के नीग्रो समुदाय के उपन्यासकारों का हवाला देते हैं कि वे अपने उपन्यासों में 'मुक्ति का आख्यान' रच रहे हैं। वे अपने समुदाय के लिए लोकतान्त्रिक सम्भावनाओं की तलाश अपने उपन्यासों में कर रहे हैं। वे जानते हैं कि आधुनिकता उनके लिए मिथक से ज्यादा कुछ नहीं है, क्योंकि उनका समुदाय अभी भी मध्यकालीन और आदिम अन्यायों से जूझ रहा है, "अमेरिका में भेद-भाव की जिन्दगी के शिकार नीग्रो समुदाय के लेखक आधुनिकता के मिथक के सम्मोहन से मुक्ति के मार्ग के रूप में उपन्यास के आख्यान को देख रहे हैं। वे उत्तर-आधुनिकतावाद का उपयोग आधुनिकता

और आधुनिकतावादी रचना-दृष्टि की आलोचना के लिए करते हैं, उपन्यास की रचना के अन्त की घोषणा के लिए नहीं। वे मानते हैं कि उत्तर-आधुनिकतावाद पूँजीवाद के वर्तमान दौर की सांस्कृतिक परिणति है और उसकी विचारधारा भी। इसलिए वे उत्तर-आधुनिकतावाद की विचारधारा की सीमाओं के बोध के साथ अपने समुदाय की लोकतान्त्रिक आकांक्षाओं की अभिव्यक्ति के लिए उपन्यास के आख्यान का उपयोग कर रहे हैं। यद्यपि उत्तर-आधुनिकतावादी कहते हैं कि अब मुक्ति के आख्यान का अन्त हो गया है, लेकिन अमेरिका में रहने वाले अफ्रीकी लेखक अपने जीवन और रचनाशीलता में मुक्ति का आख्यान विकसित करते दिखाई देते हैं। उनके उपन्यास पूँजीवादी सभ्यता के भीतर पैदा होने वाले असन्तोषों का आख्यान रचते हुए लोकतन्त्र की सम्भावनाएँ खोजते हैं। ऐसे लेखकों में टोनी मोरीसन के अलावा ऑक्टेविया बट्लर, वाइडमैन, इस्माएल रीड आदि प्रमुख हैं। ...आन्द्रिया ली के उपन्यास 'साराह फिलीप्स' में नस्ल और वर्ग की जटिल स्थितियों से उत्पन्न समस्याओं का प्रभावशाली चित्रण है। ऐसे चित्रणों से उपन्यास और लोकतन्त्र के सम्बन्धों की सूक्ष्मताएँ सामने आती हैं। यह एक विडम्बनापूर्ण स्थिति है कि उत्तर-आधुनिकतावादी विचारक यथार्थ और यथार्थवाद दोनों के अन्त की घोषणा कर रहे हैं, जबकि उपन्यास लेखक दोनों से अपने सम्बन्ध की बात कर रहे हैं।"[11]

उपन्यास की आलोचना के सन्दर्भ में मैनेजर पाण्डेय का यह योगदान अविस्मरणीय रहेगा कि उन्होंने लोकतन्त्र और उपन्यास के सम्बन्ध को बारीकी से समझा-समझाया है। उन्होंने उपन्यास की संरचना को भी इस दृष्टि से जाँचा-परखा है, उपन्यास की भाषा को लोकतन्त्र की बहुलता से जोड़ा है, उपन्यास और इतिहास के अनिवार्य सम्बन्ध की घोषणा के साहस के पीछे भी इसी अवधारणा का योगदान है। वे उपन्यास को औपनिवेशिकता के खिलाफ पाते हैं तो उसका आधार भी उपन्यास के लोकतन्त्र में ही खोजते हैं। पाण्डेयजी ने उपन्यास और लोकतन्त्र के सम्बन्ध को चौतरफा पुष्ट करने के लिए व्यवस्थित लेखन किया है। उनकी इस अवधारणा से सम्बन्धित आलेख मराठी में न केवल अनूदित और समादृत हुआ है, बल्कि पुस्तिका के रूप में छाप कर इसका विक्रय और वितरण भी हुआ है। साहित्य अकादेमी पुरस्कार से सम्मानित लेखक रंगनाथ पठारे ने 'उपन्यास और लोकतन्त्र' का मराठी में 'कादम्बरी आणि लोकशाही' शीर्षक से अनुवाद किया, जो 'शब्दालय' पत्रिका में प्रकाशित हुआ। फिर, मुम्बई के प्रकाशक 'लोकवाङ्मय गृह प्रकाशन' ने इस अनूदित लेख को पुस्तिका के रूप में प्रकाशित किया।

सन्दर्भ

1. उपन्यास और लोकतन्त्र, पृ. 41
2. वही, पृ. 18
3. वही, पृ. 96
4. वही, पृ. 27
5. वही, पृ. 27–28
6. वही, पृ. 22
7. वही, पृ. 29
8. वही, पृ. 29–30
9. वही, पृ. 31
10. वही, पृ. 35
11. वही, पृ. 23–24

इतिहासबद्ध विधा

मैनेजर पाण्डेय उपन्यास को इतिहासबद्ध विधा मानते हैं। उनकी स्थापना है कि उपन्यास की रचना-प्रक्रिया जिन परिस्थितियों के बीच सम्पन्न होती है उन पर इतिहास की शक्तियों का गहरा प्रभाव होता है। उपन्यास आधुनिक युग में लोकतन्त्र की सम्भावनाओं के साथ आया जिसे प्रकट करने के लिए प्रकाशन की सुविधा आवश्यक थी। यह मुद्रित रूप में शुरू हुआ और मुद्रित रूप में आज भी मौजूद है, जबकि अन्य विधाओं के प्रारम्भ और आज के माध्यम में अन्तर आया है; जैसे, कविता मौखिक रूप से शुरू होकर लिखित और मुद्रित रूप तक पहुँची है। उपन्यास जिन विषयों को लेकर आया, उनका सम्बन्ध सामाजिक समस्याओं से ज्यादा होता था और आज भी है। विषय-वस्तु को प्रस्तुत करने का जो रंग-ढंग इसमें अपनाया गया उसमें मानवीय व्यवहारों और घटनाओं की प्रधानता रही। उपन्यासकार इन सबको रचते हुए सचेत रहता है कि इसमें 'मनमाने की बात' ज्यादा नहीं चल सकती है, वह नहीं कह सकता कि उसने यह सब 'स्वान्तः सुखाय' लिखा है। वह जानता है कि उसके लिखे हुए को वास्तविक संसार के सापेक्ष खरा उतरना होगा। वह केवल अपने स्वर पर विश्वास नहीं कर सकता, उसे स्वर की भिन्नता और बहुरूपता को अवसर प्रदान करते हुए कथा-सूत्र का विकास करना पड़ता है। इस वैविध्य को सँभालने के लिए उसे लोकतन्त्र पर भरोसा तो जताना ही पड़ता है, साथ ही यह जरूरी होता है कि वह इतिहास-बोध का सहारा ले, "आख्यान, राष्ट्रीयता के बोध और विकास का एक प्रमुख आधार होता है। इसका एक रूप इतिहास लेखन है तो दूसरा रूप उपन्यासों में मिलता है। भारत के बंकिमचन्द्र हों या प्रेमचन्द, अफ्रीका के सेंबेन ओस्मन हों या न्गूगी और दक्षिण अमेरिका के गेब्रियल गार्सिया मार्क्वेज हों या अलेजो कापेतियर; इन सबने अपने उपन्यासों को राष्ट्रीय चेतना और इतिहास बोध की अभिव्यक्ति का कलात्मक माध्यम बनाया है। बंकिम के उपन्यासों में परम्परा और आधुनिकता का केवल द्वन्द्व ही नहीं है, वहाँ इतिहास और परम्परा की खोज भी है। एक स्तर पर बंकिम ने परम्परा का आविष्कार भी किया है

क्योंकि उपनिवेशवाद वर्तमान को विकृत ही नहीं करता वह परम्परा और स्मृति को नष्ट भी करता है; इसीलिए जनता को पराजय की मानसिकता से उबारने के लिए कई बार परम्परा की खोज के साथ-साथ वर्तमान की चेतना और भविष्य की दृष्टि से उसका आविष्कार भी करना पड़ता है। उपन्यास की यह विशेषता आज के अनेक दक्षिण अमेरिकी उपन्यासकारों की रचनाओं से मिलती है।"[1]

उपन्यास का प्रमुख आधार आख्यान होता है और इतिहास भी आख्यान से ही उत्पन्न होता है। आख्यान का उपयोग इन दोनों में अलग तरीके से होता है। पाण्डेयजी ने उपन्यास और आख्यान के सम्बन्ध और अन्तर के बारे में 'उपन्यास और लोकतन्त्र' पुस्तक में विस्तार से लिखा है। आख्यान से मूलभूत सम्बन्ध होने के कारण उपन्यास और इतिहास में अनिवार्य सम्बन्ध होता है। अब तक उपन्यास और इतिहास के सम्बन्ध को 'ऐतिहासिक उपन्यास' के माध्यम से समझा जाता रहा है, जैसे वृन्दावनलाल वर्मा का उपन्यास 'झाँसी की रानी'। मैनेजर पाण्डेय इस अवधारणा को द्वन्द्वात्मक तरीके से देखते हैं। उनका मत है कि ऐतिहासिक उपन्यास एक कलात्मक रचना है, इसलिए उसमें कला और इतिहास के तालमेल का बारीकी से ख़याल रखना पड़ता है। उपन्यासकार इतिहास को कलात्मक सच बनाकर पेश करता है, "अगर इतिहास का दायित्व सच का ज्ञान कराना है तो ऐतिहासिक उपन्यास का काम सच की प्रतीति और उसका अनुभव कराना है। ऐतिहासिक सच और कलात्मक सच का अन्तर ही इतिहास और ऐतिहासिक उपन्यास को एक-दूसरे से अलग करता है और जोड़ता भी है। ऐतिहासिक सच और कलात्मक सच हमेशा एक जैसे हों, यह ज़रूरी नहीं है। ऐतिहासिक उपन्यासकार कलात्मक सच को अधिक महत्त्व देता है जबकि इतिहासकार ऐतिहासिक सच को खोजने और सामने लाने का प्रयत्न करता है। कभी-कभी ऐतिहासिक उपन्यास में सबसे अधिक महत्त्वपूर्ण पात्र वह होता है जो ऐतिहासिक नहीं, बल्कि उपन्यासकार की कल्पना की सृष्टि होता है और उसके माध्यम से लेखक व्यक्ति और समाज के द्वन्द्वों, अन्तर्द्वन्द्वों, दुविधाओं और संघर्षों की अभिव्यक्ति करता है। उपन्यास का काम है मानवीय स्थितियों और अनुभवों का साक्षात्कार और अभिज्ञान कराना।"[2]

पाण्डेयजी ऐतिहासिक उपन्यास के कलात्मक सच पर जोर देते हैं और उपन्यास के ऐतिहासिक-बोध पर। उनका विचार है कि उपन्यास की रचना-प्रक्रिया जिस तरह से चलती है, वह इतिहास-बोध के साथ चलती है। सामाजिक विषय पर लिखे गये उपन्यास भी इतिहास से जुड़े होते हैं। यहाँ तक कि मनोविश्लेषण की प्रमुखता वाले उपन्यासों की रचना-प्रक्रिया में इतिहास की भूमिका होती है। इस तरह उपन्यास की आलोचना को मैनेजर पाण्डेय एक नयी समझ देते हैं कि

उपन्यास का इतिहास से अनिवार्य सम्बन्ध होता है, इसलिए कह सकते हैं कि प्रत्येक उपन्यास ऐतिहासिक होता है। ऐतिहासिक उपन्यास और उपन्यास की ऐतिहासिकता के द्वन्द्वात्मक स्वरूप को पहली बार स्थापित करने का श्रेय पाण्डेयजी को जाता है, "उपन्यास स्थितियों और वास्तविकताओं को पुनः ऐतिहासिक सन्दर्भ और अर्थ देता है, इसीलिए प्रत्येक उपन्यास मूल रूप से ऐतिहासिक ही होता है, चाहे उसे प्रचलित अर्थ में ऐतिहासिक कहा जाये या न कहा जाये।"[3]

यह विधा केवल साहित्य के कलावादी मानदंडों से जुड़ी नहीं है, बल्कि इसके प्रारम्भ से लेकर आज तक की विकास-यात्रा इतिहास-बद्ध रही है। साहित्य की अन्य विधाओं की तुलना में इतिहास का जुड़ाव उपन्यास से ज्यादा है। एक तरह से कहा जा सकता है कि इतिहास की उपेक्षा करके रचा गया उपन्यास केवल 'ढाँचा' हो सकता है, उसमें उपन्यास की मुख्य विशेषताएँ नहीं होंगी।

बाबरी मस्जिद के ध्वंस की घटना के पहले सीताराम झा 'श्याम' का उपन्यास आया था–'जिजीविषा'। इसमें एक उदार हिन्दू मन से इस समस्या को देखने की कोशिश की गयी है। हिन्दू धर्म के आध्यात्मिक और विराट मानवीय रूप को आधार बनाकर राममन्दिर बनाये जाने के शान्तिपूर्ण मार्ग की तलाश इस उपन्यास का लक्ष्य है। तमाम आदर्शात्मक बातों को रखने के बावजूद साम्प्रदायिक राजनीति को न समझ पाने के कारण यह उपन्यास अपने इतिहास-बोध के स्तर पर अत्यन्त कमजोर है। सारी आदर्शात्मक बातें धरी की धरी रह गयीं और बाबरी मस्जिद ढहा दी गयी। 'जिजीविषा' में वर्णित हिन्दू धर्म के आध्यात्मिक और विराट मानवीय रूप साम्प्रदायिक राजनीति के आगे निरर्थक सिद्ध हुए। उपन्यास को सिद्ध करना पड़ता है कि उसने जो रचा है वह वास्तविक दुनिया के विपरीत नहीं है। उसे अपनी बात का तालमेल आकांक्षा के रूप में ही सही, मगर बैठाना पड़ता है। बाबरी-ध्वंस के बाद दूधनाथ सिंह का उपन्यास आया 'आखिरी कलाम'। इस विषय पर लिखे गये अन्य उपन्यासों की तुलना में इसकी चर्चा ज्यादा हुई। 'आखिरी कलाम' के पिछले आवरण-पृष्ठ पर लिखी टिप्पणी इस सन्दर्भ में प्रासंगिक है, "इस उपन्यास में मिथकीय संस्कृति के विश्लेषण की एक पवित्र और निहत्थी छटपटाहट है। मिथक को इतिहास में बदलने की कोशिशों का पर्दाफाश है; विचार, संरचना और संस्कृति पर एकल बहसों का निर्वेद है। इसी के भीतर कहानी के तार बिखरे पड़े हैं। इन्हीं तकलीफों के भीतर से इतिहास के उन सूत्रों को ढूँढ़ने का प्रयत्न है, जो एक मिले-जुले समाज की बुनियाद हैं और जिनको उलट-पुलट देने की बर्बर आहटें इधर चौतरफा सुनाई दे रही हैं।"[4] एक ही समस्या को विषय-वस्तु बनाने के बावजूद इन दोनों उपन्यासों की सार्थकता-निरर्थकता का एक आधार इतिहास-बोध है। उपन्यास के लिए

इतिहास इतना जरूरी क्यों बन जाता है! पाण्डेयजी भारतीय सन्दर्भ में बंकिम की चर्चा करते हुए 'ऐतिहासिक रोमांस' के सृजन की बात करते हैं। बंकिम के उपन्यासों में वे उस दौर के ऐतिहासिक प्रश्नों की छवि तलाशते हैं, "भारतीय उपन्यास वास्तव में तब आरम्भ हुआ जब वह मुक्ति के आख्यान के रूप में विकसित होने लगा। बांग्ला में बंकिमचन्द्र ने ऐतिहासिक रोमांस के माध्यम से राष्ट्र की कल्पना, राष्ट्रीय चेतना की सजगता और स्वाधीनता की आकांक्षा को व्यक्त करते हुए उपन्यास को मुक्ति का आख्यान बनाया।"[5]

बंकिम ने जो इतिहास अपने उपन्यासों के माध्यम से देखा, उसमें कल्पना और आकांक्षा की मात्रा ज्यादा थी। राष्ट्र, राष्ट्रीय चेतना और स्वाधीनता को भारतीय समाज में वे जिस तरह से देख रहे थे, उसमें रोमानियत थी, फिर भी उसके भीतर का इतिहास-बोध सुसंगत था। राष्ट्र, राष्ट्रीय चेतना और स्वाधीनता के प्रश्नों को जब वे उपन्यास में जगह दे रहे थे तब 'मुक्ति' के प्रसंग मुखरित नहीं हो पाये थे; इसलिए रोमानियत की सहायता के बिना इस इतिहास-बोध को प्रकट कर पाना सम्भव नहीं था। पाण्डेयजी अपनी स्थापना को और स्पष्टता देते हुए बताते हैं कि उपन्यास को केवल साहित्यिक विधा के रूप में नहीं देखा जा सकता है, बल्कि उसके पास एक दार्शनिक दृष्टि होती है जिसके सहारे वह मनुष्य, समाज और इनमें निहित जीवन को देखता है। अब यदि उपन्यास की परम्परा को देखा जाये, तो विशेष अर्थ में, उसके भीतर मनुष्य, समाज और इनमें निहित जीवन के बदलते इतिहास को देखा जा सकता है। यह इतिहास सत्ता का भले न हो, मगर मानव-समुदाय के किसी न किसी रूप से इसका सम्बन्ध जुड़ता जरूर है और सच तो यही है कि इतिहास का यह रूप प्रायोजित या संस्कारित न होकर प्रायः स्वाभाविक होता है। साहित्यिक विधा के तौर पर पढ़ा जानेवाला उपन्यास अपने समय-समाज और स्थान का स्वाभाविक इतिहास होता है, जिसके उपकरण इतिहास की शास्त्रीयता के अनुसार प्रायः नहीं होते हैं। इसके साथ यह भी ध्यान दिया जाना चाहिए कि ऐतिहासिक कहे जानेवाले उपन्यास केवल सत्ता की कहानी कहकर उपन्यास का दर्जा प्राप्त नहीं कर सकते, "उपन्यास केवल एक साहित्यिक रूप नहीं है, वह जीवन-जगत को देखने की एक विशेष दृष्टि है और मानव-जीवन तथा समाज का एक विशिष्ट बोध भी। उपन्यास का इतिहास इस दृष्टि और बोध के परिवर्तन का इतिहास भी है, वह केवल उपन्यास के बदलते रूपों का इतिहास नहीं है।"[6] तथा "कोई भी ऐतिहासिक उपन्यास केवल सत्ता के संघर्ष का चित्रण करते हुए या वैचारिक द्वन्द्वों का विश्लेषण करते हुए एक युग की कहानी बनने में सफल नहीं हो सकता। वह युग की कहानी तभी बनेगा जब उसमें जनजीवन की वास्तविकताओं और समस्याओं का भी चित्रण होगा।"[7]

सवाल यह है कि व्यक्ति को ध्यान में रखकर लिखे गये उपन्यास में समाज या इतिहास की तलाश कैसे की जाये! 'शेखर : एक जीवनी' व्यक्तिवादी उपन्यास है और इसमें मनोविज्ञान की प्रधानता है! इस तरह के उपन्यासों को इतिहास-बोध से कैसे जोड़ा जाये? मैनेजर पाण्डेय व्यक्ति की सत्ता को ऐच्छिक रूप देने के पक्ष में नहीं हैं। उनका विचार है कि व्यक्ति सामाजिक भी होता है और वैयक्तिक भी। वैयक्तिकता के निर्माण में भी सामाजिक सन्दर्भ होते हैं, उस व्यक्ति के अन्य से सम्बन्ध की जटिलता भी कई बार सामाजिक-पारिवारिक कारणों से जन्म लेती है। 'शेखर'-जैसा व्यक्तित्व 'होरी'-जैसे किसान का नहीं हो सकता। 'त्यागपत्र' की मृणाल 'गोदान' की धनिया नहीं हो सकती। यह भी सही है कि आज 2016 में 'शेखर' जैसे व्यक्तित्व की रचना नहीं हो सकती क्योंकि लाख व्यक्तिवादी होने के बावजूद 'शेखर' का अपना समय-समाज और पर्यावरण है। फलत: 'शेखर' भी एक ऐतिहासिक पात्र है क्योंकि वह इतिहास से बना है और इतिहास को बनाने में अपनी भूमिका निभा रहा है। अगर व्यक्तिवाद महज ऐच्छिक होता, तो अज्ञेय के 'शेखर' को इतनी व्यापक स्वीकृति और सराहना नहीं मिलती, "उपन्यास में व्यक्ति अपनी स्वतन्त्र सत्ता के साथ उपस्थित होता है। उपन्यास में व्यक्ति की वैयक्तिकता जिन सामाजिक सन्दर्भों से बनती है उनसे व्यक्ति के सम्बन्धों की जटिलता का बोध उपन्यास में व्यक्त होता है। उपन्यास में उपस्थित व्यक्ति ऐतिहासिक व्यक्ति होता है। वह इतिहास से बनता है और इतिहास को बनाता भी है।"[8]

उपन्यासकार अपने पात्रों को रचते समय एक ऐसा मनुष्य बनाता है जो अपने समय-समाज के किसी पक्ष को व्यक्त कर रहा हो। रहस्यमय लगनेवाले पात्र मानो उपन्यासकार के रहस्यमय समय की अभिव्यक्ति होते हैं। पाण्डेयजी का विचार है कि उपन्यास का लक्षित मनुष्य इतिहास से विच्छिन्न नहीं होता है, उपन्यासकार की दृष्टि में वह सुपरिभाषित होता है। वह अपने उपन्यास के माध्यम से समाज को समझने-समझाने की कोशिश करता है तब भी उसका मनुष्य सुपरिभाषित होता है। इस परिभाषा को बनाने में इतिहास की शक्तियों की बड़ी भूमिका होती है, जिसकी कलात्मक अभिव्यक्ति का माध्यम है उपन्यास। उपन्यास व्यक्ति के चरित्र को खुलने या संश्लिष्ट होने का पूरा अवसर देता है, वह उसके समाज के विवरणों को लिखे जाने के लायक विस्तार प्रदान करता है, वह समय-समाज-व्यक्ति की बौद्धिकता को प्रकट होने के अनेक प्रसंग उपलब्ध कराता है। इसलिए 'शेखर' हो या 'होरी' अथवा 'मृणाल' हो या 'धनिया'–उपन्यास इतिहास की शक्तियों से निरपेक्ष होकर रचा नहीं जा सकता, "अपने समय, समाज और इतिहास की प्रक्रिया से परिभाषित मनुष्य ही उपन्यास रचना का लक्ष्य है,

और समाजशास्त्रीय अन्वेषण का भी। एक उसकी कलात्मक पुनर्रचना का माध्यम है तो दूसरा उसके बौद्धिक विश्लेषण का साधन। समाजशास्त्र में मनुष्य की सामाजिकता की पहचान के अनेक रास्ते हैं। उनमें से जो रास्ता साहित्य संसार से होकर जाता है वह सबसे सुगम और विश्वसनीय तब होता है, जब वह उपन्यास के रचना-संसार से गुजरता है।"[9]

मैनेजर पाण्डेय इस अवधारणा को और विस्तार देते हुए लिखते हैं कि उपन्यास में कथा के अनेक रूपों का इस्तेमाल होता है। लोककथा, नीतिकथा, मिथक, फैंटेसी आदि के उपयोग से कथा-सूत्रों को जोड़ा और बढ़ाया जाता है, इसका अर्थ यह नहीं होता कि उपन्यासकार का लक्ष्य नयी लोककथा की रचना करना है। यह सब करते हुए भी उसका लक्ष्य उसी प्रकार का होता है जिस प्रकार का लक्ष्य एक उपन्यास का होना चाहिए। मतलब यह कि आख्यान में कथा कहने की जो विभिन्न शैलियाँ होती हैं, उनका सजग-सचेत उपयोग उपन्यासकार करता है ताकि कथा कही जा सके; मगर इन सबके बीच औपन्यासिक विधा का ऐतिहासिक और सामाजिक यथार्थ से सम्बन्ध बना रहता है, जिसके बिना कथा का कोई औचित्य नहीं बन सकता। रेणु के उपन्यासों में कथा कहने की विभिन्न शैलियों का उपयोग हुआ है, जिनके माध्यम से इतिहास और समाज के यथार्थ की कुशल अभिव्यक्ति हुई है। विनोद कुमार शुक्ल के उपन्यासों में प्रयुक्त फैंटेसी की सार्थकता का आधार इतिहास और समाज का बोध ही है। पाण्डेयजी ने अफ्रीका और दक्षिण अमेरिका के उपन्यासों में इस तरह की प्रक्रिया को अनेक प्रकार से दिखाया है। उन्होंने रणेन्द्र के उपन्यास 'ग्लोबल गाँव के देवता' पर अपने आलेख का शीर्षक रखा है–'यथार्थ से मिथक बनते समुदाय की व्यथा-कथा'। झारखण्ड के एक आदिवासी समुदाय को आधार बनाकर लिखे गये इस उपन्यास की रचना-प्रक्रिया को 'यथार्थ से मिथक' बनने के व्यतिक्रम के रूप में पाण्डेयजी पहचानते हैं। यह व्यतिक्रम वस्तुतः उस समुदाय के इतिहास और समाज को ध्वस्त करने के क्रूर प्रयासों के कारण उत्पन्न हुआ है, "उपन्यास के आख्यान में कथा के पुराने रूपों की स्मृतियाँ होती हैं और उनका उपयोग भी होता है। कुछ उपन्यासों में लोककथा की पद्धति मिलती है तो कुछ में नीति-कथाओं की । उपन्यास ने फैंटेसी से लेकर मिथकों तक का प्रयोग अपनी संरचना के भीतर किया है, लेकिन उपन्यास हर स्थिति में ऐतिहासिक यथार्थ से जुड़ा हुआ होता है। उसमें सामाजिक यथार्थ की जटिल समग्रता का चित्रण ही नहीं, विश्लेषण भी होता है।"[10]

यथावत प्रस्तुति तक उपन्यास सीमित नहीं होता, बल्कि इतिहास और समाज के यथार्थ के विश्लेषण की सहायता से वह अपना पक्ष प्रस्तुत करता है; उसके

भीतर एक निर्णय होता है जो मुखरित नहीं भी हो सकता है। उपन्यास के कलात्मक स्वरूप में कल्पना का चाहे जितना उपयोग हुआ हो, उसमें वर्णित जिन्दगी चाहे जिस शैली में व्यक्त हुई हो; यदि उसका औपन्यासिक विधान खंडित नहीं हुआ है तो उसमें उपस्थित मनुष्य और समाज की इतिहासबद्धता स्वतःसिद्ध होती है। इस विधा में मनुष्य और समाज के सम्बन्ध को आसानी से पहचाना जा सकता है। 'गोदान' में तरह-तरह के पात्र हैं, वे परस्पर पूरक और विरोधी भी हैं; मगर समाज के साथ उनके अपने-अपने सम्बन्ध की पहचान आसानी से की जा सकती है। इन सबका सम्बन्ध उस ऐतिहासिक दौर के माध्यम से जुड़कर एकसूत्रता में बँध जाता है, "उपन्यास की कला में मौजूद मनुष्य के समाज-सम्बद्ध और इतिहास-सापेक्ष रूप को आसानी से पहचाना जा सकता है। वहाँ कल्पना में रची बसी जिन्दगी की वास्तविकता को आसानी से पाया जा सकता है।"[11]

दरअसल उपन्यास अपने समय के इतिहास को व्यक्त ही नहीं करता बल्कि उससे मुठभेड़ भी करता है क्योंकि इतिहास केवल सभ्यता का नहीं होता, बर्बरता का भी होता है। जरूरी है कि उपन्यास सभ्यता के पक्ष में और बर्बरता के खिलाफ खड़ा हो। इतिहास तो सत्ता के पक्ष से भी लिखा जाता है, मगर उपन्यास की गतिशीलता जनता की दिशा में होती है। मैनेजर पाण्डेय विभाजन की त्रासदी की चर्चा बार-बार करते हैं और बताते हैं कि इसके इतिहास को अनेक रूपों में पढ़ा गया है, इसे साम्प्रदायिक और दंगाई रंग भी दिया गया है। इसकी बुनियाद पर गाँधीजी की हत्या को आजकल 'वध' बताने का पागलपन चल पड़ा है। भारत के धर्मनिरपेक्ष स्वरूप पर इसने चोट मारने की कोशिश की है। सारांश यह कि इतिहास-लेखन को सत्ता अपने रंग में रँगने में लगी रहती है। मगर, इतिहास जनता की अपनी परम्परा, विश्वास, समाज आदि में भी होता है। इतिहास के इन परस्पर-विरोधी रूपों से उपन्यास मुठभेड़ करता है और मनुष्य-विरोधी प्रवृत्तियों के खिलाफ एक पक्ष बनकर खड़ा होता है। मैनेजर पाण्डेय उपन्यास की आलोचना को यह दृष्टि देते हैं कि इतिहास से मुठभेड़ की उसकी ताकत और प्रवृत्ति की पहचान की जानी चाहिए, "विभाजन की त्रासदी की जटिल समग्रता की अभिव्यक्ति उपन्यासों और कहानियों में ही हुई है; क्योंकि कथा-साहित्य ही अपने समय के इतिहास से सार्थक मुठभेड़ में सक्षम रहा है और मनुष्य विरोधी प्रवृत्तियों की निर्मम आलोचना के लिए तत्पर भी। आज भी जिसे विभाजन की त्रासदी की भयावहता को समझना होगा, वह यशपाल के 'झूठा-सच', राही मासूम रज़ा के 'आधा गाँव' और भीष्म साहनी के 'तमस' को पढ़ेगा और साथ ही अज्ञेय, मोहन राकेश, भीष्म साहनी तथा कृष्णा सोबती की कहानियों को भी।"[12]

पाण्डेयजी उपन्यास और इतिहास के अन्तरंग सम्बन्ध को लेकर इस स्तर

तक आश्वस्त हैं कि वे कविता में उपन्यास की संरचना के उपयोग को रेखांकित करते हैं। वे बताते हैं कि इतिहास की जटिल प्रक्रिया के किसी रूप का उपयोग करनेवाला कवि अन्ततः उपन्यास की संरचना का उपयोग करता है। उदाहरण के तौर पर वे मुक्तिबोध की कविता 'अँधेरे में' से तॉलस्तॉय वाला अंश रखते हैं, "अब स्वयं महत्त्वपूर्ण कवि कविता में उपन्यास की संवेदना का सर्जनात्मक उपयोग कर रहे हैं। जिन कवियों ने जनजीवन के इतिहास की जटिल प्रक्रिया और गति को कविता में व्यक्त करने की कोशिश की है, उन्होंने अपनी कविता की संरचना को उपन्यास से जोड़ा है।"[13]

पाण्डेयजी आज के दौर में बहुचर्चित राष्ट्रवाद का उपन्यास से सम्बन्ध की पड़ताल करते हैं। राष्ट्रवाद को भावनात्मक विषय बनाकर पेश करनेवाले लोग वस्तुतः यथार्थवादी समस्याओं से जनता का ध्यान बँटाना चाहते हैं। जनता के संघर्ष के इतिहास को भुलाकर या मिटाकर रचा जानेवाला राष्ट्रवाद निश्चित रूप से सत्ता को अलोकतान्त्रिक ताकत मुहैया कराता है। साम्प्रदायिक और जातिवादी राजनीति के पोषक लोग, राष्ट्रवाद को सबल लोगों के प्रभुत्व के पक्ष में उपयोग करते हैं। ऐसा राष्ट्रवाद निश्चित रूप से भारत की बहुजन जनता के साथ धोखा है। ऐसा राष्ट्रवाद शोषण, दमन और यातना को तरह-तरह के सांस्कृतिक रूप देकर जायज ठहराता है। मैनेजर पाण्डेय भारत के सन्दर्भ में इस तरह के किसी भी राष्ट्रवाद की सच्चाई को जानने के लिए हिन्दी उपन्यासों तक जाने का सुझाव देते हैं और बताते हैं कि इन उपन्यासों में इस तथाकथित राष्ट्रवाद की खरी आलोचना है; जो इतिहास-बोध के दम पर ही सम्भव है, "यद्यपि स्वाधीनता आन्दोलन के काल में राष्ट्रवादी विमर्श समूचे भारतीय समाज के बारे में बोलने का दावा और दिखावा करता था, लेकिन उसमें उच्च वर्गों और उच्च वर्णों की आकांक्षाओं की आवाज अधिक सुनाई देती थी। उस राष्ट्रवाद ने जिस मुख्यधारा की कल्पना की थी, उसका देश के गरीब किसानों, मजदूरों, स्त्रियों और दलितों के साथ सम्बन्ध उपयोग और उपेक्षा का था। इस स्थिति में स्वाधीनता आन्दोलन के काल में जिन उपन्यासों में राष्ट्रवाद की मुख्यधारा से बहिष्कृत, बेजुबान और उपेक्षित किसानों, मजदूरों, स्त्रियों और दलितों की पराधीनता की यातना की ऐतिहासिक ट्रेजेडी का आख्यान है, उनमें उस राष्ट्रवाद का पोषक कोई रूपक नहीं, उसकी खरी आलोचना है।"[14]

सन्दर्भ

1. उपन्यास और लोकतन्त्र, पृ. 93
2. वही, पृ. 64

3. वही, पृ. 13
4. आखिरी कलाम–दूधनाथ सिंह, राजकमल प्रकाशन, नयी दिल्ली, 2013, (आवरण का पिछला पृष्ठ)
5. उपन्यास और लोकतन्त्र, पृ. 20
6. वही, पृ. 15
7. वही, पृ. 73
8. वही, पृ. 11–12
9. वही, पृ. 38
10. वही, पृ. 12
11. वही, पृ. 38
12. वही, पृ. 13
13. वही, पृ. 14
14. वही, पृ. 133

उपन्यास : चयनिका

उपन्यास और लोकतन्त्र

उपन्यास और लोकतन्त्र के सम्बन्ध पर विचार करते समय यह ध्यान में रखना जरूरी है कि आधुनिक काल में दोनों का जन्म लगभग एक साथ हुआ है।

–उपन्यास और लोकतन्त्र, पृ. 11

उपन्यास ने सोचने और कल्पना करने की स्वतन्त्रता के लिए संघर्ष करते हुए विभिन्न देशों में लोकतान्त्रिक आकांक्षाओं को जगाये रखने और उनके लिए संघर्ष करने की प्रेरणा दी है।

–उपन्यास और लोकतन्त्र, पृ. 25

उपन्यास और लोकतन्त्र के सम्बन्ध पर विचार करते समय यह ध्यान में रखना जरूर है कि लोकतन्त्र केवल एक राजनीतिक व्यवस्था और शासन-पद्धति ही नहीं है, वह एक ऐसी मानसिकता भी है जो सहिष्णुता की संस्कृति, दूसरों का सम्मान, दूसरों के अन्तरों का स्वीकार, विचारों की अनेकता का आदर, अभिव्यक्ति की स्वतन्त्रता और संवाद की तत्परता विकसित करती है। लोकतन्त्र की ये विशेषताएँ उपन्यास के स्वभाव और संरचना में निहित होती हैं और उपन्यास ऐसी ही मानसिकता का निर्माण भी करता है। वह व्यक्ति की स्वतन्त्रता के साथ-साथ समाज के हित को भी ध्यान में रखता है, जो लोकतन्त्र का भी अनिवार्य गुण है।

–उपन्यास और लोकतन्त्र, पृ. 27

उपन्यास मनुष्य की गरिमा और उसकी स्वतन्त्रता की रक्षा का प्रयत्न करते हुए ही व्यक्ति को सामाजिक और समाज को मानवीय बनाने में सफल हुआ है। उपन्यास अपने पाठकों को दूसरों के अनुभवों का साक्षी ही नहीं, साझीदार भी बनाता है और इस प्रक्रिया से वह मानवीय चेतना का विस्तार करता है। लोकतन्त्र में अनेकता, अनेकरूपता, विविधता और बहुवचनता का स्वीकार होता है, जो उपन्यास की संरचना की भी बुनियादी विशेषताएँ हैं।

अन्तरों और अन्तर्विरोधों के अस्तित्वों का ज्ञान और उनकी अर्थवत्ताओं की पहचान के बिना न उपन्यास की रचना सम्भव है, न लोकतन्त्र का व्यवहार। समाज में लोकतन्त्र के होने और बने रहने के लिए समता का होना जरूरी है। समता का बोध, उसकी चेतना तथा आर्थिक, सामाजिक, सांस्कृतिक और राजनीतिक स्तरों पर समता की उपस्थिति लोकतन्त्र के अस्तित्व के लिए जरूरी है। साथ ही समता के विरुद्ध क्रियाशील प्रवृत्तियों, परम्पराओं और स्थितियों का बोध भी लोकतन्त्र की रक्षा के लिए आवश्यक है। उपन्यास ने, विशेषरूप से हिन्दी उपन्यास ने अपने जन्मकाल से ही समाज में विषमता की वास्तविकताओं से पाठकों को परिचित कराने और समता की चेतना जगाने का काम किया है। सबसे महत्त्वपूर्ण बात यह है कि उपन्यास ने लोकतन्त्र के शत्रुओं की पहचान करने और कराने में पाठकों की मदद की है।

–उपन्यास और लोकतन्त्र, पृ. 27–28

यह सच है कि आजकल उपन्यास संकट में है क्योंकि वह अपने जन्म और स्वभाव से जिस लोकतन्त्र से जुड़ा हुआ है वह लोकतन्त्र भी खतरे में है। यह खतरा दोतरफा है। एक ओर कट्टरतावाद है तो दूसरी ओर पूँजीवाद की बर्बरता। लेकिन जैसा कि रॉबर्ट स्कोल्स ने कहा है, भाषा की तरह ही आख्यान भी मानव-अस्तित्व की बुनियादी विशेषता है, इसीलिए उपन्यास का अन्त मनुष्य और लोकतन्त्र के अस्तित्व के अन्त के साथ ही सम्भव है।

–उपन्यास और लोकतन्त्र, पृ. 37

प्रेमचन्द अपने उपन्यासों के माध्यम से लोकतन्त्र की सम्भावनाओं की तलाश का आख्यान रचते हैं। उनके सामने जो स्वाधीनता-आन्दोलन था, उसके साथ होते हुए भी वे उससे न तो पूरी तरह सहमत थे और न सन्तुष्ट उनकी आस्था अमीरों के आन्दोलन से अधिक जनता की शक्ति में थी। उनकी दृष्टि जितनी स्वाधीनता-आन्दोलन पर थी, उससे अधिक जनजीवन की समस्याओं और उन समस्याओं से जुड़े छोटे-बड़े आन्दोलनों पर रहती थी, इसीलिए उनके उपन्यासों में किसानों, मजदूरों, स्त्रियों और दलितों के जीवन की वास्तविकताओं और उनसे जुड़े आन्दोलनों के चित्र अधिक प्रभावशाली हैं।

–उपन्यास और लोकतन्त्र, पृ. 22

यूरोप ने एशिया, अफ्रीका और दक्षिण अमेरिका के जिन देशों को अपना उपनिवेश बनाया उन देशों के सजग और सचेत उपन्यास लेखकों ने अपनी रचनाओं के माध्यम से राष्ट्र की कल्पना को मूर्त्तिमान करने और राष्ट्रीय चेतना जगाने के लिए उपन्यास को उपनिवेशवाद विरोधी बनाया और स्वदेशी भी। एशिया, अफ्रीका और दक्षिण अमेरिका में उपन्यास ने अपने पाठकों के

मानस को उपनिवेशवादी सम्मोहक प्रभावों से मुक्त करने में महत्त्वपूर्ण भूमिका निभाई है।

—उपन्यास और लोकतन्त्र, पृ. 19

स्त्री-पक्ष

उपन्यास ने अपने उदयकाल से ही स्त्री की पराधीनता के बोध और स्वतन्त्रता की आवश्यकता की ओर संकेत किया है। फ्रांस की क्रान्तिकारी महिला मादाम स्तेल ने आज से दो सौ वर्ष पहले यह कहा था कि समाज में नारी की स्थिति से उपन्यास का गहरा सम्बन्ध है। उन्होंने यह भी लिखा है कि जिन समाजों में स्त्रियों की स्थिति सम्मानजनक होगी और स्त्री-पुरुष सम्बन्धों में समाज की गहरी रुचि होगी वहीं उपन्यास का विकास होगा। वैसे तो पुराने जमाने की स्त्रियों की कविता में भी जहाँ-तहाँ पराधीनता के बोध और स्वाधीनता की आकांक्षा व्यक्त हुई है, लेकिन उपन्यास के साथ ही जीवन की सम्पूर्णता के भीतर स्त्री की गुलामी का चित्रण दिखाई देता है और स्वाधीनता के लिए उसका संघर्ष भी।

—उपन्यास और लोकतन्त्र, पृ. 28

भारत में उपन्यास का जब उदय हुआ तब भारतीय समाज में स्त्री रूढ़ियों में जकड़ी, आदर्शों से घिरी और यातनाओं में जी रही थी, इसीलिए आरम्भिक भारतीय उपन्यासों में वह कहीं भारतीय और पाश्चात्य मूल्यों के द्वन्द्व की रणभूमि बनी दिखाई देती है, तो कही आदर्श की प्रतिमा और वीरांगना के रूप में चित्रित हुई है। वह कहीं पतिता है तो कहीं पतिव्रता। कहीं-कहीं उपन्यासकार की पुरानी मूल्य चेतना और नयी सुधारवादी द्रष्टि के बीच द्वन्द्व भी स्त्री के माध्यम से व्यक्त हुआ है।

—उपन्यास और लोकतन्त्र, पृ. 85

हिन्दी में उपन्यास का उदय ही समाज में स्त्री की स्थिति के बोध के साथ हुआ था। आरम्भ के अधिकांश उपन्यास स्त्री केन्द्रित उपन्यास ही थे। चाहे गौरीदत्त का 'देवरानी-जेठानी की कहानी' हो या ईश्वरी प्रसाद और कल्याण राय का 'बामाशिक्षक' या श्रद्धाराम फिल्लौरी का 'भाग्यवती', इन सभी उपन्यासों में भारतीय समाज में स्त्री की दुर्दशा का चित्रण है और स्त्रियों की दशा सुधारने की चिन्ता भी। जाहिर है इन उपन्यासों में पुरुष-दृष्टि से स्त्री के वर्तमान और भविष्य को देखा गया है।

—उपन्यास और लोकतन्त्र, पृ. 29

हिन्दी उपन्यास की दुनिया में सचमुच लोकतन्त्र तब आया जब स्त्री लेखिकाओं

ने अपने उपन्यासों में एक ओर पुरुष-सत्ता का विश्लेषण और चित्रण आरम्भ किया और दूसरी ओर स्त्री के संघर्ष की कथा को उपन्यास के केन्द्र में लाने का प्रयत्न किया। कृष्णा सोबती के उपन्यासों में स्त्री की दृष्टि से देखे गये भारतीय समाज और उसमें स्त्री-पुरुष के सम्बन्धों के सच को अनेक रूपों में व्यक्त किया गया है। कृष्णा सोबती और मन्नू भंडारी यद्यपि स्त्रीवादी लेखिकाएँ नहीं हैं, फिर भी इनके लेखन में पुरुष के छल-छद्म की शिकार स्त्री की विडम्बनापूर्ण स्थिति की अभिव्यक्ति है। मृदुला गर्ग ने कुछ अधिक साहस के साथ स्त्री-पुरुष सम्बन्ध के प्रसंग में स्त्री के अनुभव के ऐसे पक्षों को व्यक्त किया है, जो केवल एक स्त्री कर सकती है, कोई पुरुष नहीं है। इस प्रक्रिया में उपन्यास के माध्यम से स्त्री ने अपनी स्वतन्त्र पहचान बनायी है और अपनी रचनात्मक स्वतन्त्रता को जीवन की स्वतन्त्रता से जोड़ने का प्रयत्न किया है। मैत्रेयी पुष्पा के 'इदन्नमम्' और 'चाक' में स्त्री केवल एक व्यक्ति के रूप में ही नहीं, एक सामाजिक शक्ति के रूप में भी सजग होती, अपनी पहचान खोजती, पुरुषों के पौरुष से संघर्ष करती और अपने लिए स्वतन्त्र राह बनाती दिखाई देती है। हिन्दी उपन्यास में इन लेखिकाओं का रचनात्मक संघर्ष इनका सामाजिक और सांस्कृतिक संघर्ष तो है ही, राजनीतिक संघर्ष भी है। इन लेखिकाओं ने उपन्यास को पहले से अधिक मानवीय, सामाजिक और परिवर्तनकामी बनाते हुए साहित्य की दुनिया के लोकतन्त्र को राजनीति के लोकतन्त्र से जोड़ने की कोशिश की है।

–उपन्यास और लोकतन्त्र, पृ. 29-30

जाति के पक्ष

जाति-व्यवस्था काल्पनिक शुद्धता-अशुद्धता पर आधारित ऊँच-नीच के अन्तर की ऐसी श्रेणीबद्ध व्यवस्था है जो आदि में जन्म से जुड़ी रहती है और अन्त में धर्म से, इसलिए उसके बन्धनों से मुक्त होना अत्यन्त कठिन होता है। ऐसी व्यवस्था हर हाल में लोकतन्त्रविरोधी होगी। भारतीय उपन्यास ने जाति-व्यवस्था से उपजी पराधीनताओं की पहचान करते हुए उनका चित्रण किया है और उनकी आलोचना भी। उपन्यास ने व्यक्ति की स्वतन्त्र चेतना और अस्मिता की खोज करते हुए जाति-व्यवस्था की दमनकारी सामूहिकता से मुक्त होने से भारतीय मनुष्य की मदद की है।

–उपन्यास और लोकतन्त्र, पृ. 31

भारतीय गाँव जाति-व्यवस्था के गढ़ हैं। गाँव की जिन्दगी की कथा लिखने वाला कोई भी उपन्यासकार जाति की उपेक्षा करके उस जिन्दगी की जटिल

समग्रता का आख्यान निर्मित नहीं कर सकता।

—उपन्यास और लोकतन्त्र, पृ. 31

नस्ल

अमेरिका में भेद-भाव की जिन्दगी के शिकार नीग्रो समुदाय के लेखक आधुनिकता के मिथक के सम्मोहन से मुक्ति के मार्ग के रूप में उपन्यास के आख्यान को देख रहे हैं। वे उत्तर-आधुनिकतावाद का उपयोग आधुनिकता और आधुनिकतावादी रचना-दृष्टि की आलोचना के लिए करते हैं, उपन्यास की रचना के अन्त की घोषणा के लिए नहीं। वे मानते हैं कि उत्तर-आधुनिकतावाद पूँजीवाद के वर्तमान दौर की सांस्कृतिक परिणति है और उसकी विचारधारा भी। इसलिए वे उत्तर-आधुनिकतावाद की विचारधारा की सीमाओं के बोध के साथ अपने समुदाय की लोकतान्त्रिक आकांक्षाओं की अभिव्यक्ति के लिए उपन्यास के आख्यान का उपयोग कर रहे हैं। यद्यपि उत्तर-आधुनिकतावादी कहते हैं कि अब मुक्ति के आख्यान का अन्त हो गया है, लेकिन अमेरिका में रहने वाले अफ्रीकी लेखक अपने जीवन और रचनाशीलता में मुक्ति का आख्यान विकसित करते दिखाई देते हैं। उनके उपन्यास पूँजीवादी सभ्यता के भीतर पैदा होने वाले असन्तोषों का आख्यान रचते हुए लोकतन्त्र की सम्भावनाएँ खोजते हैं। ऐसे लेखकों में टोनी मोरीसन के अलावा ऑक्टेविया बट्लर, वाइडमैन, इस्माएल रीड आदि प्रमुख हैं।

—उपन्यास और लोकतन्त्र, पृ. 23

आन्द्रिया ली के उपन्यास 'साराह फिलीप्स' में नस्ल और वर्ग की जटिल स्थितियों से उत्पन्न समस्याओं का प्रभावशाली चित्रण है। ऐसे चित्रणों से उपन्यास और लोकतन्त्र के सम्बन्धों की सूक्ष्मताएँ सामने आती हैं। यह एक विडम्बनापूर्ण स्थिति है कि उत्तर-आधुनिकतावादी विचारक यथार्थ और यथार्थवाद दोनों के अन्त की घोषणा कर रहे हैं, जबकि उपन्यास लेखक दोनों से अपने सम्बन्ध की बात कर रहे हैं।

—उपन्यास और लोकतन्त्र, पृ. 24

धार्मिक कट्टरता

प्रत्येक प्रकार का कट्टरतावाद उपन्यास और लोकतन्त्र दोनों का दुश्मन है। उपन्यास और लोकतन्त्र के लिए बहुभाषिकता और बहुलता का विशेष महत्त्व है, लेकिन कट्टरतावाद को न बहुलता स्वीकार है और न बहुभाषिकता। उपन्यास के लिए सच सापेक्षिक होता है, जब कि कट्टरतावाद अपने सच

को निरपेक्ष मानकर चलता है। उपन्यास और लोकतन्त्र में आलोचनात्मक चेतना क्रियाशील होती है, लेकिन कट्टरतावाद आलोचना के प्रति अत्यन्त असहिष्णु होता है। धार्मिक कट्टरतावाद उपन्यास और लोकतन्त्र का जानलेवा दुश्मन पहले भी रहा है और आज भी है।

—उपन्यास और लोकतन्त्र, पृ. 34

उपन्यास ने आरम्भ से ही धार्मिक कट्टरता और नैतिक जड़ता का विरोध किया है, क्योंकि उपन्यास धर्मनिरपेक्ष आख्यान है। दुनिया के अनेक बड़े उपन्यासकारों ने धार्मिक अन्धविश्वास और जड़ता का विरोध करते हुए अपने पाठकों को अन्ध आस्था से बचाते हुए विवेकशील बनाया है। ऐसे लेखकों में टॉलस्टॉय और टॉमसमान विशेष रूप से उल्लेखनीय हैं। हिन्दी उपन्यास में आरम्भ से ही धार्मिक पाखंड और शोषण की तीव्र आलोचना होती रही है।

—उपन्यास और लोकतन्त्र, पृ. 34

उपन्यास ने धार्मिक मिथकों और पवित्र ग्रन्थों की ऐतिहासिक तथा मनोवैज्ञानिक छानबीन करने की कोशिश की है, यह भी उपन्यास और धर्म के बीच टकराहट का एक कारण रहा है। सलमान रुश्दी के खिलाफ खुमैनी के फतवे के मूल में उपन्यास की यही प्रवृत्ति है। उपन्यास ने धर्म की आतंककारी गम्भीरता के प्रभाव को ध्वस्त करने के लिए प्राय: व्यंग्य और विनोद का सहारा लिया है। मिलान कुंडेरा ने ठीक ही लिखा है कि धर्म और विनोद का कोई मेल नहीं है। व्यंग्य और विनोद मूलत: लोक संस्कृति की देन हैं। इनके माध्यम से लोक संस्कृति में राजनीतिक तथा धार्मिक सत्ताओं की संस्कृति को चुनौती दी जाती रही है। व्यंग्य और हास्य हमेशा प्रभुत्वशाली सत्ता और संस्कृति के विरुद्ध आम जनता की आलोचनात्मक चेतना के माध्यम रहे हैं। व्यंग्य और विनोद के माध्यम से उपन्यासकार एक ऐसी दुनिया रचता है जो धार्मिक और राजनीतिक सत्ताओं की आकांक्षा की दुनिया से भिन्न होती है। उसमें व्यक्ति सच के प्रचलित रूपों, स्थापित व्यवस्था की मान्यताओं और धर्म के आदेशों-उपदेशों से मुक्ति का अनुभव करता है। व्यंग्य और विनोद के माध्यम से जो हँसी पैदा होती है, वह व्यक्ति की स्वतन्त्रता का माध्यम होती है और साधन भी। इसलिए व्यंग्य और विनोद के उपन्यास राजनीतिक सत्ता और धार्मिक सत्ता की आँखों में खटते हैं। यह कोई आश्चर्य की बात नहीं है कि धार्मिक सत्ता हँसी को बर्दाश्त नहीं करती। दुनिया के अधिकांश धर्मों में हँसी की निन्दा की गयी है और उसे धार्मिक कृत्यों से दूर रखा गया है, लेकिन उपन्यास ने व्यंग्य और विनोद के माध्यम से हास्य का उपयोग करते हुए अपने पाठकों में

लोकतान्त्रिक चेतना जगाने का काम किया है।

—उपन्यास और लोकतन्त्र, पृ. 35

आंतरिक औपनिवेशिकता

उपन्यास ने उपनिवेशवाद से मुक्ति के बाद समाज में स्वतन्त्रता और लोकतन्त्र के लिए संघर्ष को सामने लाने में महत्त्वपूर्ण भूमिका निभायी है। एशिया, अफ्रीका और दक्षिण अमेरिका के अनेक देशों में उपनिवेशवाद से मुक्ति के बाद की शासन-व्यवस्थाएँ ऐसी रही हैं, जिन्हें आन्तरिक उपनिवेशवाद कहना अधिक सही होगा। ऐसी व्यवस्थाओं के सच को सामने लाने वाले उपन्यासों को उत्तर-औपनिवेश कहने के बदले उपनिवेशवाद विरोधी कहना ज्यादा सही होगा। उपनिवेशवाद से स्वतन्त्र हुए देशों के जिन लेखकों ने अपने देश के शासकों के अत्याचारों और जनता की बदहाली का चित्रण अपने उपन्यासों में किया है उनका स्वदेशी शासकों ने तरह-तरह से दमन भी किया है। ऐसे ही सऊदी अरब के एक लेखक हैं अब्दुल रहमान मुनीफा। उन्होंने 'सिटीज ऑफ साल्ट' नामक उपन्यास माला में एक ओर साम्राज्यवादी शक्तियों द्वारा अपने देश की लूट और तबाही का चित्रण किया है तो दूसरी ओर अपने देश के शासकों के लोकतन्त्र विरोधी और दलाल चरित्र का भी फर्दाफाश किया है। इसीलिए उन्हें देश से बाहर निकाल दिया गया। वे यह मानते हैं कि उपन्यास अपने समाज का ऐसा पाठ प्रस्तुत करता है जो राजनीतिक इतिहास या फिर सरकारी इतिहास से अधिक सच्चा और महत्त्वपूर्ण हो सकता है। यही काम उन्होंने अपने उपन्यासों के माध्यम से किया भी है। उनके उपन्यासों में अरब के विभिन्न देशों में व्याप्त सामन्ती प्रवृत्तियों और धार्मिक कट्टरताओं की खरी आलोचना है।

—उपन्यास और लोकतन्त्र, पृ. 24-25

उपन्यास का राजनीतिक, सांस्कृतिक और विचारधारात्मक महत्त्व तीसरी दुनिया के देशों में केवल उपनिवेशवाद से मुक्ति के संघर्ष के काल में ही नहीं था, वह इन देशों की स्वाधीनता के बाद भी बना हुआ है। इन देशों में जहाँ-जहाँ राष्ट्रवाद नये रूप में उभर रहा है वहाँ-वहाँ नयी राष्ट्रीय चेतना के विकास में उपन्यास अपनी सामाजिक भूमिका निभा रहा है। तीसरी दुनिया के अधिकांश नव स्वाधीन देशों में नया स्वाधीनता संघर्ष चल रहा है। इन देशों को कठिन संघर्ष के बाद उपनिवेशवाद से तो छुटकारा मिला लेकिन शोषण और दमन की व्यवस्था से मुक्ति नहीं मिली। नये स्वाधीन देशों का शासक वर्ग कुछ हेर-फेर के साथ शोषण और दमन की पुरानी व्यवस्था

बनाये हुए है। यह दलाल शासक वर्ग एक ओर अपने विदेशी आकाओं की सेवा करता है और दूसरी ओर तरह-तरह के देशी एजेंटों को पालता है। इसीलिए इन देशों की जनता अभी साम्राज्यवादी शोषण का भी शिकार हो रही है और देशी सामन्तों पूँजीपतियों की लूट का भी। स्वाभाविक है कि नया राष्ट्रवाद इस स्थिति के विरोध में खड़ा हो। यही कारण है कि एशिया, अफ्रीका और दक्षिण अमेरिका के महत्त्वपूर्ण लेखक इतिहास को जनता की दृष्टि से देखने और भविष्य को नये ढंग से निर्मित करने के लिए उपन्यास की कला का उपयोग कर रहे हैं। आज तीसरी दुनिया के देशों में यूरोप से भिन्न ढंग के उपन्यास लिखे जा रहे हैं। तीसरी दुनिया में उपन्यास का स्वरूप यूरोप की तुलना में अधिक राजनीतिक है।

–उपन्यास और लोकतन्त्र, पृ. 93-94

आधुनिक युग की सांस्कृतिक चेतना का प्रतिनिधि कला रूप बनने के लिए उपन्यास को कठिन संघर्ष करना पड़ा है। आधुनिक युग के प्रतिबन्धित और तरह-तरह के सेंसरशिप के शिकार साहित्य का अगर कोई ब्यौरा तैयार किया जाये तो उसमें सबसे अधिक संख्या उपन्यासों की ही होगी। उपन्यास के विरोध के अनेक कारण रहे हैं। आरम्भ से ही उपन्यास की कला में निहित लोकतान्त्रिक चेतना का विरोध सामन्ती चेतना की ओर से होता रहता है।

–उपन्यास और लोकतन्त्र, पृ. 40-41

उपन्यास में व्यक्ति और समाज

उपन्यास में व्यक्ति अपनी स्वतन्त्र सत्ता के साथ उपस्थित होता है। उपन्यास में व्यक्ति की वैयक्तिकता जिन सामाजिक सन्दर्भों से बनती है उनसे व्यक्ति के सम्बन्धों की जटिलता का बोध उपन्यास में व्यक्त होता है। उपन्यास में उपस्थित व्यक्ति ऐतिहासिक व्यक्ति होता है। वह इतिहास से बनता है और इतिहास को बनाता भी है।

–उपन्यास और लोकतन्त्र, पृ. 11-12

कविता में कवि का स्वर प्रमुख और निर्णायक होता है, जबकि उपन्यास में समाज के इतिहास का स्वर अनेक रूपों में व्यक्त होता है। कविता में अनेकार्थता मूल्यवान मानी जाती है जबकि उपन्यास में सुनिश्चित अर्थ की स्पष्ट अभिव्यक्ति महत्त्वपूर्ण होती है।

–उपन्यास और लोकतन्त्र, पृ. 12

उपन्यास केवल एक साहित्यिक रूप नहीं है, वह जीवन-जगत को देखने

की एक विशेष दृष्टि है और मानव-जीवन तथा समाज का एक विशिष्ट बोध भी। उपन्यास का इतिहास इस दृष्टि और बोध के परिवर्तन का इतिहास भी है, वह केवल उपन्यास के बदलते रूपों का इतिहास नहीं है।

–उपन्यास और लोकतन्त्र, पृ. 15

उपन्यास में केवल स्वरों की अनेकता ही नहीं होती उसमें सामाजिक भाषाओं की अनेकता भी होती है और सामाजिक भाषाओं की अनेकता के माध्यम से ही विभिन्न सामाजिक समूहों और वर्गों के जीवन के अनुभवों, स्थितियों, वास्तविकताओं और आकांक्षाओं की अभिव्यक्ति भी होती है।

–उपन्यास और लोकतन्त्र, पृ. 16

मानव-स्वभाव और मानव-समाज परिवर्तनशील है। इस परिवर्तनशीलता की पहचान और अभिव्यक्ति उपन्यास का प्रयोजन है।

–उपन्यास और लोकतन्त्र, पृ. 16

अपने समय, समाज और इतिहास की प्रक्रिया से परिभाषित मनुष्य ही उपन्यास रचना का लक्ष्य है, और समाजशास्त्रीय अन्वेषण का भी। एक उसकी कलात्मक पुनर्रचना का माध्यम है तो दूसरा उसके बौद्धिक विश्लेषण का साधन। समाजशास्त्र में मनुष्य की सामाजिकता की पहचान के अनेक रास्ते हैं। उनमें से जो रास्ता साहित्य संसार से होकर जाता है वह सबसे सुगम और विश्वसनीय तब होता है, जब वह उपन्यास के रचना संसार से गुजरता है।

–उपन्यास और लोकतन्त्र, पृ. 38

उपन्यास की कला में मौजूद मनुष्य के समाज-सम्बद्ध और इतिहास-सापेक्ष रूप को आसानी से पहचाना जा सकता है। वहाँ कल्पना में रची बसी जिन्दगी की वास्तविकता को आसानी से पाया जा सकता है।

–उपन्यास और लोकतन्त्र, पृ. 38

उपन्यास ने सामाजिक व्यवस्थाओं, विचारधाराओं, पितृसत्ता से उपजी पराधीनताओं, जाति व्यवस्था, गुलामी, नस्लभेद, उपनिवेशवाद, आधिपत्य, अस्मिता, साम्प्रदायिकता, लोकतन्त्र और यहाँ तक कि स्वयं अपने स्वरूप के बारे में प्रश्न करते हुए पाठकों की चेतना और सहानुभूतियों का विस्तार किया है। उपन्यास प्रश्न पैदा भी करता है। उपन्यास के प्रसंग में ही नैतिकता-अनैतिकता, श्लीलता-अश्लीलता और सम्भव-असम्भव पर गम्भीर बहसें हुई हैं। उपन्यास ने दर्शन द्वारा निर्मित शरीर और आत्मा के द्वैत को समाप्त किया है और व्यक्तिगत अनुभव को लोकमत से अधिक महत्त्वपूर्ण बनाया है।

–उपन्यास और लोकतन्त्र, पृ. 36-37

उत्तर-आधुनिकतावादी सच को केवल भाषिक निर्मिति मानते हैं, इसलिए उनके अनुसार रचना के बाहर के किसी सच से रचना का कोई सम्बन्ध नहीं होता। उपन्यास ने सामाजिक वर्गों, कानूनों, परम्पराओं, संस्थाओं, परिवारों, नैतिकताओं और राजनीति के रूपों की छान-बीन करते हुए यह देखने-दिखाने का प्रयत्न किया है कि ये सब मानव-व्यवहार और व्यक्ति की नियति को कैसे प्रभावित करते हैं।

–उपन्यास और लोकतन्त्र, पृ. 17

उपन्यास और आख्यान

उपन्यास मुक्तिधर्मी आख्यान है। वह अपने पाठकों को न आदेश देता है, न उपदेश। वह समाज और जीवन के बारे में सोचने की प्रेरणा देता है। वह प्रश्न करता है और उत्तर खोजने में पाठकों की मदद करता है।

–उपन्यास और लोकतन्त्र, पृ. 36

उपन्यास के आख्यान में कथा के पुराने रूपों की स्मृतियाँ होती हैं और उनका उपयोग भी होता है। कुछ उपन्यासों में लोककथा की पद्धति मिलती है तो कुछ में नीति-कथाओं की । उपन्यास ने फैंटेसी से लेकर मिथकों तक का प्रयोग अपनी संरचना के भीतर किया है, लेकिन उपन्यास हर स्थिति में ऐतिहासिक यथार्थ से जुड़ा हुआ होता है। उसमें सामाजिक यथार्थ की जटिल समग्रता का चित्रण ही नहीं, विश्लेषण भी होता है।

–उपन्यास और लोकतन्त्र, पृ. 12

आख्यान, राष्ट्रीयता के बोध और विकास का एक प्रमुख आधार होता है। इसका एक रूप इतिहास लेखन है तो दूसरा रूप उपन्यासों में मिलता है। भारत के बंकिमचन्द्र हों या प्रेमचन्द, अफ्रीका के सेंबेन ओस्मन हों या न्गूगी और दक्षिण अमेरिका के गेब्रियल गार्सिया मार्क्वेज हों या अलेजो कार्पेतियर; इन सबने अपने उपन्यासों को राष्ट्रीय चेतना और इतिहास बोध की अभिव्यक्ति का कलात्मक माध्यम बनाया है। बंकिम के उपन्यासों में परम्परा और आधुनिकता का केवल द्वन्द्व ही नहीं है, वहाँ इतिहास और परम्परा की खोज भी है। एक स्तर पर बंकिम ने परम्परा का आविष्कार भी किया है क्योंकि उपनिवेशवाद वर्तमान को विकृत ही नहीं करता वह परम्परा और स्मृति को नष्ट भी करता है; इसीलिए जनता को पराजय की मानसिकता से उबारने के लिए कई बार परम्परा की खोज के साथ-साथ वर्तमान की चेतना और भविष्य की दृष्टि से उसका आविष्कार भी करना पड़ता है। उपन्यास की

यह विशेषता आज के अनेक दक्षिण अमेरिकी उपन्यासकारों की रचनाओं से मिलती है।

—उपन्यास और लोकतन्त्र, पृ. 93

भारतीय उपन्यास वास्तव में तब आरम्भ हुआ जब वह मुक्ति के आख्यान के रूप में विकसित होने लगा। बांग्ला में बंकिमचन्द्र ने ऐतिहासिक रोमांस के माध्यम से राष्ट्र की कल्पना, राष्ट्रीय चेतना की सजगता और स्वाधीनता की आकांक्षा को व्यक्त करते हुए उपन्यास को मुक्ति का आख्यान बनाया।

—उपन्यास और लोकतन्त्र, पृ. 20

हिन्दी में आरम्भ में उपन्यास सामाजिक रूढ़ियों से मुक्ति की आकांक्षा के रूप में विकसित हुआ, लेकिन उसे सामाजिक के साथ-साथ राजनीतिक स्वाधीनता का आख्यान बनाया प्रेमचन्द ने। उनके उपन्यासों में किसान-जीवन के चित्रण के साथ ही हिन्दी उपन्यास का स्वतन्त्र स्वरूप विकसित हुआ और वह स्वाधीनता आन्दोलन से जुड़ा। किसान-जीवन से जुड़कर ही भारतीय उपन्यास की सच्ची भारतीयता विकसित हुई और उपन्यास भारतीय जीवन के आख्यान का प्रतिनिधि साहित्य-रूप बना।

—उपन्यास और लोकतन्त्र, पृ. 20

अमेरिका में भेद-भाव की जिन्दगी के शिकार नीग्रो समुदाय के लेखक आधुनिकता के मिथक के सम्मोहन से मुक्ति के मार्ग के रूप में उपन्यास के आख्यान को देख रहे हैं। वे उत्तर-आधुनिकतावाद का उपयोग आधुनिकता और आधुनिकतावादी रचना-दृष्टि की आलोचना के लिए करते हैं, उपन्यास की रचना के अन्त की घोषणा के लिए नहीं। वे मानते हैं कि उत्तर-आधुनिकतावाद पूँजीवाद के वर्तमान दौर की सांस्कृतिक परिणति है और उसकी विचारधारा भी। इसलिए वे उत्तर-आधुनिकतावाद की विचारधारा की सीमाओं के बोध के साथ अपने समुदाय की लोकतान्त्रिक आकांक्षाओं की अभिव्यक्ति के लिए उपन्यास के आख्यान का उपयोग कर रहे हैं। यद्यपि उत्तर-आधुनिकतावादी कहते हैं कि अब मुक्ति के आख्यान का अन्त हो गया है, लेकिन अमेरिका में रहने वाले अफ्रीकी लेखक अपने जीवन और रचनाशीलता में मुक्ति का आख्यान विकसित करते दिखाई देते हैं। उनके उपन्यास पूँजीवादी सभ्यता के भीतर पैदा होने वाले असन्तोषों का आख्यान रचते हुए लोकतन्त्र की सम्भावनाएँ खोजते हैं। ऐसे लेखकों में टोनी मोरीसन के अलावा ऑक्टेविया बट्लर, वाइडमैन, इस्माएल रीड आदि प्रमुख हैं।

—उपन्यास और लोकतन्त्र, पृ. 23

यद्यपि उत्तर-आधुनकितावादी अनिश्चितता, आकस्मिकता और भविष्यहीनता की वकालत करते हुए आख्यान की सम्भावना को अस्वीकार करते हैं और

मुक्ति के आख्यान की सम्भावना तक को नकारते हैं, लेकिन उपन्यासकार आज भी समकालीन जीवन की असंगतियों और यातनाओं से मुक्ति की आकांक्षा का आख्यान उपन्यासों के रूप में रच रहे हैं। यूटोपिया और उपन्यास अनेक अर्थों में समानधर्मा हैं। दोनों में कल्पना की स्वतन्त्रता और सृजनशीलता की अभिव्यक्ति होती है, इसलिए लम्बे समय से उपन्यासकार यूटोपिया की रचना करते रहे हैं।

–उपन्यास और लोकतन्त्र, पृ. 18

उत्तर-आधुनिकतावाद के अनुसार, इतिहास के आख्यान होने के बावजूद इतिहास के आख्यान और उपन्यास के आख्यान में बुनियादी फर्क होता है। पहला फर्क यह है कि इतिहास में आख्यान का अन्वेषण होता है। उस अन्वेषण का अर्थ और प्रयोजन है– घटनाओं की सच्चाई का अन्वेषण। बाद में उस अन्वेषण की आख्यान के माध्यम से प्रस्तुति होती है। उपन्यास में आख्यान के माध्यम से पात्रों के क्रिया-व्यापार और उनकी मनोदशाओं की अभिव्यक्ति होती है। उपन्यास में आख्यान का आविष्कार होता है। इतिहास में घटनाओं और पात्रों की खोज होती है, लेकिन उपन्यास में घटनाओं और पात्रों का सृजन होता है। इतिहास की झाँसी की रानी लक्ष्मीबाई और वृन्दावनलाल वर्मा के उपन्यास 'झाँसी की रानी' की लक्ष्मीबाई एक ही नहीं हैं। उपन्यास की लक्ष्मीबाई वृन्दावनलाल वर्मा की सृष्टि है।

–उपन्यास और लोकतन्त्र, पृ. 63

इतिहास से मुठभेड़

विभाजन की त्रासदी की जटिल समग्रता की अभिव्यक्ति उपन्यासों और कहानियों में ही हुई है; क्योंकि कथा-साहित्य ही अपने समय के इतिहास से सार्थक मुठभेड़ में सक्षम रहा है और मनुष्य विरोधी प्रवृत्तियों की निर्मम आलोचना के लिए तत्पर भी। आज भी जिसे विभाजन की त्रासदी की भयावहता को समझना होगा, वह यशपाल के 'झूठा-सच', राही मासूम रजा के 'आधा गाँव' और भीष्म साहनी के 'तमस' को पढ़ेगा और साथ ही अज्ञेय, मोहन राकेश, भीष्म साहनी तथा कृष्णा सोबती की कहानियों को भी।

–उपन्यास और लोकतन्त्र, पृ. 13

उपन्यास स्थितियों और वास्तविकताओं को पुन: ऐतिहासिक सन्दर्भ और अर्थ देता है, इसीलिए प्रत्येक उपन्यास मूल रूप से ऐतिहासिक ही होता है, चाहे उसे प्रचलित अर्थ में ऐतिहासिक कहा जाये या न कहा जाये।

–उपन्यास और लोकतन्त्र, पृ. 13

अगर इतिहास का दायित्व सच का ज्ञान कराना है तो ऐतिहासिक उपन्यास का काम सच की प्रतीति और उसका अनुभव कराना है। ऐतिहासिक सच और कलात्मक सच का अन्तर ही इतिहास और ऐतिहासिक उपन्यास को एक-दूसरे से अलग करता है और जोड़ता भी है। ऐतिहासिक सच और कलात्मक सच हमेशा एक जैसे हों, यह जरूरी नहीं है। ऐतिहासिक उपन्यासकार कलात्मक सच को अधिक महत्त्व देता है जबकि इतिहासकार ऐतिहासिक सच को खोजने और सामने लाने का प्रयत्न करता है। कभी-कभी ऐतिहासिक उपन्यास में सबसे अधिक महत्त्वपूर्ण पात्र वह होता है जो ऐतिहासिक नहीं, बल्कि उपन्यासकार की कल्पना की सृष्टि होता है और उसके माध्यम से लेखक व्यक्ति और समाज के द्वन्द्वों, अन्तर्द्वन्द्वों, दुविधाओं और संघर्षों की अभिव्यक्ति करता है। उपन्यास का काम है मानवीय स्थितियों और अनुभवों का साक्षात्कार और अभिज्ञान कराना।

–उपन्यास और लोकतन्त्र, पृ. 64

कोई भी ऐतिहासिक उपन्यास केवल सत्ता के संघर्ष का चित्रण करते हुए या वैचारिक द्वन्द्वों का विश्लेषण करते हुए एक युग की कहानी बनने में सफल नहीं हो सकता। वह युग की कहानी तभी बनेगा जब उसमें जनजीवन की वास्तविकताओं और समस्याओं का भी चित्रण होगा।

–उपन्यास और लोकतन्त्र, पृ. 73

इतिहास और उपन्यास में एक महत्वपूर्ण अन्तर यह है कि इतिहास-लेखन में केवल एक ही स्वर मिलता है, वह स्वर इतिहासकार का होता है; जबकि उपन्यास में स्वरों की अनेकता या बहुलता होती है। महत्त्वपूर्ण उपन्यास में जितने पात्र होते हैं उतने स्वर मिल सकते हैं। यह उपन्यास के स्वभाव की लोकतान्त्रिकता की देन है। कभी-कभी समाज में ऐसी घटनाएँ होती हैं जिनके प्रसंग में यथार्थ और फैंटेसी के बीच फर्क करना मुश्किल हो जाता है।

–उपन्यास और लोकतन्त्र, पृ. 67

जब अपने समय और समाज को जानने की रचनाकार की आकांक्षा इतिहास में प्रवेश करती है तब उपन्यास का जन्म होता है। उपन्यास के आख्यान की गति हमेशा वर्तमान से भविष्य की ओर होती है।

–उपन्यास और लोकतन्त्र, पृ. 14

अब स्वयं महत्त्वपूर्ण कवि कविता में उपन्यास की संवेदना का सर्जनात्मक उपयोग कर रहे हैं। जिन कवियों ने जनजीवन के इतिहास की जटिल प्रक्रिया और गति को कविता में व्यक्त करने की कोशिश की है, उन्होंने अपनी

कविता की संरचना को उपन्यास से जोड़ा है।

–उपन्यास और लोकतन्त्र, पृ. 14

उपन्यास अपनी भाषिक चेतना की विशिष्टता के कारण भी जन-जीवन के इतिहास से अन्तरंग सम्बन्ध स्थापित करता है।

–उपन्यास और लोकतन्त्र, पृ. 16

ऐतिहासिक उपन्यास के लेखक को रचना-प्रक्रिया के स्तर पर दोहरे दायित्व का निर्वाह करना होता है। उसे इतिहासकार की सामाजिक दृष्टि और उपन्यासकार की कला-दृष्टि के बीच सामंजस्य स्थापित करना होता है। उसका न तो केवल इतिहासकार की सामाजिक दृष्टि से काम चलेगा और न उपन्यासकार की कला-दृष्टि से। इन दोनों में से किसी एक के अतिरेक से ऐतिहासिक उपन्यास की कला और पहचान खंडित हो जायेगी।

–उपन्यास और लोकतन्त्र, पृ. 68

इतिहासवादी चिन्तन ने मनुष्य को धर्मशास्त्रीय और आध्यात्मिक आग्रहों से मुक्त किया है और सच की खोज की स्वतन्त्रता की भावना का विकास भी किया है। सच की खोज की भावना ही उपन्यास को यथार्थवादी बनाती है।

–उपन्यास और लोकतन्त्र, पृ. 16

हिन्दी में आरम्भ में उपन्यास सामाजिक रूढ़ियों से मुक्ति की आकांक्षा के रूप में विकसित हुआ, लेकिन उसे सामाजिक के साथ-साथ राजनीतिक स्वाधीनता का आख्यान बनाया प्रेमचन्द ने। उनके उपन्यासों में किसान-जीवन के चित्रण के साथ ही हिन्दी उपन्यास का स्वतन्त्र स्वरूप विकसित हुआ और वह स्वाधीनता आन्दोलन से जुड़ा। किसान-जीवन से जुड़कर ही भारतीय उपन्यास की सच्ची भारतीयता विकसित हुई और उपन्यास भारतीय जीवन के आख्यान का प्रतिनिधि साहित्य-रूप बना।

–उपन्यास और लोकतन्त्र, पृ. 20

उपन्यास अपने पाठकों को जीवनमूल्यों के बीच चुनाव का संकेत देता है, उनकी सहानुभूतियों का विस्तार करता है और जीवन की कला भी सिखाता है। इस तरह उसका एक नैतिक आयाम है। यह नैतिक आयाम आधुनिक युग का है, इसलिए रूढ़िवादी नैतिकता के समर्थक उसका विरोध करते हैं।

–उपन्यास और लोकतन्त्र, पृ. 41

असल में उपन्यास और समाजशास्त्र एक ही युग के समान भौतिक और वैचारिक परिवेश की उपज हैं। यह महज संयोग नहीं है कि यूरोप में आधुनिक युग के साथ ही नयी ऐतिहासिक चेतना और समाजशास्त्रीय अन्वेषण

की दृष्टि का विकास होता है और आधुनिक चेतना की अभिव्यक्ति के कलात्मक माध्यम के रूप में उपन्यास का उदय होता है।

–उपन्यास और लोकतन्त्र, पृ. 38

अपने समय और समाज के निरीक्षण, परीक्षण और अन्वेषण की आधुनिक दृष्टि का एक रूप उपन्यास में मिलता है और दूसरा समाजशास्त्र में।

–उपन्यास और लोकतन्त्र, पृ. 39

आधुनिक युग की सांस्कृतिक चेतना का प्रतिनिधि कला रूप बनने के लिए उपन्यास को कठिन संघर्ष करना पड़ा है। आधुनिक युग के प्रतिबन्धित और तरह-तरह के सेंसरशिप के शिकार साहित्य का अगर कोई ब्यौरा तैयार किया जाये तो उसमें सबसे अधिक संख्या उपन्यासों की ही होगी। उपन्यास के विरोध के अनेक कारण रहे हैं। आरम्भ से ही उपन्यास की कला में निहित लोकतान्त्रिक चेतना का विरोध सामन्ती चेतना की ओर से होता रहता है।

–उपन्यास और लोकतन्त्र, पृ. 40-41

जब से पश्चिम में उत्तर-आधुनिकतावाद का शोर बढ़ा है और वह हिन्दी में अफवाह की तरह आया है तब से आधुनिकता की आलोचना के साथ-साथ उपन्यास के अस्तित्व के बारे में भी तरह-तरह के प्रश्न खड़े किये जा रहे हैं।

–उपन्यास और लोकतन्त्र, पृ. 22

अफ्रीका में उपन्यास लेखन केवल बैठे ठाले का काम नहीं है और न वह आत्ममुग्ध बुद्धिजीवियों की नितान्त निजी कला-साधना का माध्यम है। व्यापक जनजीवन से गहरी सम्बद्धता के साथ उपन्यास अफ्रीकी जनता के इतिहास-निर्माण के प्रयत्न का साक्षी है।

–उपन्यास और लोकतन्त्र, पृ. 26

तीसरी दुनिया के उपन्यासों के समाजशास्त्री के लिए यह समझना जरूरी है कि गोदान (प्रेमचन्द), पाथेर पांचाली (विभूतिभूषण), परजा (गोपीनाथ महांथी), संस्कार (यू.आर. अनन्तमूर्ति) या सौ सालों का एकान्त (गार्सिया मार्क्वेस), गेहूँ के दाने (न्गूगी) जैसे उपन्यास तीसरी दुनिया में ही लिखे जा सकते हैं। ऐसे उपन्यास पश्चिम में वैसे ही नहीं लिखे जा सकते जैसे काफ्का, जेम्स ज्वायस और वर्जिनिया वुल्फ के उपन्यासों की तरह के उपन्यास तीसरी दुनिया में नहीं लिखे जा सकते। इन उपन्यासों का अपने-अपने समाजों के सांस्कृतिक अनुभवों से गहरा रिश्ता है। तीसरी दुनिया के उपन्यासों की सामाजिकता को सही ढंग से तभी समझा जा सकता है, जब उनके उदय

और विकास के ऐतिहासिक-सांस्कृतिक सन्दर्भ का ठोस और गतिशील विश्लेषण हो। इसके लिए उपन्यासों की विषयवस्तु और रचना पद्धतियों की प्रेरक ऐतिहासिक विशिष्टताओं की खोज और पाठकों की मानसिकता की पहचान आवश्यक है। वास्तव में तीसरी दुनिया के देशों में उपन्यास सदियों के साम्राज्यवादी प्रभुत्व के कारण विनष्ट हुए जनता के ऐतिहासिक व्यक्तित्व के अभिज्ञान का कलात्मक माध्यम है और उसके इसी महत्त्व की पहचान से उसकी सामाजिक सार्थकता सामने आ सकती है।

–उपन्यास और लोकतन्त्र, पृ. 96

राष्ट्रवाद

उपन्यास ऐसी विधा है, जिसमें अपनी और दूसरों की आलोचना की अपार क्षमता होती है। वह उन सभी सामाजिक शक्तियों, भौतिक परिस्थितियों और विचारधाराओं का सशक्त प्रतिरोधक और आलोचक रहा है जो उसके उदय, विकास और रूप के निर्माण के कारण रहे हैं। इसीलिए वह राष्ट्रवाद का जितना पोषक है, उससे अधिक उसका आलोचक है।

–उपन्यास और लोकतन्त्र, पृ. 131

उपन्यास का स्वभाव महाकाव्य से भिन्न होता है। महाकाव्य में जातीय जीवन के अतीत का गौरव गान होता रहा है, जबकि उपन्यास का सम्बन्ध समकालीन सामाजिक प्रक्रियाओं से होता है और वे सामाजिक प्रक्रियाएँ राष्ट्र के शासक वर्ग की विचारधारा की एकान्विति और एकस्वरता का खंडन करती हैं। यही नहीं, वह राष्ट्र की कल्पित सामूहिकता के समक्ष विभिन्न समुदायों, वर्गों और अस्मिताओं को प्रस्तुत करता हुआ राष्ट्रवाद की समग्रतावादी विचारधारा के एकाधिपत्य को तोड़ता है।

–उपन्यास और लोकतन्त्र, पृ. 131

उपन्यास से राष्ट्रवाद के सम्बन्ध पर विचार करते समय यह याद रखना जरूरी है कि जैसे राष्ट्रवाद के अनेक रूप हैं, वैसे ही उपन्यास भी कई प्रकार के होते हैं। प्रत्येक उपन्यास हर प्रकार के राष्ट्रवाद का पोषक या रूपक नहीं होता। ऐतिहासिक और व्यक्तिगत रोमांस के उपन्यास जिस तरह के राष्ट्रवाद के पोषक होते हैं, वैसे राष्ट्रवाद से सामाजिक यथार्थवाद के उपन्यासों का स्थायी विरोध होता है। रोमांसधर्मी उपन्यासकारों में वर्तमान के बोध की जगह अतीत की स्मृति या भविष्य की कल्पना अधिक होती है। उनकी आख्यान की पूरी संस्कृति पुनरुत्थानवादी राष्ट्रवाद की मदद करती है, जबकि सामाजिक यथार्थवाद के उपन्यास अपने समय और समाज की

सच्चाइयों का साक्षात्कार करते हुए मुक्तिधर्मी और अग्रगामी राष्ट्रीय चेतना का निर्माण करते हैं। उनमें जनता की जिन्दगी की वास्तविकताओं तथा लोकतान्त्रिक आकांक्षाओं की अभिव्यक्ति होती है और राष्ट्रवाद के हाशिये पर रहने वालों की आवाज सुनाई देती है।

—उपन्यास और लोकतन्त्र, पृ. 131-132

भारत में उपन्यास का आगमन या उदय एक भिन्न और अभिशप्त स्थिति में हुआ। यहाँ उपन्यास के सामने उपनिवेशवाद के अभिशाप का मूर्त रूप अंग्रेजी राज था, जिसका विरोध और प्रतिरोध उपन्यास के भारतीय होने की पहली शर्त थी। भारत में जिस तरह का स्वाधीनता आन्दोलन निर्मित और विकसित हो रहा था, उसमें अनेक प्रकार के अन्तर्विरोध थे। वह जितना व्यापक, उदार, सहमतिवादी और लोकप्रिय लगता था, उससे अधिक अपवर्जी था। उसके अपवर्जन के शिकार वही थे जो उपनिवेशवादी शोषण और दमन के भी सर्वाधिक शिकार थे। ऐसे लोगों की आर्थिक-सामाजिक तथा सांस्कृतिक पराधीनता की पीड़ा और स्वाधीनता की आकांक्षा की अभिव्यक्ति जिन सामाजिक यथार्थवाद के उपन्यासों में है, उनमें अभिजनवादी और अपवर्जी राष्ट्रवाद की तीखी आलोचना भी है।

—उपन्यास और लोकतन्त्र, पृ. 132

यद्यपि स्वाधीनता आन्दोलन के काल में राष्ट्रवादी विमर्श समूचे भारतीय समाज के बारे में बोलने का दावा और दिखावा करता था, लेकिन उसमें उच्च वर्गों और उच्च वर्णों की आकांक्षाओं की आवाज अधिक सुनाई देती थी। उस राष्ट्रवाद ने जिस मुख्यधारा की कल्पना की थी, उसका देश के गरीब किसानों, मजदूरों, स्त्रियों और दलितों के साथ सम्बन्ध उपयोग और उपेक्षा का था। इस स्थिति में स्वाधीनता आन्दोलन के काल में जिन उपन्यासों में राष्ट्रवाद की मुख्यधारा से बहिष्कृत, बेजुबान और उपेक्षित किसानों, मजदूरों, स्त्रियों और दलितों की पराधीनता की यातना की ऐतिहासिक ट्रेजेडी का आख्यान है, उनमें उस राष्ट्रवाद का पोषक कोई रूपक नहीं, उसकी खरी आलोचना है।

—उपन्यास और लोकतन्त्र, पृ. 133

संरचना

उपन्यास की संरचना में एक प्रकार का खुलापन होता है जो उपन्यास के अन्त को भी जीवन की निरन्तरता से जोड़ता है।

—उपन्यास और लोकतन्त्र, पृ. 16

भारतीय उपन्यास के स्वरूप की निजता उसके रूप की विशिष्टता में है। यह कोई बहस की बात नहीं है कि अन्तर्वस्तु से रूप का, यथार्थ-चेतना से शिल्प-चेतना का और जिन्दगी की वास्तविकता से उसकी भाषा का गहरा रिश्ता होता है। उपन्यास की कला-दृष्टि बहुत कुछ लेखक की यथार्थ-चेतना से जुड़ी होती है।

–उपन्यास और लोकतन्त्र, पृ. 127

यह सच है कि दूसरे कला रूपों और साहित्य रूपों की तुलना में उपन्यास का स्वरूप समाज पर अधिक निर्भर होता है और उसका विकास समाज के इतिहास के साथ होता है। लेकिन यह भी सच है कि यह एक कला है, केवल सामाजिक दस्तावेज नहीं; इसलिए सामाजिक यथार्थ, जीवन के अनुभव और इतिहास की गति रचनाकार की सृजनशीलता से पुनर्रचित होकर ही उपन्यास में आते हैं।

–उपन्यास और लोकतन्त्र, पृ. 42

यह समझना आवश्यक है कि उपन्यासकार एक कलाकार है, उसकी रचना में ऐसे यथार्थ की अभिव्यक्ति होती है, जिसके रूप और अर्थ के बारे में वह पहले से सजग है। वह यथार्थ की अभिव्यक्ति के लिए एक ओर उपन्यास कला की उन तकनीकों का प्रयोग करता है, जिन्हें उसने अपने पूर्ववर्तियों से सीखा है और दूसरी ओर अपने अनुभवों से कुछ नये कला-कौशलों का आविष्कार भी करता है। यह समझ लेने के बाद कि उपन्यास सामाजिक यथार्थ की एक कला है, उस दुविधा की सम्भावना नहीं रहती कि उपन्यास लेखन एक कला है या सामाजिक अभिव्यक्ति का एक रूप। रूपवादी आलोचक उपन्यास को लेखन की एक कला कहते हैं और समाजशास्त्री उसे सामाजिक अभिव्यक्ति का एक रूप मानते हैं। दोनों इस भ्रामक असमंजस के एक-एक छोर को पकड़कर उपन्यास की आलोचना के क्षेत्र में रस्साकशी करते रहते हैं।

–उपन्यास और लोकतन्त्र, पृ. 42

दक्षिण अमेरिका के उपन्यासों में यूटोपिया, फैंटेसी और मिथकों के प्रयोग का एक कारण वहाँ की राजनीतिक परिस्थितियाँ भी हैं। दक्षिण अमेरिका की जनता ऐसी सत्ताओं का सामना करती रही है, जो यथार्थ को भ्रम और भ्रम को यथार्थ बनाने की कोशिश करती हैं। ऐसी स्थिति में जो सच होता है वह दिखाई नहीं देता और जो दिखाई देता है वह सच नहीं होता। जनता की चेतना, स्मृति और अनुभव से सच्चाई को दूर रखने के लिए तरह-तरह के छल-प्रपंचों का जाल फैलाया जाता है। दक्षिण अमेरिका के उपन्यासकारों

ने इन स्थितियों की जटिलता और भ्रामकता को मूल रूप में व्यक्त करने के लिए प्रायः भूलभुलैया के रूपकों और बिम्बों का प्रयोग किया है। ये सारे प्रयोग उपन्यास को जनता की लोकतान्त्रिक आकांक्षा से जोड़ते हैं और उन आकांक्षाओं के लिए संघर्ष की राह की कठिनाइयों से भी परिचित कराते हैं।

–उपन्यास और लोकतन्त्र, पृ. 27

उपन्यास के उदय और विकास के लिए अर्थात् उसके अस्तित्व के लिए कुछ ऐसी भौतिक और विचारधारात्मक आधारों की जरूरत थी, जो आधुनिक युग में ही विकसित हुए। उपन्यास के अस्तित्व के लिए अनिवार्य प्रेस, प्रकाशन और पत्र-पत्रिकाएँ आधुनिक युग के वैज्ञानिक विकास की देन हैं तो उसके लेखक और पाठक के रूप में क्रियाशील मध्यवर्ग पूँजीवादी सामाजिक संरचना का परिणाम है। इन भौतिक आधारों के साथ-साथ विचारधारा के स्तर पर व्यक्तिवाद, धर्मनिरपेक्ष जीवनदृष्टि और यथार्थवादी विश्वदृष्टि की जरूरत थी, जो आधुनिक युग की विवेकवादी चेतना की उपज हैं। उपन्यास की रचनादृष्टि में मनुष्य की स्वतन्त्रता, व्यक्ति की महत्ता और मानवीय सम्बन्धों की गरिमा को तभी केन्द्रीय महत्त्व मिला, जब आधुनिक मानस अपने अनुभव और तर्क के अलावा किसी अलौकिक शक्ति की सत्ता को स्वीकार करने के लिए तैयार न था। यह मध्ययुग में सम्भव न था। उपन्यास मध्ययुगीनता के विरुद्ध आधुनिकता के विद्रोह की अभिव्यक्ति करने वाला साहित्य रूप है।

–उपन्यास और लोकतन्त्र, पृ. 40

उपन्यास के प्रसंग में नैतिक और अनैतिक, तथ्य और कल्पना, सच और झूठ आदि के साथ सम्भव-असम्भव का झगड़ा भी खड़ा होता रहा है। हिन्दी में देवकीनन्दन खत्री के उपन्यासों को लेकर सम्भव-असम्भव के सवालों पर बहुत विवाद हुआ था।

–उपन्यास और लोकतन्त्र, पृ. 42

अपने समाज की वास्तविकता, समय की सचाई और इतिहास की गति की अभिव्यक्ति उपन्यास में कई रूपों में हो सकती है और होती रही है। अभिव्यक्ति का एक रूप प्रातिनिधिक होता है और दूसरा प्रतीकात्मक। अभिव्यक्ति की प्रातिनिधिक पद्धति का विकास उपन्यास की यथार्थवादी परम्परा में मिलता है, लेकिन कथा की प्रतीकात्मक पद्धति अधिक पुरानी है। प्राचीन काल के कथा साहित्य के अधिकांश में प्रतीकात्मक पद्धति का ही प्रयोग मिलता है। प्रतीकात्मक कथा पद्धति के अन्तर्गत फैंटेसी, मिथक का

ही प्रयोग मिलता है। प्रतीकात्मक कथा पद्धति के अन्तर्गत फैंटेसी, मिथक और अद्‌भुतकथानकों का उपयोग होता है। बीसवीं सदी के उपन्यासों में प्रतीकात्मक पद्धति के विभिन्न रूपों का प्रयोग बढ़ा है।

–उपन्यास और लोकतन्त्र, पृ. 44-45

जिस देश की सभ्यता और संस्कृति जितनी अधिक प्राचीन होती है, वहाँ कथा कहने की परम्परा भी उतनी ही अधिक पुरानी, समृद्ध और विविधतापूर्ण होती है। तीसरी दुनिया के अधिकांश देश ऐसे हैं जिनकी सांस्कृतिक परम्परा यूरोप के अधिकांश विकसित देशों से अधिक पुरानी है। कम से कम एशिया के भारत और दक्षिण अमेरिका के अनेक देशों की सांस्कृतिक प्राचीनता निर्विवाद है। संस्कृति के अनेक यूरोपीय इतिहासकारों ने भी स्वीकार किया है कि भारत कथा की कला का प्राचीनतम केन्द्र रहा है जहाँ से कथा की कला दुनिया के अनेक देशों में गयी है।

–उपन्यास और लोकतन्त्र, पृ. 94-95

तीसरी दुनिया के देशों के उपन्यास जब यूरोप के अनुकरण से मुक्त हुए तब उनके रूप और शिल्प से स्वदेशीपन आया और कथा कहने का स्वदेशी ढंग अधिक उन्नत और कलात्मक बना। बंगला के बंकिम और विभूतिभूषण बनर्जी, उड़िया के फकीर मोहन सेनापति और हिन्दी के प्रेमचन्द की कथाशैली का सौन्दर्य उसके देशज रूप में है। कथा कहने के स्वदेशी रूप के कारण ही दक्षिण अमेरिका के गार्सिया मार्क्वेज और मारियो बर्गास लोसा के उपन्यासों के शिल्प सौन्दर्य की चर्चा सारी दुनिया में हुई है। ये उपन्यास अपनी सामाजिकता की व्याख्या के लिए उपन्यास के नये सामाजशास्त्र की माँग कर रहे हैं। दक्षिण अमेरिका के अनेक उपन्यासकारों ने आलोचनात्मक यथार्थवाद, समाजवादी यथार्थवादी आधुनिकतावाद, अवांगार्द और नया उपन्यास आदि अवधारणाओं की कसौटी पर कसकर अपने उपन्यासों के मूल्यांकन की बात का विरोध किया है।

–उपन्यास और लोकतन्त्र, पृ. 95

उपन्यास की कला असल में तीन कलाओं का संगम है। वे कलाएँ हैं–कथा कहने की कला, वर्णन की कला और चित्रण की कला। कथा कहने की कला अगर उपन्यास की आत्मा है तो वर्णन और चित्रण की कलाएँ शरीर के हिस्से हैं। कथा कहने की कला ही उपन्यास को सामाजिक बनाती है और लोकतान्त्रिक भी। उसी के माध्यम से उपन्यास में जीवन के अनुभवों और आकांक्षाओं की अभिव्यक्ति होती है। वर्णन की कला में ब्योरों की

बारीकियों पर ध्यान दिया जाता है और चित्रण में वस्तुओं और स्थितियों के चित्र या बिम्ब निर्मित किये जाते हैं।

–उपन्यास और लोकतन्त्र, पृ. 222

उपन्यास के लोकतन्त्र का एक प्रमुख आधार है उसकी भाषा और भाषा के लोकतन्त्र का आधार है उसकी बहुलता। उपन्यास एकमात्र ऐसा साहित्य रूप है जिसमें भाषाओं की बहुलता मिलती है।

–उपन्यास और लोकतन्त्र, पृ. 231

जो लोग 'मैला आँचल' में अंग्रेजी, फारसी और संस्कृत के शब्दों तथा खड़ी बोली के वाक्यों के बिगड़े हुए रूप को देखकर दुःखी या नाराज होते हैं, वे यह नहीं समझते कि आम जनता परायी भाषा के शब्दों और वाक्यों को अपना बनाने की प्रक्रिया में इसी तरह सँकरीकरण करती है। इससे भाषा और संवेदना के बीच अन्तरंग सम्बन्ध स्थापित होता है और उपन्यास में भाषा का लोकतन्त्र विकसित होता है जो व्याकरण की तानाशाही की उपेक्षा करता है।

–उपन्यास और लोकतन्त्र, पृ. 33

उपन्यास की भाषा का सौन्दर्य वर्णन की कला में प्रकट होता है। कथाकार जैसी भाषा और शिल्प के साथ स्थितियों, वास्तविकताओं, व्यक्तियों, और मानसिकताओं का वर्णन करता है वैसा ही प्रभाव पाठकों पर पड़ता है। उपन्यास में इन सबके वर्णन की दो आवश्यक शर्तें हैं। एक तो यह कि वह वर्णन उपन्यास या कहानी के लिए अनिवार्य है और दूसरी शर्त यह कि वह आख्यान से सुसम्बद्ध हो।

–उपन्यास और लोकतन्त्र, पृ. 232

पश्चिम में अब यह स्वीकृत धारणा बन गयी है कि उपन्यास एक प्रकार का सांस्कृतिक विमर्श भी है। जैसे संस्कृति बहुअर्थी और बहुरूपी धारणा है वैसे ही सांस्कृतिक विमर्श का माध्यम होने के कारण उपन्यास के भी अनेक रूप हैं। उसका एक रूप विज्ञान से सम्बद्ध है तो दूसरा नीति से। कभी वह इतिहास विमर्श के रूप में विकसित होता है, जैसे तोलस्तॉय के 'युद्ध और शान्ति' में तो कभी दार्शनिक और धार्मिक विमर्श के रूप में, जैसे कि यशपाल के उपन्यास 'दिव्या' में। नैतिकता से कथा का आत्मीय सम्बन्ध भारत की कथा और आख्यायिका में सर्वविदित है।

–उपन्यास और लोकतन्त्र, पृ. 232

मध्यवर्ग और शोषित जन

उपन्यास के माध्यम से किसानों, मजदूरों और अन्य पराधीन तथा शोषित जन समुदायों के जीवन की यातनाओं, पीड़ाओं की अभिव्यक्ति हुई है और उनसे मुक्ति की आकांक्षा की भी। ऐसी स्थिति में उपन्यास को केवल बुर्जुआ वर्ग से जोड़कर देखना गलत तो है ही। एक प्रकार की चालाकी भी है। इस प्रसंग में यह भी ध्यान देने की बात है कि यथार्थवाद कला और साहित्य की दुनिया में उपन्यास और बुर्जुआ वर्ग दोनों के पहले से मौजूद रहा है।

–उपन्यास और लोकतन्त्र, पृ. 17

हिन्दी में आरम्भ में उपन्यास सामाजिक रूढ़ियों से मुक्ति की आकांक्षा के रूप में विकसित हुआ, लेकिन उसे सामाजिक के साथ-साथ राजनीतिक स्वाधीनता का आख्यान बनाया प्रेमचन्द ने। उनके उपन्यासों में किसान-जीवन के चित्रण के साथ ही हिन्दी उपन्यास का स्वतन्त्र स्वरूप विकसित हुआ और वह स्वाधीनता आन्दोलन से जुड़ा। किसान-जीवन से जुड़कर ही भारतीय उपन्यास की सच्ची भारतीयता विकसित हुई और उपन्यास भारतीय जीवन के आख्यान का प्रतिनिधि साहित्य-रूप बना।

–उपन्यास और लोकतन्त्र, पृ. 20

उपन्यास ने साहित्य की संस्कृति का स्वरूप बदला है। भारतीय समाज के जो हिस्से, समुदाय और व्यक्ति मुख्यधारा से अलग हाशिए पर रहने के लिए मजबूर थे, वे साहित्य-संसार के भी हाशिए पर ही रहने के लिए अभिशप्त थे। मुख्य धारा में प्रायः बहिष्कृत, उपेक्षित, अदृश्य और बेजुबान जन को उपन्यास में जगह मिली है। यही नहीं, पहले जो साहित्य में कहीं नहीं होते थे, वे उपन्यास के माध्यम से साहित्य-संसार के नागरिक बनने लगे और नायक भी, बल्कि जो साहित्य के नायक होते थे वे उपन्यास में खलनायक बनने लगे।

–उपन्यास और लोकतन्त्र, पृ. 36

साहित्य-संसार के इस लोकतन्त्रीकरण के परिणामस्वरूप साहित्य के पाठक समुदाय का भी विस्तार हुआ है, अपनी कथा पढ़ने के लिए उत्सुक साधारणजन भी साहित्य के पाठक बने हैं। अब साहित्य केवल शिष्टजनों के विशिष्ट मनोरंजन का साधन नहीं रह गया है।

–उपन्यास और लोकतन्त्र, पृ. 36

भारतीय उपन्यास का स्वतन्त्र रूप तब विकसित हुआ जब उपन्यास रचना के केन्द्र में भारतीय किसान जीवन आया। तभी वह यथार्थवाद विकसित

हुआ, जो राष्ट्रीय जागरण का अभिन्न अंग था। किसान जीवन से जुड़कर ही भारतीय उपन्यास की सच्ची भारतीयता विकसित हुई और उपन्यास राष्ट्रीय जीवन की महागाथा का प्रतिनिधि साहित्य रूप बना। यह कोई आश्चर्य की बात नहीं है। किसान भारतीय समाज का मेरुदंड पहले भी था और आज भी है। किसान भारतीय चेतना का मूर्तरूप और औपनिवेशिक व्यवस्था का सर्वाधिक शोषित और उत्पीड़ित वर्ग भी था। उस समय भारतीय किसान एक ओर साम्राज्यवादी शोषण का शिकार था और दूसरी ओर सामन्ती लूट का। किसान जीवन से उपन्यास के जुड़ने का अर्थ था भारतीय समाज की समग्रता के केन्द्र से जुड़कर उसकी इतिहास-प्रक्रिया में सक्रिय विभिन्न शक्तियों के सम्बन्धों को पहचानना। उस समय किसान जीवन से जुड़कर ही साम्राज्यवाद और सामन्तवाद के गठजोड़ को भी समझना सम्भव था। यही कारण है कि उपन्यास में जब किसान जीवन आया तो भारतीय उपन्यास राष्ट्रीय भावना और चेतना का अभिव्यंजक बना। किसान जीवन से जुड़ने के कारण भारतीय उपन्यास की अन्तर्वस्तु ही नहीं बदली, उसके रूप में भी परिवर्तन हुआ।

–उपन्यास और लोकतन्त्र, पृ. 87

यथार्थवाद

यथार्थवादी उपन्यासों के इतिहास से यह साबित होता है कि यथार्थ की अभिव्यक्ति सुखद, दुखद, आशाप्रद, भयावह, विडम्बनात्मक आदि अनेक रूपों में हुई है और इन सबकी अभिव्यक्ति की कलात्मक पद्धतियाँ भी भिन्न-भिन्न प्रकार की रही हैं। हिन्दी में प्रेमचन्द का यथार्थवाद एक प्रकार का है तो रेणु का यथार्थवाद दूसरे प्रकार का। इसी तरह 'झूठा-सच', 'आधा गाँव', 'राग दरबारी' में यथार्थवाद के अनेक रूप दिखाई देते हैं।

–उपन्यास और लोकतन्त्र, पृ. 17

समाज के ज्ञान की आवश्यकता उन्हें होती है जो समाज को बदलकर उसे बेहतर बनाना चाहते हैं। यथार्थवादी उपन्यास ऐसे लोगों को सामाजिक वास्तविकता और सच्चाई का ज्ञान देकर उन्हें क्रियाशील बनाता है। इसलिए जो यथास्थिति के पोषक हैं, वे यथार्थवाद के विरोधी होते हैं।

–उपन्यास और लोकतन्त्र, पृ. 17

उपन्यास केवल यथार्थ की खोज और उसकी गति की पहचान का आख्यान ही नहीं है, वह सम्भावनाओं की तलाश का आख्यान भी है। उसमें वर्तमान की सीमाओं के बोध के पार जाने की आकांक्षा के कारण सम्भावित संसार

की रचना की कोशिश भी होती है। उपन्यास के माध्यम से ऐसी दुनिया निर्मित की जाती है जो पाठकों को वास्तव में सम्भव लगे। ऐसी दुनिया रचने वाला उपन्यासकार ही सम्भावनाओं का व्याख्याकार भी कहा जा सकता है। आजकल ऐसे उपन्यास लिखे जा रहे हैं जो पूँजीवाद की बर्बरता से मुक्ति की आकांक्षा के कारण एक बेहतर दुनिया की कल्पना पाठकों के सामने रखते हैं।

–उपन्यास और लोकतन्त्र, पृ. 18

भारतीय उपन्यास में जब किसान आया तो अपने साथ वह अपने जीवनानुभव, अपनी संस्कृति, अपनी भाषाएँ और कथन भंगिमाएँ भी लेकर आया, जिससे उपन्यास का नया यथार्थवादी स्वरूप विकसित हुआ और उपन्यास जन-जीवन के इतिहास का आख्यान बना।

–उपन्यास और लोकतन्त्र, पृ. 20

यह समझना आवश्यक है कि उपन्यासकार एक कलाकार है, उसकी रचना में ऐसे यथार्थ की अभिव्यक्ति होती है, जिसके रूप और अर्थ के बारे में वह पहले से सजग है। वह यथार्थ की अभिव्यक्ति के लिए एक ओर उपन्यास कला की उन तकनीकों का प्रयोग करता है, जिन्हें उसने अपने पूर्ववर्तियों से सीखा है और दूसरी ओर अपने अनुभवों से कुछ नये कला-कौशलों का आविष्कार भी करता है। यह समझ लेने के बाद कि उपन्यास सामाजिक यथार्थ की एक कला है, उस दुविधा की सम्भावना नहीं रहती कि उपन्यास लेखन एक कला है या सामाजिक अभिव्यक्ति का एक रूप। रूपवादी आलोचक उपन्यास को लेखन की एक कला कहते हैं और समाजशास्त्री उसे सामाजिक अभिव्यक्ति का एक रूप मानते हैं। दोनों इस भ्रामक असमंजस के एक-एक छोर को पकड़कर उपन्यास की आलोचना के क्षेत्र में रस्साकशी करते रहते हैं।

–उपन्यास और लोकतन्त्र, पृ. 42

उपन्यास का स्वभाव ऐसा है कि वह सामाजिक यथार्थ की अभिव्यक्ति से भागकर उपन्यास नहीं रह सकता। लेकिन केवल सामाजिक यथार्थ की अभिव्यक्ति के कारण कोई उपन्यास कलात्मक कृति नहीं हो जाता। अगर ऐसा होता तो सभी उपन्यासकार प्रेमचन्द होते। यहाँ तक कि प्रेमचन्द के भी सभी उपन्यास समान रूप से कलात्मक नहीं हैं।

–उपन्यास और लोकतन्त्र, पृ. 42

आलोचना

विरासत का परिदृश्य

आचार्य शुक्ल के बाद हिन्दी आलोचना में सैद्धान्तिक-पक्ष को गौण करते हुए विचारधारा को महत्त्व देने की प्रवृत्ति का विकास हुआ। मार्क्सवाद के दौर में विचारधारा को सिद्धान्त के विकल्प के रूप में जगह मिली। प्रगतिवाद-प्रयोगवाद ने मार्क्सवाद के पक्ष-विपक्ष में जो आलोचना विकसित की उसमें विचारधारा को केन्द्रीय स्थान मिला। मार्क्सवाद के विरोधियों ने यद्यपि विचारधारा के हस्तक्षेप का विरोध किया, किन्तु उसके कलावादी तर्क-वितर्क में निहित मार्क्सवाद-विरोधी दृष्टि की पहचान आलोचकों ने अनेक बार की है। फिर दौर आया अमेरिका में विकसित आलोचना-दृष्टि को 'नयी समीक्षा' के नाम से हिन्दी में उतारने का, जिसका प्रसार बड़े पैमाने पर हिन्दी में हुआ। 'नयी समीक्षा' ने हिन्दी में व्यावहारिक आलोचना को फूलने-फलने का अवसर तो दिया, किन्तु समाज, इतिहास और राजनीतिक दृष्टि की उपेक्षा के कारण इसकी उपयोगिता दूरगामी सिद्ध नहीं हो पायी। कला को आधार बनाकर आलोचना-कर्म चलता रहा, मगर कला-सम्बन्धी कोई नयी चिन्तन-प्रणाली सामने नहीं आयी, जिसके आधार पर हिन्दी आलोचना के स्वरूप में नूतनता दिखायी पड़ी हो।

रामविलास शर्मा और नामवर सिंह ने प्रभूत मात्रा में आलोचना की सामग्री का विस्तार किया, किन्तु आलोचना के रास्ते को भावी पीढ़ी के लिए सम्भावनाशील नहीं बनाया। लगभग सात दशकों में फैले इनके लेखन के महत्त्व को एक स्वर में स्वीकारा गया है, किन्तु इनकी परम्परा को आगे बढ़ाने वाला कोई आलोचक दिखाई नहीं पड़ता है. हिन्दी आलोचना आज जहाँ भी खड़ी है, वहाँ तक पहुँचाने में आचार्य शुक्ल और द्विवेदीजी की आलोचना-परम्परा की पहचान स्पष्ट रूप से की गयी है। इतिहास-प्रक्रिया में ऐतिहासिक महत्त्व की पहचान तो की ही जाती है, मगर वर्त्तमान के साथ भविष्य को प्रभावित करने में अपनी भूमिका निभानेवाले को अपेक्षाकृत ज्यादा महत्त्वपूर्ण माना जाता है। रामविलासजी और नामवरजी से प्रभाव-प्रेरणा ग्रहण करनेवाले अनेक आलोचक हैं, अपने समकालीनों से वाद-विवाद और कहीं-कहीं संवाद करने की इनकी क्षमता का लोहा हिन्दी

जगत मानता है और हमेशा मानता रहेगा। प्रतिपक्ष के सापेक्ष आलोचना लिखने के प्रतिमान की तरह दोनों आलोचकों को याद किया जाता रहेगा। इस मामले में जुझारू योद्धा की तरह अजेय-भाव से आलोचनात्मक-संघर्ष करने की अटूट क्षमता के वे अप्रतिम उदाहरण हैं। आलोचना की चुनौतियों का करारा जवाब देते हुए ऊर्जावान माहौल प्रदान करना इनकी देन है।

रामविलास शर्मा ने निराला, प्रेमचन्द, हिन्दी नवजागरण, प्रगतिशील परम्परा आदि विषयों पर स्थायी महत्त्व के काम किये हैं। उनकी आलोचना-दृष्टि से किये गये ये सर्वोत्तम कार्य हैं, बल्कि अपने अन्तिम मुकाम तक पहुँचे हुए हैं। इन विषयों पर इसी पद्धति से आगे चलकर कोई दूसरा आलोचक रेखांकनीय काम नहीं कर सका। रामविलासजी की आलोचना का मुख्य आधार है मार्क्सवादी विचारधारा। मार्क्सवाद की कसौटियों पर साहित्य के विषयों को कसते हुए वे लगभग अन्तिम परिणति तक पहुँच जाते हैं। प्रेमचन्द के साहित्य की व्याख्या में वे आर्थिक प्रश्नों को विचारधारात्मक तेवर के साथ जिस रूप में रखते हैं उन्हें चरम रूप ही मानना चाहिए। मार्क्सवाद के सहारे सामन्तवाद, महाजनी सभ्यता, जमींदार, सीमान्त किसान, रोजगार, सर्वहारा, कृषि-व्यवस्था, अँगरेजी राज आदि के पक्ष-विपक्ष को प्रेमचन्द के साहित्य में रामविलासजी ने जिस व्यापकता के साथ रखा है, वह अतुलनीय है। मार्क्सवादी विचारधारा को आलोचना में सशक्त और व्यापक तरीके से रखने का काम रामविलास शर्मा ने किया। विचारधारा का जितना और जैसा आग्रह एवं प्रयत्न रामविलासजी के लेखन में मिलता है, वह अन्यत्र दुर्लभ है। आचार्य रामचन्द्र शुक्ल के आलोचना-कर्म को सामने रखकर कहा जा सकता है कि उनके तीन पक्ष हैं—विचारक, बौद्धिक और आलोचक। ये तीनों उनमें परस्पर मिले हुए हैं। कहने की जरूरत नहीं कि आचार्य शुक्ल हमारे लिए प्रथमतः आलोचक हैं और उनके 'आलोचक' में 'विचारक' और 'बौद्धिक' घुला-मिला है, जिसके कारण उनके आलोचनात्मक लेखन को कालजयी उम्र मिली है। उनके द्वारा प्रस्तुत किये गये मार्ग पर हिन्दी आलोचना चलती रही, उनके पास भावी पीढ़ी को देने के लिए समृद्ध खजाना रहा।

'विचारक' और 'बौद्धिक' हुए बिना 'आलोचक' के सम्पूर्ण व्यक्तित्व को नहीं पाया जा सकता है। आलोचना का प्राथमिक सम्बन्ध रचना से होता है, मगर उस रचना को इतिहास और समाज की प्रक्रिया में जगह दिलाने का काम विचारधारा और बौद्धिकता के बल पर ही सम्भव होता है। यह सन्तुलन दुर्लभ होता है कि आप रचना की साहित्यिकता के साथ उसके ऐतिहासिक और सामाजिक महत्त्व का त्रिकोणात्मक सन्तुलन बनाये रखें। आचार्य शुक्ल इस सन्तुलन के सबसे बड़े उदाहरण हैं। रामविलास शर्मा उपर्युक्त त्रिकोण के विचारक-पक्ष के

सर्वश्रेष्ठ आलोचक हैं। आचार्य शुक्ल से लेकर आज तक जितने भी महत्त्वपूर्ण आलोचक हुए उनमें सबसे अधिक, मार्क्सवादी विचारधारा की शब्दावलियों की सहायता से, व्यावहारिक आलोचना लिखने का काम रामविलास शर्मा ने किया।

नामवर सिंह में बौद्धिकता का आग्रह प्रबल है। साहित्य के विभिन्न पक्षों को बौद्धिक धरातल पर विवेचित करने की प्रवृत्ति उनमें अपेक्षाकृत प्रबल रही है। इस बात को विस्तार से बताने के लिए उनकी एक पुस्तक के बारे में बात की जा सकती है। नामवरजी की पुस्तक 'आलोचना और विचारधारा' का प्रकाशन राजकमल प्रकाशन, नयी दिल्ली से 2012 में हुआ है। इसमें नामवर सिंह के 22 व्याख्यान संकलित हैं। सम्पादक आशीष त्रिपाठी का मत है कि 'इन व्याख्यानों के केन्द्र में आलोचना है।'[1] मतलब यह हुआ कि इस पुस्तक के माध्यम से हम जान सकते हैं कि 'आलोचना' के बारे में नामवरजी के विचार किस प्रकार के रहे हैं। इसमें उन्होंने अपने आलोचना-कर्म के बारे में भी बताया है। साहित्य का समाजशास्त्र, हिन्दी के कुछ आलोचक, आलोचना के स्वरूप आदि से सम्बन्धित इन व्याख्यानों के आधार पर नामवरजी की आलोचनात्मक देन पर विचार किया जा सकता है।

नामवरजी हिन्दी आलोचना के शीर्षस्थ व्यक्तित्व रहे हैं। दिशाओं को निर्धारित करने में उनकी असंदिग्ध भूमिकाएँ रही हैं। उनके भाषण निरुत्तर करने वाले रहे हैं। वे महज शंका-समाधान के आलोचक नहीं रहे हैं, बल्कि 'स्वान्तःसुखाय' की साहित्य-परिधि को तोड़कर 'जगत-बोध' की जिज्ञासा मूलक दृष्टि उत्पन्न करने के हिमायती रहे हैं। आशीष त्रिपाठी ने यह अत्यन्त प्रशंसनीय काम किया है कि नामवरजी की बिखरी हुई रचनाएँ अब अधिकांशतः एकत्र हो गयी हैं। नामवरजी के प्रति जिज्ञासुओं की शिकायतें भी अब खत्म हो गयीं कि नामवरजी को पढ़ें कैसे? वहीं अब यह भी सम्भव हो गया है कि इस एकत्र प्रकाशित सामग्री के आधार पर नामवरजी की साहित्य-साधना पर व्यवस्थित तरीके से विचार हो। वे अब 'न लिखने के इल्जाम' से भी बरी हो गये हैं।

इस पुस्तक की सम्पादकीय भूमिका में आशीषजी ने नामवरजी पर लगने वाले सबसे बड़े आरोप ('अचूक अवसरवादी') का खंडन भी किया है, "इनमें (व्याख्यानों में) विचारों और मान्यताओं के विस्तार और बदलाव के उदाहरण भले ही मिलें, विचलनों और अवसरवादी अवसर-बात के प्रायः नहीं।"[2] पुस्तक पाठकों के सामने है, इसलिए मौखिक आरोप-प्रत्यारोप या क्षेपक-कौशल की सम्भावना खत्म होती है। इस सीरीज की आठ पुस्तकें प्रकाशित हो चुकी हैं। इनके आधार पर नामवरजी की आलोचनात्मक देन पर विचार किया जाना चाहिए।

'आलोचना और विचारधारा' के पन्ने-पन्ने पर नामवरजी का आत्मविश्वास

से भरा भाषिक व्यक्तित्व चमक रहा है। हिन्दी आलोचना की स्थिति पर विचार करती यह पुस्तक पुनर्विचार और पुनर्मूल्यांकन की भी माँग करती है। 'आलोचना' को एक विधा के रूप में नामवरजी क्या देते हैं, इस पर विचार किया जाना जरूरी है। नामवरजी की सबसे बड़ी सफलता इस बात में है कि दुनिया की विभिन्न वैचारिकियों से वे हिन्दी आलोचना को जोड़ते हैं। मार्क्सवादी, गैर-मार्क्सवादी और मार्क्सवाद-विरोधी विचारधाराओं की जानकारी रखने के प्रति सजग नामवरजी अद्‌भुत कौशल के साथ हिन्दी आलोचना में इनका इस्तेमाल करते हैं। अर्थशास्त्र, राजनीतिशास्त्र, दर्शनशास्त्र, इतिहास, साहित्य, भाषा, पत्रकारिता आदि के श्रेष्ठ चिन्तकों को देशी-विदेशी सन्दर्भ के साथ जब वे उद्धृत और विश्लेषित करते हैं तो सभा दाँतों तले उँगली दबा लेती है। नामवरजी अपने समय के श्रेष्ठ बुद्धिजीवी और चिन्तक हैं। उन्होंने अपने आलोचना-कर्म को विश्व की श्रेष्ठ बौद्धिकताओं से जोड़ा है तथा प्रयास किया है कि हिन्दी साहित्य तथा आलोचना प्रगति के पथ पर अग्रसर हो। परम्परा तथा समकालीनता में मौजूद सर्वश्रेष्ठ को जानना-समझना और इस्तेमाल करना उनका स्वभाव है। नामवरजी की राजनीतिक जागरूकता उनकी बौद्धिक ऊर्जा का स्रोत है। मार्क्सवादी विचारधारा के किसी न किसी रूप-प्रतिरूप से अटूट सम्बन्ध बनाये रखते हुए वे प्रयत्नशील रहे कि हिन्दी साहित्य प्रतिगामी प्रवृत्तियों से बचा रहे।

नामवरजी के विराट व्यक्तित्व पर हिन्दी जाति को गर्व है। हिन्दी भाषा-भाषी क्षेत्र को बौद्धिकता के मंच पर नामवरजी जैसा सशक्त वक्ता, लेखक और चिन्तक मिला है जो अपना बौद्धिक-कर्म हिन्दी भाषा में सम्पन्न करता है। हिन्दी में सोचने, बोलने और लिखने वालों में नामवरजी सम्भवतः सर्वश्रेष्ठ बौद्धिक हैं। उनका यह बड़ा व्यक्तित्व कई बार तिलस्म भी रचता है। हम इस उम्मीद से उनके पास जाते हैं कि साहित्य की गुत्थी सुलझेगी। गुत्थी सुलझती भी है और कई ऐसी गुत्थियाँ हमारे सामने आ खड़ी होती हैं जिनका समाधान तत्काल नहीं मिलता। उनका लेखन हममें प्रायः जिज्ञासामूलक चेतना उत्पन्न करता है।

नामवरजी के पूरे व्यक्तित्व को उनके आलोचक व्यक्तित्व में समाने की कोशिश नहीं की जानी चाहिए। एक आलोचक के रूप में उनका मूल्यांकन करते समय हमें सावधान रहना चाहिए कि कहीं हम उनके उस बृहत्तर व्यक्तित्व की ओर न मुड़ जायें। इस मोड़ पर दुर्घटना के खतरे हैं। संयम रखते हुए हमें देखना चाहिए कि हिन्दी के एक आलोचक के रूप में नामवरजी के बारे में क्या राय बनायी जाये? 'आलोचना और विचारधारा' पुस्तक में हिन्दी आलोचना के लिए कौन-सी बातें महत्वपूर्ण हैं? 'हिन्दी आलोचना' को एक विधा के रूप में वे क्या देते हैं? नामवरजी 'आलोचना' का क्या अर्थ लेते हैं? 'आलोचना' के अर्थ

को लेकर क्या नामवरजी स्वयं से एकमत हैं? उनकी कुछ पंक्तियों को रखने के बाद विश्लेषण करना उचित होगा–

1. "कविता, कहानी अकेले रहकर लिखी जा सकती है, उसके लिए किसी संस्था का सदस्य होना जरूरी नहीं, लेकिन आलोचना एक शास्त्र है और शास्त्र आदमी नहीं बनाता है। वह एक दिन में नहीं बनता है, शास्त्र के लिए निरन्तरता बहुत जरूरी है, पीढ़ियाँ लगती हैं। पन्थ और सम्प्रदाय की तरह शास्त्र शताब्दियों में बनते हैं।"[3]
2. "आलोचना का चिन्तन से गहरा सम्बन्ध होता है और चिन्तन संस्थानों में होता है क्योंकि संस्थानों में ही एक परम्परा बनती है। कहानी या उपन्यास लिखने के लिए संस्थान से जुड़ना आवश्यक नहीं है।"[4]
3. "लेकिन साहित्य की थियरी आलोचना नहीं है। शास्त्र बनाना एक प्रकार का काम है, आलोचना दूसरे प्रकार का काम है। जरूरी नहीं कि जो शास्त्र निर्माण करने में दक्ष हो, वह अच्छा आलोचक भी हो।"[5]
4. "शास्त्र में प्रसंगवश आलोचना होती है, जबकि आलोचना में सिद्धान्त चर्चा प्रसंगवश की जाती है। इस अन्तर को समझ लेना चाहिए। जब मैंने कहा कि समालोचना शास्त्र या सिद्धान्त नहीं है तो इससे दूसरी चीज निकलती है कि संस्थान समालोचना नहीं कर सकता है। समालोचना तो व्यक्ति करता है और व्यक्तियों के द्वारा की हुई आलोचना के क्रम में किसी कृति के अलग-अलग पहलू उजागर होते हैं और तब परम्परा के अन्तर्गत आलोचना का स्वरूप सामने आता है।"[6]
5. "आलोचना शास्त्र नहीं है, बल्कि आलोचना उसमें निहित है, जिसको मूल्य-निर्णय कहते हैं।"[7]
6. "आलोचना सिद्धान्त से पैदा नहीं होती है, बल्कि अपने पर्यवेक्षण से, अपने देखने-दिखाने से पैदा होती है और यह सारा देखना-दिखाना साहित्य के अन्दर ही होता है।"[8]
7. "आलोचना-कर्म संस्थागत होते हुए भी कहीं न कहीं वैयक्तिक होता है।"[9]

उपर्युक्त सभी उद्धरण 'हिन्दी आलोचना की परम्परा' शीर्षक एक ही व्याख्यान से हैं। मई, 2002 में वाराणसी में दिये गये इस व्याख्यान से नामवरजी के आलोचना-सम्बन्धी विचारों का विश्लेषण किया जा सकता है। इन सात उद्धरणों से कुछ पंक्तियों को आमने-सामने रखा जाये तो रोचक स्थिति सामने आती है–

उद्धरण–1 से ☞ 'आलोचना एक शास्त्र है'
" 4 से ☞ 'समालोचना शास्त्र या सिद्धान्त नहीं है'
" 5 से ☞ 'आलोचना शास्त्र नहीं है'

अब क्या समझा जाये ? क्या आलोचना शास्त्र है? क्या आलोचना शास्त्र नहीं है? अगली समस्या–

उद्धरण–1 से ☞ 'आलोचना एक शास्त्र है'
☞ 'शास्त्र आदमी नहीं बनाता है' (संस्था बनाती है)
☞ (शास्त्र बनाने में) 'पीढ़ियाँ लगती हैं।'
☞ 'शास्त्र शताब्दियों में बनते हैं।'

उद्धरण–2 से ☞ 'आलोचना का चिन्तन से गहरा सम्बन्ध'
☞ 'चिन्तन संस्थानों में होता है'
☞ 'संस्थानों में ही एक परम्परा बनती है'

उद्धरण–4 से ☞ 'संस्थान समालोचना नहीं कर सकता है'
☞ 'समालोचना तो व्यक्ति करता है'

उद्धरण–7 से ☞ 'आलोचना-कर्म संस्थागत' (है)
☞ (आलोचना-कर्म) 'कहीं न कहीं वैयक्तिक होता है'

इन टुकड़ों में इस प्रश्न के उत्तर निहित हैं कि आलोचना संस्थागत होती है या वैयक्तिक? नामवरजी इस प्रश्न के कई उत्तर दे देते हैं। आलोचना एक शास्त्र है ('नहीं' भी है!) जिसका निर्माण संस्था, पीढ़ियाँ और शताब्दियाँ करती हैं। इसका निर्माण संस्थानों में होता है, मगर यह काम संस्थान नहीं करता है, व्यक्ति करता है। जो काम पीढ़ियाँ करती हैं, शताब्दियाँ करती है, संस्थाएँ करती हैं उसी काम को नामवरजी बताते हैं कि 'व्यक्ति करता है'! वे कहते हैं कि 'संस्थान समालोचना नहीं कर सकता है' तो फिर बयान देते हैं कि 'आलोचना-कर्म संस्थागत' है! अन्ततः क्या समझा जाना चाहिए? आलोचना से सम्बन्धित दो प्रश्न यहाँ हैं–

1. आलोचना शास्त्र है या नहीं?
2. आलोचना संस्थागत है या व्यक्तिगत?

नामवरजी इन दोनों प्रश्नों को एक ही व्याख्यान में उठाते हैं और परस्पर-विरोधी कई उत्तर देकर दिग्भ्रमित कर देते हैं। ऊपर उद्धृत सात उद्धरणों में एक और प्रश्न/समस्या है। शास्त्र, सिद्धान्त, थियरी और आलोचना के पारस्परिक सम्बन्ध पर कुछ बातें–

उद्धरण–2 से ☞ 'आलोचना का चिन्तन से गहरा सम्बन्ध'

उद्धरण–3 से ☞ 'साहित्य की थियरी आलोचना नहीं है।'
☞ 'शास्त्र बनाना' और 'आलोचना' भिन्न काम हैं।
☞ जो 'शास्त्र निर्माण में दक्ष' है, जरूरी नहीं कि 'अच्छा आलोचक' हो।

उद्धरण–4 से ☞ शास्त्र में प्रसंगवश आलोचना

☞ आलोचना में प्रसंगवश सिद्धान्त चर्चा

उद्धरण–6 से ☞ 'आलोचना सिद्धान्त से पैदा नहीं होती है'

नामवरजी आलोचना का चिन्तन और सिद्धान्त से गहरा सम्बन्ध बताते हैं तो दूसरी बार बोल उठते हैं कि आलोचना सिद्धान्त से पैदा नहीं होती है! एक तरफ वे 'साहित्य की थियरी', 'शास्त्र बनाना', 'शास्त्र निर्माण' आदि को रखते हैं तो दूसरी तरफ 'आलोचना' को रखते हैं तथा दोनों को भिन्न काम मानते हैं। यहाँ जिज्ञासा प्रकट की जा सकती है कि साहित्य की 'थियरी' से क्या समझा जाना चाहिए ? हिन्दी साहित्य में साहित्य की 'थियरी' कहाँ मौजूद है? उस शाखा को हम क्या कहेंगे जिसमें साहित्य से सम्बन्धित सिद्धान्त रखे जाते हैं? साहित्य के सिद्धान्त जिस शाखा में रखे जा सकते हैं उसे हम 'काव्यशास्त्र' कह सकते हैं या 'आलोचना'। इनके अलावा कोई तीसरा नाम दिया भले जा सकता है, मगर उसका अस्तित्व हिन्दी में मौजूद नहीं होगा! हिन्दी में 'काव्यशास्त्र' का सम्यक विकास तो हुआ नहीं। साहित्य की निर्माण–प्रक्रिया या मूल्यांकन–पद्धति के लिए हमारे पास 'आलोचना' के अलावा कोई अन्य शाखा नहीं है। 'साहित्य की थियरी' पर अब प्रत्यक्ष बहस भले नहीं होती हो, मगर साहित्य के स्वरूप पर पुनर्विचार किसी न किसी रूप में 'आलोचना' ही करती आ रही है। हिन्दी में 'आलोचना' के अलावा और कोई शाखा नहीं है जहाँ साहित्य–सिद्धान्तों पर विचार किया जाता हो। मगर नामवरजी 'आलोचना' को इन बातों से अलग बताने की हिमायत उपर्युक्त प्रसंग में कर रहे हैं। यदि इसे हम सैद्धान्तिक आलोचना और व्यावहारिक आलोचना में बाँट कर देखें तो नामवरजी का अन्तर्निहित मन्तव्य समझ में आता है। 'शास्त्र निर्माण करने में दक्ष' और 'अच्छा आलोचक' को अलगाने के पीछे की मंशा यही है कि सैद्धान्तिक आलोचना को वे 'अच्छा आलोचक' का काम नहीं मानते हैं! मगर सच तो यही है कि सैद्धान्तिक आलोचना और व्यावहारिक आलोचना को हम 'हिन्दी आलोचना' नामक शाखा के अन्तर्गत ही रखेंगे और इस काम में लगे हुए को 'आलोचक' ही कहेंगे।

आलोचना के बुनियादी प्रश्नों के उत्तरों की बुनियाद ठोस होनी चाहिए। आलोचना के अनुशासन में विश्वास रखनेवाला इसे 'शास्त्र' ही मानेगा, जो 'शास्त्र' है इसकी मूल प्रकृति 'संस्थागत' ही होगी। इस सीधी–सादी बात को नामवरजी परस्पर–विरोधी बातों से उलझा दे रहे हैं। रही बात आलोचना में 'व्यक्ति' के महत्त्व की, आलोचक के महत्त्व की या आलोचक विशेष के महत्त्व की! दुनिया का प्रत्येक काम कोई–न–कोई व्यक्ति करता है तो क्या दुनिया का कोई भी काम 'संस्थागत' नहीं माना जाये? जवाहरलाल नेहरू से लेकर आज तक अनेक

प्रधानमन्त्री इस देश को मिले, जिन्होंने अपनी योग्यता, क्षमता और परिस्थिति के अनुसार सरकार को चलाया; मगर सरकार चली भारत के 'संविधान' के अनुसार! 'संविधान' को अतिक्रमित कर 'कागजी फूल' बनाने का भी उदाहरण मौजूद है, जिसे हम 'इमरजेंसी' के दागदार नाम से याद करते हैं! इसलिए जिसकी प्रकृति 'संस्थागत' है, उसे कोई व्यक्ति अपनी योग्यता से तभी तक समृद्ध कर सकता है, जब तक उसका विश्वास बना रहे कि यह काम वैयक्तिक नहीं, संस्थागत है।

'विकल्प का अवकाश' 1987 में दिया गया व्याख्यान है। नामवरजी कहते हैं, "आचार्य शुक्ल के शब्दों में कविता यदि 'हृदय की मुक्तावस्था' है तो मेरे विचार से आलोचना 'बुद्धि की मुक्तावस्था' है। ...आलोचना लिखते समय और आलोचना पढ़ते समय बुद्धि की मुक्तावस्था होनी चाहिए। ...बुद्धि की मुक्तावस्था आलोचना के कर्ता और आलोचना के पाठक के पक्ष में भी लागू होनी चाहिए। आलोचना वह है जो पाठक की बुद्धि को मुक्त करे लेकिन वही आलोचना पाठक की बुद्धि को मुक्त करेगी, जो स्वयं बुद्धि की मुक्तिसाधना द्वारा लिखी गयी हो।"[10]

'मुक्तावस्था' की बात उच्चकोटि की है, मगर इसे सुविधाजनक बनाने का प्रयास नहीं किया जाना चाहिए। आचार्य शुक्ल ने कविता को 'हृदय की मुक्तावस्था' बताया, तो कविता के अनुशासन की अनेक शर्तें भी बतायीं। कविता को एक विधा के रूप में बने रहने के तमाम आधार भी बताए। कविता के परिष्कार की नयी बातें बतायीं तो कविता की 'मूल सत्ता' की स्वतन्त्रता की भी पहचान की। आचार्य शुक्ल ने 'रस मीमांसा' में लिखा है, "अब यहाँ पर काव्य और सभ्यता के सम्बन्ध का सवाल सामने आता है। सभ्यता का स्वरूप उत्तरोत्तर बदलता चला आ रहा है। आज से सौ वर्ष पहले उसका जो स्वरूप था वह आज नहीं है, आज जो उसका स्वरूप है वह पचास वर्ष पीछे न रहेगा। अब विचारणीय यह है कि क्या कविता को भी सभ्यता का एक अंग होकर आज कुछ और होते हुए चलना चाहिए अथवा सभ्यता के बाहरी और भीतरी दोनों स्वरूपों को बाह्य आवरण के रूप में रखकर एकरस धारा के रूप में चलना चाहिए। हमारा कहना है कि दूसरा मार्ग ही सच्ची कविता का मार्ग हो सकता है। सभ्यता के साथ-साथ वह चलेगी पर उसी का विधान होकर नहीं। वह अपनी मूल सत्ता स्वतन्त्र रखेगी।"[11]

'मुक्तावस्था' में विश्वास रखनेवाले आचार्य शुक्ल ने 'सभ्यता के साथ-साथ' चलने तथा 'मूल सत्ता' को स्वतन्त्र बनाये रखने की शर्त रखी। नामवरजी आलोचना को 'सभ्यता के साथ-साथ' चलाने का पूरा प्रयास करते

हैं। वे आलोचना को 'बुद्धि की मुक्तावस्था' से भी जोड़ते हैं। इन दोनों पक्षों को वे बखूबी निबाहते हैं। मगर आलोचना की 'मूल सत्ता' को स्वतन्त्र बनाये रखने के प्रति वे कितने सजग-सफल रहे—इस पर विचार किया जाना चाहिए।

आलोचना की 'मूल सत्ता' किसे कहेंगे? आलोचना से हमारी प्राथमिक अपेक्षाएँ क्या-क्या होती हैं?

नामवरजी 'विकल्प का अवकाश' (1987) शीर्षक भाषण में कहते हैं, "आचार्य शुक्ल ने अपने 'इन्दौर वाले भाषण' में 'आलोचना' को भी 'साहित्य' के अन्तर्गत ही शामिल किया है।"[12] आलोचना की 'मूल सत्ता' का एक पक्ष यह हुआ कि वह प्रथमतः और अन्ततः 'साहित्य' है। साहित्य की रचना-प्रक्रिया से लेकर मूल्य-निर्णय तक का काम आलोचना करती है। आलोचना स्वयं आलोचना पर भी विचार करती है। उसका दायरा साहित्य का दायरा है। यही उसकी मूल सत्ता है। साहित्य की उत्पत्ति, साहित्य की भाषा, प्रक्रिया, पद्धति, मूल्यांकन आदि अनेक पक्षों से आलोचना का सम्बन्ध है। साहित्यिक रचनाओं को रचने के काम को छोड़कर प्रायः सभी पक्षों से आलोचना का सम्बन्ध है। एक आलोचक से अपेक्षा की जाती है कि वह साहित्य के इन सभी पक्षों पर सम्यक तरीके से विचार करे। नामवरजी आलोचना की इस 'मूल सत्ता' की अनेक बार उपेक्षा करते हुए दिखते हैं। वे आलोचना को 'सभ्यता का एक अंग होकर आज कुछ और होते हुए' चलाने के पक्षधर बन जाते हैं। वे आलोचना की 'एक रस धारा' में अपना विश्वास व्यक्त नहीं कर पाते तथा 'बुद्धि की मुक्तावस्था' को अपना घोषणा-पत्र बनाकर बुद्धि-कौशल का झण्डा बुलन्द करते हैं। आलोचना के बारे में नामवरजी की यह टिप्पणी देखिए, "कहा गया है उसकी अपनी 'ज्ञान-मीमांसा' या 'पद्धति' होनी चाहिए। वह पद्धति क्या है, मैं नहीं जानता। पद्धतियाँ बहुत हैं लेकिन इस सिलसिले में एक कवि आलोचक की कही गयी बात मुझे बहुत संगत लगती है—'देयर इज़ नो मैथॅड एक्सेप्ट टू बी वैरी इंटेलिजेंट।' पद्धतियाँ तो बहुतों के पास होती हैं। सवाल यह है कि कैसे वह पद्धति अन्ततः समालोचक को 'इंटेलिजेंट' बनाती है।"[13]

आलोचना की कोई पद्धति हो—यह बात नामवरजी को 'संगत' नहीं लगती। उन्हें 'संगत' लगती है यह बात कि आलोचक 'इंटेलिजेंट' बने। नामवरजी का आलोचना-कर्म सम्भवतः इसी व्यक्तिगत 'इंटेलिजेंट' के लक्ष्य को लेकर चला है। अपने लक्ष्य-भेद के लिए वे एफ.आर. लीविस और रेनेवेलेक की बहस को रखते हैं, "आलोचकों का कहना है कि कभी-कभी सिद्धान्त या दर्शन या चिन्तन का पक्ष आलोचना के लिए साधक से अधिक बाधक सिद्ध होता है। अँग्रेजी के एक अच्छे आलोचक एफ.आर. लीविस की बहस रेनेवेलेक से इसी बात पर हुई

थी और जिस निबन्ध में हुई थी उसका शीर्षक ही था 'फिलॉसफी एंड लिटरेरी क्रिटिसिज्म।' रेनेवेलेक ने बड़ी चुनौती दी कि आप अपने सिद्धान्त बताइए, नहीं बताते हैं तो आपके सिद्धान्त मैं बताता हूँ। और लीविस ने कहा कि आपने मेरे सिद्धान्त गलत बताये हैं, न बताते तो अच्छा था। यह काम मैं कर सकता हूँ लेकिन करूँगा नहीं क्योंकि आलोचना-कर्म दर्शन के कर्म से बिल्कुल भिन्न है, यह सिस्टम या थियरी नहीं है बल्कि मूलतः आलोचना-कर्म है; हम लोग तो जॉन लॉक के देश के हैं जहाँ आलोचना-कर्म एक प्रशिक्षित संवेदनशीलता से अधिक की माँग करता है, इसी में उसका खुलापन है, इसी में वो कदाचित ठीक मूल्यांकन भी कर सकेगा और विश्लेषण भी कर सकेगा। इससे अधिक यदि आलोचना-कर्म सिद्धान्तों की खोज में लगा तो उसकी क्षति होगी।''[14]

मतलब साफ है कि आलोचना को सिद्धान्त, दर्शन, चिन्तन, पद्धति, सिस्टम, थियरी आदि से जोड़ना तो चाहिए मगर बाँधना नहीं चाहिए। नामवरजी 'खुलापन' का समर्थन कर रहे हैं–'मुक्तावस्था' अथवा 'इंटेलिजेंट'। नामवरजी अपनी आलोचना-पद्धति बताएँगे नहीं और किसी ने बताया तो उसे सही मानेंगे भी नहीं–हर प्रकार की 'मुक्तावस्था' और 'इंटेलिजेंट' सिद्ध होने की अदम्य इच्छा-शक्ति! 'आलोचना-कर्म है' और इस कर्म का कोई सिद्धान्त नहीं है! नामवरजी जानते हैं कि 'कर्म-सिद्धान्त' में विश्वास करना वर्णाश्रमी होना है! आलोचना-कर्म है और आलोचक का काम है कि वह उसे किये जाये! सिद्धान्तों, वादों, विमर्शों, दर्शनों का उपयोग होता चले मगर अपने अन्दरखाने की व्यवस्था को पर्दे में ही रखा जाये!

नामवरजी अन्य देशों में आलोचना की सैद्धान्तिकी पर हो रहे कामों की चर्चा ही नहीं करते, उनकी प्रशंसा भी करते हैं। मगर हिन्दी में इस तरह के कामों की जरूरत नहीं मानते। 'आलोचना के औजारों के परीक्षण का समय' (1998) शीर्षक व्याख्यान में नामवरजी बोलते हैं, "अन्य देशों में आलोचना की थियरी में जो काम हो रहा है, उन चीजों की गहराई से जाँच और परीक्षा की जा रही है और उसके अच्छे नतीजे निकल रहे हैं।''[15] 'शताब्दी के आखिरी दौर में हिन्दी आलोचना' (1995) शीर्षक व्याख्यान की ये पंक्तियाँ, "अमेरिका में रचना की अपेक्षा आलोचना और आलोचकों का बोलबाला है। अमेरिका और इंग्लैण्ड की पत्रिकाओं को आप देखें तो उनमें नब्बे फीसदी साहित्य के सिद्धान्त को ही आप पायेंगे।''[16]

नामवरजी आलोचक को 'मुक्तावस्था' वाले 'इंटेलिजेंट' के रूप में देखना भले चाहते हों, मगर आलोचना की सैद्धान्तिकी की चिन्ता कभी-कभी प्रकट भी करते हैं, "मैं निवेदन करूँ कि हिन्दी में इतिहास और परम्परा पर जो कुछ लिखा

गया है उसमें बहुत संवेदनशील और मूल्यवान तत्त्वों के बावजूद जो बड़ी कमी मुझे दिखाई पड़ती है, वह है–सिद्धान्त का अभाव। यह एक विडम्बनापूर्ण बात है और कभी-कभी मैंने स्वयं इसके विपरीत लिखा-सोचा है।''[17] नामवरजी ने ऐसा केवल 'लिखा-सोचा' ही नहीं है बल्कि उनके आलोचना-कर्म का यह स्वभाव भी है। उनके आलोचनात्मक लेखों को एकत्र कर उनमें किसी आलोचना-पद्धति की तलाश की जाये तो निराशा हाथ लगती है। वे एक प्रखर बौद्धिक हैं, उनके पास तीक्ष्ण दृष्टि है, उनका युगबोध सामयिक है; मगर, साहित्य के आलोचक के रूप में उनमें व्यवस्था का अभाव है। शुक्लजी को उद्धृत करने के बाद वे अपनी बात बताते हैं कि ''जैसे-जैसे सभ्यता का विकास हो रहा है आलोचना-कर्म कठिन, जटिल और विस्तृत होता चला जा रहा है।''[18] नामवरजी का सारा ध्यान 'सभ्यता' पर है। वे 'सभ्यता' को भरपूर निगाह से देखते हैं–एक दार्शनिक के भाव से भी और एक आत्मस्थ राजनीतिक सचेतक के भाव से भी। 'सभ्यता' को समझने में वे मार्क्सवादी दृष्टि का प्रायः इस्तेमाल करते हैं। इस अर्थ में वे अपने बौद्धिक-कर्म का निर्वाह करते हैं। 'सभ्यता' से 'आलोचना' को जोड़ते समय भी उनका ध्यान 'सभ्यता' पर ज्यादा रहता है। वे आलोचना को 'समूची संस्कृति और समूची सामाजिक व्यवस्था की चुनौती'[19] से जोड़ते हैं। इसे वे 'सांस्कृतिक कर्म की व्याख्या' से जोड़ते हैं। एक आलोचक 'अपने युग और समाज की अन्तरात्मा का काम करता है'।[20] आलोचना और आलोचक साहित्यिक रचना के साथ कैसा व्यवहार करे, इसपर उनका विशेष जोर नहीं है।

रचना को आधार बनाकर की गयी आलोचना को नामवरजी दोयम दर्जे का काम मानते हैं और आलोचना की सैद्धान्तिकी पर काम करने को वे महत्त्वपूर्ण नहीं मानते। नामवरजी 'आलोचना और विचारधारा' पुस्तक में जिन प्रश्नों से टकराते हैं वे प्रायः 'सभ्यता' के प्रश्न हैं। ये प्रश्न महत्त्वपूर्ण हैं। इनमें उनकी बौद्धिक दखल कमाल की है। मगर नामवरजी सजग हैं कि उन्हें आलोचक समझा जाये, जैसे जायसी सजग हैं कि उन्हें कवि समझा जाये; सूफी सन्त नहीं। आचार्य शुक्ल तथा आचार्य द्विवेदी की आलोचना-पद्धति उन्हें आकर्षित करती है। वे इन दोनों आचार्यों से बहुत कुछ लेते हैं, मगर आलोचना की 'मूल सत्ता' के प्रति जो सजगता आचार्य शुक्ल में थी, उसका निर्वहन नामवरजी नहीं कर पाते हैं। वे आचार्य द्विवेदी से आगे बढ़कर साहित्य में दूसरी चीजों को इतना घुला-मिला देते हैं कि साहित्य की प्राथमिकता आहत होने लगती है।

नामवरजी इसी पुस्तक में लिखते हैं, ''हमारे चिन्तन में जहाँ गलतियाँ दिखें, वहाँ बेहिचक दिखाएँ। इसमें हिन्दी की जीत होगी, लेखन की जीत होगी।''[21]

'हिन्दी की जीत' के लिए नामवरजी अपनी कमियों को स्वीकारने को तैयार

हैं। दर्ज किया जा सकता है कि इसी पुस्तक में उनका एक भाषण है–'आलोचना का लोकतन्त्र'। आलोचना की जीत लोकतन्त्र में विश्वास प्रकट करके जरूर होगी, मगर उसका रास्ता साहित्य के भीतर से ले जाया जाये। नामवरजी भाषा-आधारित आलोचना के खतरों से आगाह जरूर करते हैं मगर उसका ऐसा विकल्प नहीं दे पाते जो रचना की उचित भाषिक व्याख्या कर सके। वे आलोचना की पद्धति से इस तरह बचते हैं मानो रीतिबद्ध हो जाने का भय सता रहा हो। साहित्य की भाषा पर बात करने का मतलब यह नहीं होता कि आलोचक रूपवादी या कलावादी हो गया है। समाज, सभ्यता और संस्कृति से साहित्य को जोड़ते हुए एक आलोचक जितनी भी बातें बताएगा, उसका आधार रचना की भाषा में ही तो होगा! हम आलोचना के कितने ही सुन्दर नमूने प्रस्तुत करें यदि उसकी पद्धति के विकास पर ध्यान नहीं देंगे तो आलोचना आगे बढ़ेगी कैसे?

नामवरजी की यह पुस्तक उनके 'इंटेलिजेंट' का प्रमाण है, उनकी 'बुद्धि की मुक्तावस्था' का शब्द-चित्र है। मगर इस पुस्तक से हिन्दी आलोचना को आगे बढ़ने में विशेष मदद मिलेगी–ऐसा नहीं लगता है! आलोचना की 'मूल सत्ता' के प्रति उपेक्षा के कारण इसमें बौद्धिक खुराक के बावजूद साहित्य की गतिशीलता का अभाव है। नामवरजी के बौद्धिक व्यक्तित्व के अनुकूल है यह पुस्तक, मगर हिन्दी आलोचना के लिहाज से कहा जा सकता है–

"आस उस दर से, छूटती ही नहीं
जा के देखा, न जा के देख लिया" (फ़ैज़)

आलोचना के विकास की शर्त है कि उसमें भावी पीढ़ी को रास्ता दिखाने की क्षमता हो, वह आचार्य के मनमानेपन का शिकार न हो, उसके मूल्यांकन की स्पष्ट पद्धति/कसौटी/सैद्धान्तिकी हो, उसमें व्यापक रूप से समाज को समझने की क्षमता के साथ-साथ दिशा दिखाने की सामर्थ्य हो। यह भी आवश्यक है कि उसका मिजाज जनतान्त्रिक हो अर्थात् उसमें मूल्यांकन और व्याख्या की ऐसी भाषा हो जिसमें पाठक अपने को शामिल महसूस करे और जिसे पढ़कर रचना के मूल को समझा जा सके। रहस्यगर्भित भाषा में लिखी हुई आलोचना अपने स्वरूप में ही अलोकतान्त्रिक हो जाती है, क्योंकि आलोचना से रचना की बोधगम्यता में सहायता मिलनी चाहिए। रामविलास शर्मा और नामवर सिंह ने प्राय: बोधगम्य भाषा में आलोचना-कर्म किया है, यही कारण है कि उनके पाठकों की संख्या बहुत बड़ी है, उनके मतों में स्पष्टता रहती है तथा निर्णय में उलझन नहीं होती। उनके आलेख पढ़ते जाइए और मुरीद होते जाइए। समस्या तब समझ में आती है जब आप उनके मनमानेपन को महसूस करने लगेंगे। 'निराला की साहित्य-साधना' हो या 'प्रेमचन्द और उनका युग' या रामविलासजी की अन्य

महत्त्वपूर्ण पुस्तकें, उनमें ऊपर की तमाम विशेषताएँ मौजूद हैं। डॉ. शर्मा की स्थापनाओं ने हिन्दी की प्रगतिशील आलोचना को गति और ऊँचाई दी है, मगर इन पुस्तकों में मनमानापन भी खूब है। रचनाकार के स्वर पर अपने स्वर को वजनदार बनाने की कोशिश, अपनी विचारधारा के प्रतिकूल प्रसंगों की चर्चा न करना, जनतन्त्र की बहुवचनात्मकता की जगह विचारधारात्मक एकालाप, फतवे की तरह लगनेवाले निष्कर्ष आदि को रामविलासजी के लेखन में महसूस किया जा सकता है। अपनी तमाम खूबियों के साथ ये खामियाँ उनमें मौजूद हैं। रामविलासजी से अनेक आलोचकों ने बहस करना सीखा है, नामवरजी ने तो 'वाद-विवाद-संवाद' के मामले में उन्हें अपना गुरु घोषित किया है; उनके अनुसरण में अनेक लोगों ने अपनी प्रतिबद्धता जताई है, यह प्रतिबद्धता कुछ लोगों में भक्ति/कट्टरता की हद तक भी देखी गयी है। फिर भी, रामविलास शर्मा की आलोचना-परम्परा को विकसित होते हुए किसी आलोचक में देखा जा सकता है क्या? रामविलासजी का अपना व्यक्तित्व बहुत बड़ा है, आलोचना के मामले में उन्हें आचार्य शुक्ल की परम्परा के विकास के रूप में देखा गया है, उन्होंने शुक्लजी के मतों को प्रगतिशील दृष्टि से पुनर्स्थापित किया है। प्रगतिशीलता को अपने समकालीन निराला से लेकर ऋग्वेद तक तलाशने की क्षमता रखनेवाले डॉ. शर्मा का 'विचारक' पक्ष इतना प्रबल और उज्ज्वल है कि उनकी विचारधारा के सान पर चढ़कर कुछ रचनाकार तो धारदार बन गये और ज्यादातर कुंद हो गये। आलोचनात्मक मूल्य-निर्णय में आलोचक की मनमानी को रोकने के बजाय, अनजाने ही सही, बढ़ावा मिलने के अवसर ज्यादा उपलब्ध हुए। रामविलासजी से हिन्दी आलोचना की असहमति इसी बिन्दु से शुरू हो जाती है। नापसन्द की नकारात्मक आलोचना का भी आधार ठोस होना चाहिए या नकारात्मकता नजर आने के बावजूद आलोचना-प्रक्रिया की विश्वसनीयता बनी रहनी चाहिए, जिसका एक उदाहरण रामचन्द्र शुक्ल की कबीर-सम्बन्धी आलोचना है। कबीर की वैचारिकता से असहमति के बावजूद शुक्लजी ने उनकी कविता के बारे में अनेक महत्त्वपूर्ण बातें कही हैं। कबीर की काव्य-भाषा के बारे में शुक्लजी ने जो लिखा है, उससे प्राय: असहमति जतायी जाती है। आचार्य हजारी प्रसाद द्विवेदी ने कबीर की काव्य-भाषा के बारे में अनेक उत्साहजनक बातें कहीं, जिनसे हिन्दी आलोचना ने प्राय: सहमति जतायी है। आचार्य शुक्ल ने कबीर की काव्य-भाषा के बारे में जो कुछ लिखा है क्या वह उनके अपने मानकों के अनुसार नहीं है अथवा उन्होंने तुलसीदास की काव्य-भाषा के विश्लेषण के लिए अलग मानक बनाये हैं? पुनर्विचार की दृष्टि से कबीर की काव्य-भाषा पर शुक्लजी के विचारों को बिन्दुवार रखकर बात आगे बढ़ायी जा सकती है। 'हिन्दी साहित्य का इतिहास'

के 'प्रकरण-2' में 'ज्ञानाश्रयी शाखा' के अन्तर्गत शुक्लजी ने जितना लिखा है, यहाँ केवल उतना ही रखा जा रहा है–

- अद्‌भुत रूपक बाँधे हैं जो सामान्य जनता की बुद्धि पर पूरा आतंक जमाते हैं।
- हृदय को शुद्ध और प्रेममय करने का उपदेश दिया। [ऐसी काव्य-भाषा रची]
- मनुष्य-मनुष्य में जो भेदभाव उत्पन्न हो जाता है उसे दूर करने का प्रयास उनकी वाणी [काव्य-भाषा] बराबर करती रही।
- उनकी प्रतिभा बड़ी प्रखर थी जिससे उनके मुँह से बड़ी चुटीली और व्यंग्य-चमत्कार-पूर्ण बातें निकलती थीं। [प्रखर काव्य-भाषा!]
- इनकी उक्तियों में विरोध और असम्भव का चमत्कार...।
- अनेक प्रकार के रूपकों और अन्योक्तियों द्वारा ही इन्होंने ज्ञान की बातें कही हैं जो नयी न होने पर भी वाग्वैचित्र्य के कारण अपढ़ लोगों को चकित किया करती थीं। [रूपक, अन्योक्ति, वाग्वैचित्र्य]
- अनूठी अन्योक्तियाँ।
- लम्बी-चौड़ी गर्वोक्तियाँ।
- भाषा सधुक्कड़ी अर्थात् राजस्थानी, पंजाबी मिली खड़ी बोली है... ब्रजभाषा और कहीं-कहीं पूरबी बोली का भी व्यवहार है।
- कबीर की उक्तियों में कहीं-कहीं विलक्षण प्रभाव और चमत्कार है।
- प्रतिभा उनमें बड़ी प्रखर थी इसमें सन्देह नहीं।

शुक्लजी के उपयुक्त विचारों के आधार पर कबीर की काव्य-भाषा की विशेषताओं को संक्षेप में इस प्रकार भी रखा जा सकता है–

(i) प्रतिभा (काव्य-हेतु) को प्रकट करती काव्य-भाषा
(ii) अप्रस्तुत विधान में पारंगत (रूपक, अन्योक्ति आदि)
(iii) शब्द-शक्तियों के अद्‌भुत प्रयोक्ता (चुटीली, व्यंग्य चमत्कारपूर्ण बातें, गर्वोक्तियाँ आदि)
(iv) मनुष्यता की अन्त:प्रकृति की भाषा (हृदय को शुद्ध और प्रेममय करने का उपदेश, मनुष्य-मनुष्य के भेदभाव को दूर करने वाली वाणी आदि)

आचार्य शुक्ल ने कबीर की 'प्रतिभा' को बार-बार रेखांकित किया है। यह 'प्रतिभा' निश्चय ही काव्य-भाषा रचने की क्षमता से सम्बनधित है। शुक्लजी की कबीर-सम्बन्धी आपत्तियों को तो अच्छी तरह देखा-समझा गया है, इसलिए उनपर कुछ कहने की विशेष आवश्यकता नहीं लगती। मगर, काव्य-भाषा की

जो कसौटी 'रस-मीमांसा' में बनायी गयी है, उसके आधार पर कबीर की काव्य-भाषा कहीं से भी कमजोर नहीं कही जा सकती। शुक्लजी की टिप्पणियों में जो ध्वनि अन्तर्निहित है, उसके आधार पर यह ज़रूर कहा जा सकता है (और कहा गया भी है!) कि वे कबीर के बारे में नकारात्मक राय रखते थे। कबीर के सामाजिक तथा सम्प्रदायगत विचारों से असहमति रखने के बावजूद आचार्य शुक्ल ने आलोचना की वस्तुनिष्ठता की रक्षा करने की कोशिश हमेशा की है। शायद यही कारण है कि उन्होंने काव्य-भाषा की जो कसौटी सैद्धान्तिक रूप से बनायी थी, कवियों की आलोचना करते समय वे सावधानीपूर्वक उन्हें अमल में लाते थे। आचार्य शुक्ल ने हिन्दी आलोचना में काव्य-भाषा के सैद्धान्तिक तथा व्यावहारिक पक्ष पर सन्तुलित रूप से लिखा। उन्होंने आलोचना की भाषा को सिद्धान्त और व्यवहार के पलड़े पर तौलते हुए विकसित किया। आगे चलकर हिन्दी आलोचना में कवियों की भाषा पर जो कुछ लिखा गया, उसमें व्यवहार-पक्ष इतना हावी रहा कि सिद्धान्त-पक्ष की घनघोर उपेक्षा हुई।

शुक्लजी यह नहीं कहते कि कबीर की काव्य-भाषा अच्छी नहीं है! वे यह भी नहीं कहते कि कबीर की काव्य-भाषा प्रभावशाली नहीं है! वे ऐसा भी नहीं कहते कि कबीर को कवि हृदय नहीं मिला था! शुक्लजी कबीर को एक प्रभावशाली कवि मानते हैं, जिसमें अद्‌भुत प्रतिभा है तथा बहुत बड़े समाज पर उसकी काव्य-भाषा असर डालती है। अप्रस्तुत विधान तथा काव्य-शक्तियों के सटीक प्रयोग से चमत्कृत कर देनेवाली काव्य-भाषा रचने की क्षमता कबीर में है। आचार्य शुक्ल कबीर के बारे में भले नकारात्मक राय रखते थे, मगर उन्होंने उनकी काव्य-भाषा की विशिष्टताओं को समझने में बुनियादी तौर पर भूल नहीं की थी। उन्होंने प्रशंसात्मक शैली में अपनी बात भले नहीं कही, मगर कबीर की काव्यात्मक क्षमता की परख में उनसे भूल नहीं हुई। हिन्दी आलोचना के पाठक आज भी कबीर की काव्य-भाषा के बारे में जानना चाहें तो उन्हें आचार्य शुक्ल के लेखन में सर्वाधिक ठोस आधार मिलेंगे। बाद के आलोचकों ने कबीर की कविता की प्रशंसा चाहे जितनी की हो, उनकी काव्य-भाषा को लेकर चाहे जितने उत्साहजनक दावे किये हों, मगर आलोचना की उचित और बुनियादी भाषा में कबीर की काव्य-भाषा का मूल्यांकन कहीं नहीं मिलता है।

आचार्य हजारी प्रसाद द्विवेदी 'कबीर' के सर्वाधिक मान्य आलोचक हैं। उन्होंने विशद अध्ययन प्रस्तुत कर कबीर के बारे में अनेक नयी बातें बतायीं। आचार्य द्विवेदी ने कबीर की काव्य-भाषा के बारे में जितनी बातें बतायी हैं, उन्हें बिन्दुवार इस प्रकार रखा जा सकता है–

- उनकी साफ चोट करनेवाली भाषा।[22]

- बिना कहे भी कुछ कह देनेवाली शैली।[23]
- अत्यन्त सादी किन्तु अत्यन्त तेज प्रकाशन-भंगी अनन्य-साधारण है।[24]
- सहज और सरस ढंग से चकनाचूर करनेवाली भाषा।[25]
- व्यंग्य वह है, जहाँ कहने वाला अधरोष्ठों में हँस रहा हो और सुननेवाला तिलमिला उठा हो और फिर भी कहनेवाले को जवाब देना अपने को और भी उपहासास्पद बना लेना हो जाता हो। कबीरदास ऐसे ही व्यंग्यकर्त्ता थे...।[26]
- यह भाषा झकझोर देनेवाली है, जितनी सादी उतनी ही तेज।[27]
- वे सीधी बात को भी ललकारने की भाषा में ही बोलते थे।[28]
- भाषा पर कबीर का जबरदस्त अधिकार था।[29]
- वे वाणी के डिक्टेटर थे।[30]
- जिस बात को उन्होंने जिस रूप में प्रकट करना चाहा है उसे उसी रूप में भाषा से कहलवा लिया–बन गया है तो सीधे-सीधे, नहीं तो दरेरा देकर।[31]
- भाषा कुछ कबीर के सामने लाचार-सी नज़र आती है। उसमें मानो ऐसी हिम्मत ही नहीं है कि इस लापरवाह फक्कड़ की किसी फरमाइश को नाहीं कर सके।[32]
- मनोग्राही बना देने की ताकत–कबीर की भाषा में।[33]
- वाणी के बादशाह।[34]
- सीधी भाषा।[35]
- कबीर की वाणियों में अनन्य-साधारण जीवन-रस है।[36]
- कबीर की उक्तियाँ श्रोता को बलपूर्वक आकृष्ट करती हैं।[37]
- आकर्षक वक्ता।[38]
- उनकी छन्दयोजना, उक्ति-वैचित्र्य और अलंकार-विधान पूर्ण-रूप से स्वाभाविक और अयत्नसाधित हैं।[39]
- काव्यगत रूढ़ियों के न तो वे जानकार थे और न कायल।[40]
- इस केन्द्रीय वस्तु (भक्ति) का प्रकाश भाषा की पहुँच के बाहर है।[41]
- मूल वस्तु चूँकि वाणी के अगोचर है, इसलिए केवल वाणी का अध्ययन करनेवाले विद्यार्थी को अगर भ्रम में पड़ जाना पड़ा हो तो आश्चर्य की कोई बात नहीं।[42]
- वाणी द्वारा उन्होंने उस निगूढ़ अनुभवैकगम्य तत्त्व की ओर इशारा किया है, उसे 'ध्वनित' किया है।[43]
- रूप के द्वारा अरूप की व्यंजना, कथन के जरिए अकथ्य का ध्वनन

काव्य-शक्ति का चरम निदर्शन नहीं तो क्या है? फिर भी ध्वनित वस्तु ही प्रधान है; ध्वनित करने की शैली और सामग्री नहीं।[44]

- इस प्रकार काव्यत्व उनके पदों में फोकट का माल है—बाईप्रोडक्ट है।[45]
- उनकी भाषा में परम्परा से चली आयी विशेषताएँ वर्तमान हैं।[46]

आचार्य द्विवेदी ने कबीर की काव्य-भाषा के बारे में जितना कुछ कहा है उस पर ध्यान दें तो पायेंगे कि बुनियादी तौर पर वे शुक्लजी की अपेक्षा कोई नयी बात नहीं कह रहे हैं। प्रशंसा और निन्दा के अन्तर के बावजूद शुक्लजी की टिप्पणियाँ कबीर की काव्य-भाषा के बारे में आलोचनात्मक दृष्टि से ज़्यादा सटीक मालूम पड़ती हैं। द्विवेदीजी के विश्लेषण में उत्साह और प्रशंसा की मात्रा अधिक है परन्तु तथ्यात्मक रूप से वे कोई नयी बात नहीं कह रहे थे। उन्होंने कबीर की भाषा पर जो टिप्पणियाँ की हैं, वे आकर्षक ज़रूर मालूम पड़ती हैं; जैसे–

(i) झकझोर देनेवाली भाषा।
(ii) ललकारने की भाषा।
(iii) भाषा पर जबरदस्त अधिकार।
(iv) वाणी के डिक्टेटर।
(v) दरेरा देकर।
(vi) कबीर के सामने भाषा लाचार-सी।
(vii) वाणी के बादशाह।

इन टिप्पणियों को पढ़ना अच्छा लगता है। द्विवेदीजी की रचनात्मक भाषा का हम आनन्द उठाने लगते हैं। मगर, कबीर की काव्य-भाषा के बारे में कोई नयी जानकारी द्विवेदीजी नहीं देते हैं।

आचार्य द्विवेदी अनेक शास्त्रों के ज्ञाता थे। संस्कृत परम्परा में उपलब्ध ज्ञान के वे मर्मज्ञ थे। लोक-परम्परा तथा संस्कृतेतर भाषाओं में उपलब्ध साहित्य की उन्हें गहरी जानकारी थी। इसलिए उनके द्वारा लिखी गयी हिन्दी आलोचना में सिद्धान्त और व्यवहार की भिन्नता प्राय: नहीं मिलती है। वे सिद्धान्तों की चर्चा भले नहीं करते, मगर व्यावहारिक आलोचना लिखते समय उनकी कलम फिसलती नहीं है। हिन्दी आलोचना की परम्परा में आचार्य द्विवेदी के बाद जो आलोचना चली, उसमें शास्त्रीय आधारों को छोड़ने की प्रवृत्ति बलवती रही। आलोचना की शब्दावलियों पर हम गौर करें तो पायेंगे कि आचार्य शुक्ल के लेखन में सैद्धान्तिक शब्दावलियाँ द्विवेदीजी की अपेक्षा ज़्यादा हैं और आचार्य द्विवेदी के लेखन में व्यावहारिक भाषा के शब्द शुक्लजी की अपेक्षा ज़्यादा हैं। आचार्य द्विवेदी के बाद व्यावहारिक आलोचना लिखने की प्रवृत्ति बढ़ती गयी और आलोचना का सैद्धान्तिक पक्ष विचारधाराओं-विमर्शों आदि से जुड़ता गया। साहित्य के

सिद्धान्त प्राय: साहित्येतर अनुशासनों से लेकर अपनाने की प्रवृत्ति बढ़ी। साहित्य के मन-मिजाज में घुलाए-मिलाए बिना भी इन सिद्धान्तों की साहित्यिक यात्रा चलती रही। आचार्य शुक्ल के बाद हिन्दी आलोचना में बहुत कुछ हुआ, मगर आलोचना के सिद्धान्त-पक्ष की उपेक्षा होती रही। इसलिए काव्य-भाषा के बारे में भी कोई नयी दृष्टि हमें नहीं मिलती।

रामविलास शर्मा अपनी नापसन्द के प्रति ठोस आधार प्रदान नहीं कर सके, जैसे मुक्तिबोध के प्रति। शमशेर की कविता उन्हें पसन्द नहीं आती, तो वे मजाक उड़ाने की शैली में समीक्षा कर जाते हैं। नामवरजी को शमशेर बहुत पसन्द आते हैं तो वे प्रभाववादी शैली में प्रशंसा कर जाते हैं। आलोचना की सैद्धान्तिकी के अस्वीकार का एक अर्थ लोकतन्त्र की उपेक्षा भी है, क्योंकि ऐसी स्थिति में प्रभावशाली (चाहे जिस कारण से हो) आलोचक मनमानेपन पर उतर आता है।

सन्दर्भ

1. आलोचना और विचारधारा–नामवर सिंह, राजकमल प्रकाशन, नयी दिल्ली, 2012, भूमिका, पृ. 24
2. वही, पृ. 24
3. वही, पृ. 138
4. वही, पृ. 138
5. वही, पृ. 147
6. वही, पृ. 147
7. वही, पृ. 148
8. वही, पृ. 150
9. वही, पृ. 151
10. वही, पृ. 195
11. रस मीमांसा–आचार्य रामचन्द्र शुक्ल, नागरी प्रचारिणी सभा, काशी, संवत् 2048, पृ. 222
12. आलोचना और विचारधारा, पृ. 200
13. वही, पृ. 201
14. वही, पृ. 193-194
15. वही, पृ. 164
16. वही, पृ. 176
17. वही, पृ. 192
18. वही, पृ. 199
19. वही, पृ. 199
20. वही, पृ. 197
21. वही, पृ. 155
22. कबीर–हजारी प्रसाद द्विवेदी, राजकमल प्रकाशन, नयी दिल्ली, 1993, पृ. 131
23. वही, पृ. 131

24. वही, पृ. 131
25. वही, पृ. 131
26. वही, पृ. 131–132
27. वही, पृ. 132
28. वही, पृ. 132
29. वही, पृ. 170
30. वही, पृ. 170
31. वही, पृ. 170
32. वही, पृ. 170
33. वही, पृ. 170
34. वही, पृ. 170
35. वही, पृ. 170
36. वही, पृ. 170
37. वही, पृ. 171
38. वही, पृ. 171
39. वही, पृ. 171
40. वही, पृ. 171
41. वही, पृ. 173
42. वही, पृ. 173
43. वही, पृ. 173
44. वही, पृ. 173
45. वही, पृ. 173
46. वही, पृ. 174

सुविधा को सिद्धान्त बनाती व्यावहारिक आलोचना

मैनेजर पाण्डेय सिद्धान्त के अनुसार व्यवहार के हिमायती रहे हैं। सुविधा को सिद्धान्त बनाने की कला पर वे व्यंग्य करते हैं और आलोचना की लोकतान्त्रिक सामाजिकता के लिए इसे नुकसानदेह मानते हैं, "यह ध्यान रखना चाहिए कि सिद्धान्त व्यवहार से पैदा होता है और वह व्यवहार को प्रभावित भी करता है। आप रामचन्द्र शुक्ल की आलोचना देखिए तो उनके यहाँ सिद्धान्त और व्यवहार का सन्तुलन दिखाई देगा और यही कारण है कि अब भी हिन्दी में उनका प्रभाव सबसे अधिक है।"[1] अपनी पसन्द-नापसन्द को आलोचक जब व्यक्त करता है तो उसके सन्तुलन के लिए आवश्यक है कि उसके पास सिद्धान्त और दृष्टि का ठोस आधार हो। रामचन्द्र शुक्ल की आलोचना-पद्धति के टिकाऊ होने का मूल कारण यही है कि उन्होंने सिद्धान्त से व्यवहार और व्यवहार से सिद्धान्त की आवाजाही बनाये रखी। व्यावहारिक आलोचना को महत्त्वपूर्ण मानने का आधार यदि आलोचना का उन्मुक्त विकास है, तब तो ठीक है; यदि अराजकता है तो त्याज्य है। यह सही है कि रचना के सन्दर्भ में पाठक की यात्रा जब आलोचना तक होती है, तब वह जिस उम्मीद से आलोचना तक जाता है, उसका सम्बन्ध प्राय: व्यावहारिक आलोचना से होता है। व्यावहारिक आलोचना की शब्दावली के अनेक स्रोत हो सकते हैं, व्याख्या की अनेक शैलियाँ हो सकती हैं, रचना और रचनाकार के बारे में बात करते हुए उसके महत्त्व की घोषणा के लिए औपम्य-विधान या प्रतीकों का सहारा लिया जा सकता है, पुराने प्रतिष्ठित रचनाकारों की छवि उसमें तलाशी जा सकती है—इस तरह की सुविधा और छूट होने के कारण व्यावहारिक आलोचना आकर्षित करती है। यह आलोचक को आसानी प्रदान करती है और पाठक को रचनात्मक सुख देने का भ्रम पैदा करती है। आलोचना मूल्य-निर्णय के समय असली परीक्षा से गुजरती है, तब वह आलोचक के अवसरवादी सुविधाजनक रवैये के लिए कठिनाई पैदा करने लगती है, उससे माँग की जाती है कि आपने जिस कसौटी पर निराला को प्रगतिशील बताया उस कसौटी पर मुक्तिबोध प्रगतिशील क्यों नहीं सिद्ध हो पा रहे हैं! दोनों कवियों में

प्रगतिशीलता के तत्त्व हैं, फिर यह भेद क्यों आ रहा है! बल्कि निराला की कविता में सांस्कृतिक चेतना की लपेट में हिन्दूवादी और मुस्लिम-विरोधी प्रतिगामी तत्त्व भी हैं ! व्यावहारिक आलोचना की प्रभूत मात्रा ने अपने अराजक स्वभाव के कारण इस विधा को पर्याप्त नुकसान पहुँचाया, "मुझे लगता है कि विशेष रूप से अमेरिकी नयी समीक्षा के प्रभाव के कारण व्यावहारिक आलोचना आलोचना का पर्याय बन गयी है। यद्यपि वे अमेरिकी नयी समीक्षा के लेखक भी दोनों में सन्तुलन बनाये रखने की कोशिश करते दिखाई देते हैं। लेकिन हिन्दी में यह सन्तुलन टूट गया और सिद्धान्त-चिन्ता या सिद्धान्त पर बात करने की कोशिश भी समाप्त हो गयी। बात यह है कि समाज में व्यवस्थित रूप से समझने के प्रयत्न में ही समाज विज्ञान के सिद्धान्त पैदा होते हैं और साहित्य के प्रसंग में भी जब नयी प्रवृत्तियाँ पैदा होती हैं, नयी रचनाशीलता आगे आती है तो उनको समझने की कोशिश में नये सैद्धान्तिक प्रयत्न या सिद्धान्त की नयी चिन्ताएँ विकसित होती हैं। यह जो सिद्धान्त और व्यवहार के बीच गैप बना है उसके कारण आलोचना काफी दूर तक प्रभावहीन भी हुई है और दिशाहीन भी।"[2]

मैनेजर पाण्डेय आलोचना के बारे जो सैद्धान्तिक राय रखते हैं उन्हें अपने आलोचना-कर्म में उतारते समय विचलित होते दिखाई नहीं पड़ते। आलोचना के स्वरूप और दायरे को लेकर अन्तर्विरोधी विचार उनके लेखन में प्रायः दिखाई नहीं पड़ते हैं, व्यावहारिक आलोचना लिखते समय सैद्धान्तिक प्रश्नों को छोड़कर बात करने की प्रवृत्ति उनमें नहीं मिलती है। आलोचना के योग्य भाषा में ही लिखने-बोलने का अद्‌भुत अभ्यास उनके पास है, किसी रचना या रचनाकार के प्रभाव में आकर ललित भाषा में आलोचना लिखने का भ्रमित प्रयास वे नहीं करते। आलोचना-कर्म के बारे में मैनेजर पाण्डेय के विचारों को, उनके ही शब्दों में, कुछ इस तरह रखा जा सकता है–

- आलोचना के सिद्धान्त मूलतः सांस्कृतिक सिद्धान्त होते हैं।
- यह जो सिद्धान्तहीन व्यवहार का विस्तार है उसमें अनुत्तरदायी आलोचना के फैलने की गुंजाइश बहुत रहती है।
- सिद्धान्त व्याख्या का सहयोगी है, वह व्याख्या का सहयोगी और मार्गदर्शक होकर ही सार्थक बनता है। कोई भी व्याख्या सिद्धान्तविहीन नहीं होती।
- व्याख्या के सिद्धान्तविहीन होने का अर्थ है दृष्टिहीन होना, जो व्याख्या नहीं, व्याख्या के नाम पर प्रलाप है।
- दुनिया के प्रायः बड़े आलोचकों के आलोचनात्मक लेखन में सिद्धान्त और व्यवहार की एकता मिलती है। हिन्दी में इसके सबसे बड़े उदाहरण हैं आचार्य रामचन्द्र शुक्ल।

- आलोचना को केवल सहृदयता, सुरुचि, संवेदनशीलता, समझदारी, साहित्यिक दक्षता, परिष्कृत मानस और भाषिक कुशलता के भरोसे छोड़ना उसे रहस्यमय बनाने और मनमानी करने की सुविधा देना है; क्योंकि इन गुणों का दावा कौन नहीं करता।
- हिन्दी आलोचना की एक प्रवृत्ति अपनी सुविधा को सिद्धान्त बनाने की भी है।
- पिछली दो सदियों में सारी दुनिया में जो भी साहित्य-सिद्धान्त निर्मित हुए हैं उनमें से अधिकांश प्रायः साहित्येतर अनुशासनों से प्रेरित और प्रभावित दिखाई देते हैं।
- होना तो यह चाहिए कि आलोचना रचना से अधिक गहरे स्तर पर समाज से जुड़े। तभी वह समाज से रचना के जुड़ाव का मूल्यांकन कर सकती है।
- जब मैं बार-बार आलोचना को समाज से, समाज की वास्तविकता से, समाज की इतिहास-प्रक्रिया से जुड़ने की बात कर रहा हूँ तो यह बहुत साफ है कि केवल साहित्य की दुनिया के भीतर रहकर साहित्य का मूल्यांकन सम्भव नहीं है।
- मैं रचनात्मक आलोचना उसी को समझता हूँ जिसमें विचार की नवीनता हो। रचना की व्याख्या करते समय या रचना की प्रवृत्तियों पर बात करते समय या रचना की सम्पूर्णता को समझते समय नये विचारों का विकास अगर कोई आलोचना करती है तो वही रचनात्मक आलोचना होगी।
- ज्ञान के दो ऐसे अनुशासन हैं—जो आलोचना को विकसित करने और समृद्ध करने में मदद दे रहे हैं—पहला इतिहास है और दूसरा समाजशास्त्र।
- जो आलोचक आलोचना में अभिप्राय, प्रभाव और आस्था की सार्थकता को स्वीकार नहीं करते, वे अन्ततः साहित्यसंसार की स्वायत्तता की धारणा के ही समर्थक बन जाते हैं।
- जरूरी यह है कि लेखक के रचनात्मक अभिप्राय और उसकी आस्था के सर्जनात्मक प्रतिफलन का विश्लेषण हो और पाठक की चेतना के निर्माण में रचना के योगदान का मूल्यांकन भी। जाहिर है इससे आलोचना-कर्म कुछ कठिन हो जायेगा। लेकिन आलोचना में कठिनाई से बचाव कहाँ है?
- आलोचना से मुक्ति के सम्बन्ध के सवाल के प्रसंग में यह याद रखना जरूरी है कि कला, साहित्य और आलोचना के माध्यम से जो मुक्ति अर्जित की जाती है वह राजनीतिक, सामाजिक और सांस्कृतिक होती है। इस मुक्ति को अर्जित करने की दिशा में आगे बढ़ने के लिए मूलगामी आलोचनात्मक अन्तर्दृष्टि जरूरी है।

- आलोचना के मुख्यत: दो प्रयोजन होते हैं : व्याख्या और मूल्यांकन।
- अगर आलोचना का लक्ष्य पाठ की व्याख्या है तो व्याख्या के भी अनेक सिद्धान्त हैं, भारत में और पश्चिम में भी। व्याख्या का एक लक्ष्य पाठ में व्यक्त अर्थ के सच की खोज है और ऐसी खोज सिद्धान्तहीन नहीं होती। रचना के अर्थ की चिन्ता एक स्तर पर भाषा, मनुष्य की चेतना और संसार के सम्बन्ध की चिन्ता है और इस सम्बन्ध को सिद्धान्त के सहारे समझा जा सकता है केवल सहजबोध से नहीं।
- आलोचना अगर रचना की व्याख्या है तो वह उन रचनाओं की व्याख्या करती हुई मुक्तिधर्मी बन सकती है, जिसमें भारतीय समाज के पराधीनों की पीड़ा और उस पराधीनता से मुक्ति के लिए संघर्ष की कोशिशों की अभिव्यक्ति हो रही है।
- आलोचना में जब हम किसी रचना से युग की प्रवृत्ति की ओर बढ़ते हैं तो आलोचना से इतिहास की ओर जाते हैं और साहित्य के विकास का बोध प्राप्त करते हैं। लेकिन जब हम किसी युग की सामान्य प्रवृत्तियों पर विचार करते हुए उस प्रकृति की किसी प्रतिनिधि रचना की विशिष्टता का विश्लेषण करते हैं तो हम इतिहास से आलोचना की ओर जाते हैं।
- जो लोग साहित्यसिद्धान्तों की शाश्वतता और सार्वभौमिकता को उनकी ऐतिहासिकता से अधिक महत्त्व देते हैं, वे ही पुराने सिद्धान्तों के डंडे से नये साहित्य को नापने की कोशिश करते हैं और नये साहित्य के सामने पुराने सिद्धान्तों को छोटा पड़ते देखकर नये साहित्य को ही खोटा कह देते हैं।
- रचनाशीलता के विकास और परिवर्तनशीलता के साथ-साथ रचना और आलोचना के सिद्धान्त भी बदलते हैं।
- सैद्धान्तिक सवाल जिस सांस्कृतिक सन्दर्भ और व्यवहार से पैदा होते हैं, उसके भीतर से ही उनके उत्तर खोजने की कोशिश भी सार्थक होती है।
- आलोचना, चाहे वह सैद्धान्तिक हो या व्यावहारिक, उसका एक सामाजिक आधार होता है और सामाजिक प्रयोजन भी, उसकी सामाजिक सार्थकता होती है और सामाजिक भूमिका भी। फिर उसका समाजशास्त्र क्यों नहीं हो सकता? केवल साहित्य का आलोचनात्मक सिद्धान्त ही नहीं, कोई भी आलोचनात्मक सिद्धान्त सामाजिक होने या न होने के कारण ही सार्थक या निरर्थक होता है। इसलिए आलोचना का समाजशास्त्र निर्मित किया जा सकता है।
- जो लोग दृष्टिहीनता को ही मुक्त दृष्टि और खाली दिमाग को खुला

दिमाग समझते हैं वे ही प्रायः सिद्धान्त की आवश्यकता को अस्वीकार करते हैं।

- आलोचना व्यापक अर्थ में एक विचारधारात्मक कर्म ही है।
- हिन्दी आलोचना का वर्तमान अगर संकटग्रस्त है तो इसके कारणों की पहचान होनी चाहिए। इस संकट का सबसे बड़ा कारण है आलोचना में साहित्यिक को सामाजिक से अलग समझने और मानने की प्रवृत्ति।
- आलोचना को अगर स्वाधीनता के लिए संघर्ष की प्रक्रिया में सहायक बनाना है तो उसको सामाजिक, राजनीतिक प्रक्रिया से जोड़कर देखना ज़रूरी है।
- साहित्य एक सामाजिक कर्म है और रचना की आलोचना में उसकी सामाजिकता की खोज आलोचक का एक मुख्य काम है।
- आलोचना सामाजिक चिन्ता के अभाव में सार्थक नहीं हो सकी।
- जो आलोचना रचना की केवल सामाजिक पृष्ठभूमि और विषयवस्तु के विवेचन तक सीमित होती है, वह कलाकार और कातिब में फर्क नहीं कर सकती। ऐसी स्थिति में उसे कला की आलोचना कहना कठिन है।
- मानक आलोचना का पहले से बना-बनाया कोई मानदण्ड नहीं होता। जो आलोचना अपने समय, समाज और संस्कृति के सवालों से जुड़कर अपने समय के मनुष्य की स्वतन्त्रता की रक्षा के लिए संघर्षशील रचनाओं को पहचानते हुए क्रियाशील होती है–वही मानक आलोचना बनती है।
- सार्थक आलोचना अपने समय की रचनाशीलता को अनेक रूपों में प्रभावित करती है और इस प्रक्रिया में वह अपने समाज की बौद्धिक यात्रा में सहायक भी बनती है।
- स्वाधीनता की चेतना और उस स्वाधीनता की चेतना की साहित्य में खोज हिन्दी आलोचना की एक केन्द्रीय प्रवृत्ति है। स्वाधीनता की चेतना का रूप, उसका अर्थ और उसकी व्याप्ति में परिवर्तन होता रहा।
- अगर आलोचना को सार्थक सामाजिक और सांस्कृतिक कर्म के रूप में विकसित करना है, तब यह सोचना होगा कि आलोचना की सामाजिक प्रासंगिकता क्या है?
- कुछ आलोचक रचना की केवल अर्थवत्ता की व्याख्या करते हैं तो कुछ उसकी केवल सार्थकता की। वे इस बात पर ध्यान नहीं देते कि अर्थवत्ता रचनानिष्ठ होती है जबकि सार्थकता समाजसापेक्ष।
- दुराग्रह आलोचना की विश्वसनीयता का विनाश करता है।

- आलोचना की एक राजनीतिक भूमिका भी होती है।
- आलोचना रचना की तरह और उससे भिन्न एक स्वतन्त्र और सजग बौद्धिक कर्म है।
- हिन्दी आलोचना आस्वादपरक आलोचना नहीं रही है। तीन बड़े आलोचकों– आचार्य शुक्ल, आचार्य द्विवेदी तथा नन्ददुलारे वाजपेयी की आलोचना व्यापक सांस्कृतिक प्रश्नों से टकरानेवाली आलोचना रही है।
- जिस प्रकार रचना एक स्वतन्त्र कर्म है उसी प्रकार आलोचना भी एक स्वतन्त्र वैचारिक कर्म है।
- आलोचक रचनाकार का न तो अनुचर है और न सहचर है। आलोचना रचना से भिन्न एक स्वतन्त्र बौद्धिक कर्म है।
- अपने युग के मानस को समझना, युग के मानस के द्वन्द्वों, दुविधाओं, संघर्षों और विकास की दिशाओं को समझना यह आलोचक का कर्तव्य है।
- आलोचना अपने समय की विवेक–चेतना का प्रतिनिधित्व करती है।
- आलोचना की समकालीनता का एक पक्ष यह भी है कि वह अतीत की महत्त्वपूर्ण रचनाओं की वर्तमान अर्थवत्ता की खोज करे।

मैनेजर पाण्डेय आलोचना के सन्दर्भ में सिद्धान्त और व्यवहार को परस्पर पूरक मानते हैं, क्योंकि सिद्धान्त व्यवहार का मानकीकरण है। सिद्धान्तों का जन्म व्यवहार के पर्यवेक्षण और अनुशीलन से होता है, जबकि व्यवहार का निर्धारण तात्कालिक परिस्थितियों से होता है। परिस्थितियों के बदलने के साथ व्यवहार में परिवर्तन हो जाता है, जिसका दस्तावेजीकरण सिद्धान्त के रूप में निबद्ध होकर ऐतिहासिक स्वरूप प्राप्त कर लेता है। सिद्धान्त अपने भीतर व्यवहार के विवरण को सूत्र–रूप में समेटे होते हैं, इसलिए दोनों अभिन्न हैं। सिद्धान्तों से बचने का मतलब है व्यवहार के इतिहास से बचने की चालाकी करना। बदले हुए व्यवहार की संगतता का आधार भी आलोचना की सैद्धान्तिकी में ही मिल पाता है। सामाजिक सन्दर्भों को आलोचना के मूल मानदंडों में जब जगह नहीं मिली थी, तब प्रायः भाषा के कलावादी पक्षों के आधार पर आलोचना में मूल्यांकन का कार्य हुआ करता था। मिश्रबन्धुओं ने केशवदास को नवरत्नों में सम्मानजनक जगह दी थी। मगर 'जनता की चित्तवृत्ति', 'लोकमंगल', 'मार्मिक स्थलों की पहचान' भाषा की बोधगम्यता आदि की कसौटी लेकर जब रामचन्द्र शुक्ल ने महाकवि केशवदास की व्यावहारिक आलोचना की तो निष्कर्ष निकला कि उन्हें तो 'कवि–हृदय' ही नहीं मिला था। केशव के मूल्यांकन को बदले हुए सिद्धान्तों ने अवमूल्यित किया, आलोचना या कवियों के बारे में मत–निर्धारण के जो पुराने

निकष थे वे केशव को श्रेष्ठ कवि बताते थे। व्यावहारिक आलोचना के मूल में यदि सिद्धान्तों से परहेज की प्रवृत्ति होगी तो निश्चित रूप से उसकी विसंगतियाँ उसे निरर्थक बना देंगी।

हिन्दी में व्यावहारिक आलोचना का जो रूप दिखाई देता है उसके कुछ उपकरणों को चिह्नित किया जा सकता है–विचारधारा, विमर्श, भाषिक आधार पर रचित कोई संरचना, नये-पुराने सिद्धान्तों का मनमाना मेल, मूल्य-निर्णय का अभाव अथवा ऐतिहासिक बोध की उपेक्षा करता मूल्य-निर्णय आदि। व्यावहारिक आलोचना विचार-शून्य नहीं होती, मगर विचार के संगत सामाजिक आधार की कमी वहाँ दिखाई पड़ सकती है। उसमें इस्तेमाल की गयी विचारधारा का आधा-अधूरा उपयोग मिल सकता है। ऐसी आलोचना विचारधारा और साहित्य के बीच सामंजस्य नहीं बना पाती है क्योंकि उसकी रुचि इस सामंजस्य के सैद्धान्तिक-चिन्तन में नहीं होती है, वह प्रायः विचारधारा या साहित्य में से किसी एक को दूसरे में तिरोहित कर देती है। उसमें एकपक्षीय सर्वग्रासी प्रवृत्ति की प्रधानता होती है।

विमर्श-आधारित अस्मितामूलक व्यावहारिक आलोचना के जन्म के पीछे ठोस सामाजिक सच्चाई और राजनीतिक संघर्ष है। सामाजिक विज्ञान और राजनीतिक चेतना के तालमेल से विभिन्न सामाजिक समूहों में आयी जागरूकता ने आलोचना के लिए नये विषयों का सूत्रपात किया है। दलित, आदिवासी, स्त्री के साहित्य को व्यावहारिक आलोचना अनेक प्रकार के भ्रमों से ग्रस्त किये हुए है। ऐसी आलोचना इन पीड़ित समूहों की रचनाओं को केवल सतही सहानुभूति से व्याख्यायित करना चाहती है। जाति, नस्ल और जेंडर की पीड़ा को व्यक्त करती रचनाओं का विश्लेषण करते हुए प्रायः प्रतिपक्ष की जाति, नस्ल और जेंडर के प्रति घृणा उत्पन्न करने और दुर्व्याख्या की कोशिश दिखाई पड़ती है। इन विमर्शों की सैद्धान्तिकी के मूल में इन सामाजिक समूहों को सामाजिक-आर्थिक-राजनीतिक अधिकार दिलाने का लक्ष्य रखा गया है न कि भेदभाव और घृणा के किसी नये रूप को बढ़ावा देना। आलोचना को पाण्डेयजी 'मुक्तिधर्मी' बनाना चाहते हैं ताकि स्वाधीनता की चेतना से प्रारम्भ हुई हिन्दी आलोचना अपनी सैद्धान्तिकी की परम्परा से जुड़ी रहे। बालकृष्ण भट्ट से लेकर नन्ददुलारे वाजपेयी तक हिन्दी की आलोचना-यात्रा में स्वाधीनता के भाव को पाण्डेयजी ने कई बार रेखांकित किया है। सामाजिक समस्याओं से भारतीय समाज की मुक्ति की आकांक्षा से शुरू हुई हिन्दी आलोचना स्वाधीनता के प्रश्न से जुड़ती है, इसलिए आवश्यक है कि आज उसका सम्बन्ध 'मुक्ति' की चेतना से जुड़ना चाहिए। ऐसा होने पर एक तो उसकी परम्परा को मजबूती मिलेगी और भविष्य के धुँधलके को साफ किया जा सकेगा, "आलोचना अगर

रचना की व्याख्या है तो वह उन रचनाओं की व्याख्या करती हुई मुक्तिधर्मी बन सकती है, जिसमें भारतीय समाज के पराधीनों की पीड़ा और उस पराधीनता से मुक्ति के लिए संघर्ष की कोशिशों की अभिव्यक्ति हो रही है। भारतीय समाज के सबसे अधिक शोषित, अपमानित और उपेक्षित जन हैं आदिवासी, दलित और स्त्रियाँ। आजकल इन तीनों समुदायों के रचनाकार अपने जीवन-संघर्ष और मुक्ति-संघर्ष की अभिव्यक्ति साहित्य के विभिन्न रूपों में कर रहे हैं। उनकी मुक्तिकामी रचनाओं की सम्यक् समझ और समुचित व्याख्या करने वाली आलोचना मुक्तिधर्मी हो सकती है; लेकिन हिन्दी में साहित्यवाद का आग्रह ऐसी आलोचना के विकास में बाधक है।"[3]

मुक्तिधर्मी आलोचना के रास्ते में सबसे बड़ी बाधा है साहित्य की स्वायत्तता की अवधारणा। न तो साहित्य स्वायत्त होता है और न ही आलोचना। इन दोनों का स्वरूप सामाजिक होता है और इनके सिद्धान्त संस्कृति से जुड़े होते हैं। मैनेजर पाण्डेय आलोचना की गरिमा को सैद्धान्तिक भाषा प्रदान करते हैं। समाज-संस्कृति से आलोचना के सिद्धान्तों को जोड़ने का जो काम वे करते हैं, वह सम्भवतः पहला प्रयास है। संस्कृति की अवधारणा के भ्रमात्मक पहलुओं को अनेक जगहों पर खंडित करते हुए प्रतिरोध की परम्परा को वे चिह्नित करते हैं। उपेक्षितों की तरफ से आलोचना को खड़ा करने की सैद्धान्तिकी का विकास पाण्डेयजी की अमूल्य देन है। 'साहित्य के समाजशास्त्र की भूमिका' पुस्तक में पूरी प्रतिबद्धता के साथ इस विधा को हिन्दी में स्थापित करने की कोशिश की गयी है ताकि समाज के उस पक्ष का साहित्य से जुड़ाव दिखाया जा सके, जो अब तक वंचित था। पाण्डेयजी की मार्क्सवादी चेतना कहीं भी भाषा-जाल तक सीमित नहीं हो जाती, बल्कि आन्दोलनों पर पैनी नजर रखते हुए देश-दुनिया के पीड़ित समुदायों की साहित्यिक अभिव्यक्ति को आलोचना के मानदंडों पर पक्षधरता के साथ कसने की कोशिश हमेशा जारी रखी है। अफ्रीका और लैटिन अमेरिका के उपन्यासों से लेकर स्पेन के 'दोन किखोते' (डॉन क्विक्जोट) की समीक्षा करते हुए वे अपनी आलोचनात्मक पक्षधरता का परिचय देते हैं। मैनेजर पाण्डेय की आलोचना की शुरुआत सूरदास से होती है और वहाँ वे अपनी पहचान किसान जीवन की तलाश के आधार पर बनाते हैं। आचार्य शुक्ल ने सूरदास की सामाजिकता की प्रशंसा नहीं की थी, बल्कि गोपियों के वियोग को बैठे-ठाले का काम बताया था। पाण्डेयजी ने भक्ति आन्दोलन के इस महान कवि की कविता के सामाजिक पक्ष को किसान जीवन से जोड़कर उसकी महत्ता का विकास किया और अपनी आलोचनात्मक प्रतिबद्धता का परिचय दिया कि आलोचना मूलतः सांस्कृतिक और सामाजिक कर्म है।

बौद्धिक कर्म के रूप में आलोचना की पहचान का अर्थ यह नहीं है कि बुद्धि के सहारे आलोचना की सामाजिक-सांस्कृतिक जिम्मेवारी को गौण कर दिया जाये और रचनात्मक आलोचना का नाम देकर रहस्यमयी अबूझ भाषा में 'मानसिक व्यायाम' किया जाये। बौद्धिकता की सार्थकता सामाजिक होने में है। पाण्डेयजी की स्थापनाओं का मूल आधार सामाजिकता और मुक्ति की अवधारणा में निहित है। उनकी आलोचना के सिद्धान्त-निर्माण में निम्नलिखित बिन्दुओं को प्रमुख माना जा सकता है–

1. सामाजिकता
2. वंचितों की मुक्ति की अवधारणा
3. आलोचना सांस्कृतिक कर्म है
4. सिद्धान्तहीन व्यवहार से परहेज
5. सिद्धान्तविहीनता का अर्थ है दृष्टि-हीनता
6. साहित्येतर अनुशासनों का भी अनुशीलन
7. आलोचना के विकास में सहायक–समाजशास्त्र और इतिहास
8. साहित्य-संसार की स्वायत्तता के भ्रम में न पड़ना
9. मूलगामी आलोचनात्मक अन्तर्दृष्टि आवश्यक
10. आलोचना के सिद्धान्त रचनाशीलता के विकास और परिवर्तन के साथ बदलते हैं
11. एक विचारधारात्मक कर्म
12. मानक और सार्थक आलोचना का आधार समय, समाज और संस्कृति के प्रश्न हैं
13. स्वाधीनता की चेतना के विभिन्न रूप, अर्थ और व्याप्ति से जुड़ाव
14. राजनीतिक भूमिका
15. आस्वादपरक आलोचना से परहेज

इन बिन्दुओं के आधार पर पाण्डेयजी ने अपनी आलोचना को सैद्धान्तिक आधार प्रदान किया है और इन्हीं के आधार पर व्यावहारिक आलोचना लिखी है। अपने सैद्धान्तिक चिन्तन की निन्दा मौखिक रूप से या कानोंकान फैली कथा के रूप में पाण्डेयजी ने सुनी है, जिसका जिक्र उन्होंने अपनी पुस्तकों की भूमिकाओं में किया है। फिर भी, उन्होंने अपनी समझ के आधार पर सैद्धान्तिक चिन्तन का क्रम बनाये रखा। इस मामले में उनकी सफलता का कारण यह रहा कि उन्होंने सैद्धान्तिक और व्यावहारिक आलोचना के गहरे सम्बन्ध को दूसरों की तुलना में ज्यादा समझा। वे इन दोनों के अभेद को अच्छी तरह समझ रहे थे। सिद्धान्तों के अन्य जानकारों ने सीधे 'रीतिसिद्ध' होने में सुविधा महसूस की। इन 'सिद्ध'

आलोचकों ने सैद्धान्तिक आलोचना के खिलाफ जाने से भी परहेज नहीं किया। मैनेजर पाण्डेय ने ऐसी आलोचना लिखने से परहेज किया है, जिसकी सैद्धान्तिकी के प्रति वे आश्वस्त न हों। ललित-शैली में आलोचना लिखना उनके स्वभाव में नहीं है, इसलिए वे पर्दादारी में कलम नहीं चलाते। आचार्य शुक्ल से लेकर नामवर सिंह के आलोचनात्मक लेखन की कमियों को दिखाया जाता रहा है। स्वयं नामवरजी ने शुक्लजी और रामविलासजी के दोष-दर्शन कराये हैं। किन्तु, मैनेजर पाण्डेय की स्थापनाओं के खंडन की कोई सफल और सार्थक कोशिश आज तक दिखाई नहीं पड़ी है। सूरदास के काव्य में किसान जीवन, साहित्य का समाजशास्त्र, साहित्य और इतिहास-दृष्टि, उपन्यास और लोकतन्त्र, मनुष्यता की मातृभाषा, प्रेमचन्द (राष्ट्रवाद, भारतीय उपन्यास), मध्यकालीन समुद्र-संगम (दाराशिकोह) आदि अनेक प्रकरणों में उनकी अवधारणाओं के आधार पर अनगिनत शोध-कार्य हुए हैं। असंख्य शोध-पत्रों में उनकी अवधारणाओं को रखते हुए अपनी बात कही गयी है, मगर आज तक इनकी कमियों को बताने वाली कोई आलोचना दिखाई नहीं पड़ी है। ऐसा दावा नहीं किया जा सकता है कि इनमें कोई कमी हो ही नहीं सकती है, मगर इनके साधार और तर्कसंगत होने के प्रमाण ज्यादा मिलते रहे हैं। पाण्डेयजी की आलोचना की मजबूती का आधार उसकी सैद्धान्तिकी और व्यवहार के अभेद में है। 'शब्द और कर्म' की एकता पर जोर देनेवाले पाण्डेय जी ने सिद्धान्त और व्यवहार की पारस्परिक निर्भरता और सम्बद्धता को अपने लेखन की नस-नाड़ी में प्रवाहित किया है, जो संजीवनी की तरह है।

सन्दर्भ

1. मैं भी मुँह में ज़बान रखता हूँ, पृ. 38
2. वही, पृ. 38
3. आलोचना में सहमति-असहमति, पृ. 24

विवेक-चेतना

मैनेजर पाण्डेय अपने समय की 'विवेक-चेतना' के रूप में आलोचना की पहचान करते हैं। समय का बोध समाज, इतिहास, अर्थतन्त्र और राजनीति से जुड़ता है; इसलिए यह जरूरी है कि आलोचक इन सब के प्रति सचेत रहकर अपना विश्लेषण या मूल्य-निर्णय प्रस्तुत करे। विवेक-चेतना वास्तव में युग को समझने और भविष्य की सम्भावनाओं को देखने की समझ से सम्बन्धित है। आचार्य शुक्ल के बारे में बात करते हुए पाण्डेयजी सूत्रात्मक रूप में इस बात को कहते हैं, मगर यह सूत्र आलोचना के स्वभाव को व्यक्त करने में काफी हद तक समर्थ है, "आचार्य रामचन्द्र शुक्ल की रचनाओं को पढ़ते समय मुझे लगता है कि आलोचना अपने समय की विवेक-चेतना का प्रतिनिधित्व करती है"[1] उल्लेख्य है कि नामवर सिंह 'बुद्धि की मुक्तावस्था' के रूप में आलोचना की पहचान करते हैं और इस शब्दावली में शुक्लजी की अनुगूँज मौजूद है। ध्यान रखा जाना चाहिए कि आत्मा और हृदय की मुक्तावस्था को क्रमश: 'ज्ञानदशा' और 'रसदशा' के रूप में शुक्लजी ने चिह्नित किया है। यहाँ 'दशा' की दार्शनिक स्थिति तक कविता को ले जाने का काम किया गया है। 'बुद्धि की मुक्तावस्था' की कोई 'दशा' होती है क्या? दार्शनिकों ने सम्भवत: इस पर कोई विचार नहीं किया है! नामवरजी ने जिस अर्थ में इसका प्रयोग किया है उसका सम्बन्ध बुद्धि को बन्धन से मुक्त करने से है। यह बन्धन विभिन्न मान्यताओं से सम्बन्धित हो सकता है। नामवरजी ने अपनी पुस्तक 'छायावाद' में शुक्लजी के बारे में हल्के व्यंग्य के साथ लिखा है कि बुद्धि हो तो आदमी क्या न कर ले! शुक्लजी की 'बुद्धि' के किसी खास रूप से नामवरजी को ऐतराज है और नामवरजी की 'बुद्धि' के अनेक रूपों से, दबे-छुपे ही सही, अनेक लोगों को ऐतराज है! दरअसल, 'बुद्धि' का अपना स्वभाव, रामचन्द्र गुणचन्द्र के शब्दों में कहें, तो 'सुख-दुखात्मक' होता है। वह सुख भी देती है और अनेक प्रसंगों में दु:ख भी देती है, उसके स्वभाव में यह क्षमता नहीं होती है कि मनुष्य की साहित्यिक चेतना को हमेशा सन्तुष्ट कर सके। साहित्य 'बुद्धि' की जमीन से पैदा नहीं होता है और वह बुद्धि-विरोधी भी नहीं होता है।

तमाम सामाजिक-राजनीतिक सरोकारों के बावजूद 'तथ्य' को साहित्य के रूप में ढालने की चुनौती साहित्यकार के सामने मौजूद होती है। सरोकारों की जटिलता साहित्य-कर्म को कठिनतर बनाती है। ऐसी स्थिति में 'बुद्धि' के सहारे आलोचना के विकास के बारे में ज्यादा दूर तक नहीं सोचा जा सकता है।

आलोचना में 'बुद्धि' को सही दिशा प्रदान करनेवाली 'विवेक-चेतना' की जरूरत हमेशा पड़ती है। विवेक के सहारे बुद्धि के सन्तुलन की सम्भावना बनी रहती है। निश्चित रूप से आलोचना की विश्वसनीयता केवल बौद्धिक आधार पर नहीं बन पाती है। दुनिया के अनेक बौद्धिक विश्वसनीय नहीं बन पाये, क्योंकि उनके आग्रह अनेकश: न्यायसंगत दिखाई नहीं पड़ते हैं। बौद्धिकों के समर्थन के लिए हमें भी आग्रहों का साथ देना पड़ता है, हमें उनकी प्रतिबद्धताओं के पक्ष में आना पड़ता है। आलोचना एक सीमा तक बौद्धिक-कर्म भी है और इसके लिए प्रतिबद्धता की भी जरूरत पड़ती है, मगर इसकी अपनी नियति यही है कि इसका बुनियादी सम्बन्ध साहित्य-कर्म से होता है, जो मूलत: कला-कर्म है, "यह सब जानते हैं कि साहित्य भाषिक कला है जिसमें शब्द का विशेष महत्त्व है। उस महत्त्व के मूल में शब्द की सामाजिकता है। साहित्य में शब्द और संसार के बीच अनन्त सम्बन्धों की खोज, पहचान और अभिव्यक्ति होती है। अगर आलोचना में रचना की भाषिक विशिष्टता की ही पहचान करनी हो तो शब्द की सामाजिकता की समझ के लिए शब्द से अर्थ के, अर्थ से अनुभव के, अनुभव से जीवन जगत के यथार्थ के, यथार्थ से जीवन की परिस्थितियों के और जीवन की परिस्थितियों से इतिहास की प्रक्रियाओं के सम्बन्धों का बोध अर्जित करती हुई ही आलोचना सामाजिक हो सकती है और मुक्तिधर्मी भी।"[2]

'बुद्धि' के सहारे विकसित हुई आलोचना 'हृदय' की उपेक्षा करके साहित्य से अनुकूलन नहीं कर सकती है। यह सही है कि तर्क और तथ्य के सामने भावपरकता आधुनिक नहीं मालूम पड़ती है और लगने लगता है कि 'आधुनिक' के सहारे आलोचना का विकास करने से उसकी सार्थकता का विकास होगा। मैनेजर पाण्डेय जिस 'विवेक-चेतना' की बात करते हैं, वह आलोचना के लिए ज्यादा उपयोगी और स्वाभाविक लगती है। ऐसा कहकर वे आलोचना को दुराग्रहों से मुक्त करने की कोशिश करते हैं। वे मार्क्स की इस मान्यता में विश्वास जताते हैं कि आलोचना को दुराग्रहों से मुक्त होना चाहिए और यह तभी सम्भव है जब आलोचक के पास अपने समय को समझने की विवेक-चेतना हो। मार्क्स ने लिखा है कि "सच्ची आलोचना की पहली शर्त है 'दुराग्रह से मुक्ति।' हिन्दी के अनेक मार्क्सवादी आलोचकों की व्यावहारिक आलोचनाओं को देखकर ऐसा लगता है कि वे आलोचना की इस शर्त से अपरिचित हैं या फिर

उसे महत्त्व नहीं देते। आलोचनाओं में दुराग्रह का रूप यह है कि वहाँ मूल्यांकन और निष्कर्ष पहले से तय होते हैं, केवल तथ्यों और तर्कों के मनमाने उपयोग के सहारे पूर्व-निर्धारित निष्कर्षों को साबित करना ही आलोचना-कर्म का लक्ष्य होता है। आलोचना में दुराग्रह द्वन्द्वात्मकता का ही दुश्मन नहीं है, वह कट्टरतावाद और अवसरवाद का पोषक भी होता है। उससे आलोचना में आत्मग्रस्तता का प्रचार होता है। मार्क्सवादी आलोचना में दुराग्रह से मुक्ति का मतलब दृष्टि से छुट्टी पाना नहीं है, क्योंकि दुराग्रह दृष्टि नहीं है, वह तो दृष्टि पर पड़ा हुआ परदा है। जहाँ आलोचना में दृष्टि की जगह दुराग्रह ले लेता है, वहाँ वस्तुपरकता और सत्य-निष्ठा दोनों की हत्या होती है।"[3]

इन सबका उपाय यही है कि आलोचक तथ्यों-तर्कों को द्वन्द्वात्मक तरीके से देखे-समझे और विश्लेषित करे। पूर्व-निर्धारित निष्कर्षों को अपना दृष्टिकोण समझने का भ्रम वह न पाले। इस प्रक्रिया को दुरुस्त करने के लिए पाण्डेयजी सही शब्द देते हैं—विवेक-चेतना। एक अच्छा आलोचक इसी के बल पर अपने समय की ऐतिहासिक शक्तियों को पहचान पाता है और मूल्य-निर्णय में न्यायसंगत दूरगामी दृष्टि का परिचय देता है। बुद्धि का विवेक-सम्पन्न होना जरूरी नहीं है, क्योंकि विवेक का दायरा बुद्धि की सीमा के परे भी जाता है। साहित्य के अनेक प्रकरण केवल बुद्धि के सहारे नहीं समझे जा सकते हैं। घनानन्द की कविता को समझने की शर्त ब्रजनाथ ने यही रखी थी कि आपके पास प्रेम की पीड़ा को देख सकने वाली हृदय की आँखें होनी चाहिए—'समुझै कविता घनआनँद की हिय आँखिन नेह की पीर तकी'; जरूरी है कि पहले कविता को ठीक से समझा जाये, तभी सही आलोचना की सम्भावना बनेगी। घनानन्द की कविता को केवल बुद्धि के सहारे नहीं समझा जा सकता है, उसके लिए जरूरी है कि अपने 'हृदय की मुक्ति की साधना' के लिए जो 'शब्द-विधान' उन्होंने रचे थे उसकी सर्जनात्मक प्रक्रिया तक पहुँचा जाये।

इन सबका समाधान तब निकलता है जब हम आलोचना को 'विवेक-चेतना' के रूप में व्यवहृत करने का प्रयास करें। मैनेजर पाण्डेय विजयदेवनारायण साही को एक आलोचक के रूप में याद करते हुए इस बात का उल्लेख करते हैं कि वे घोषित रूप से मार्क्सवाद के विरोधी थे किन्तु उनकी आलोचना सार्थक है। अपनी विचारधारा के विरुद्ध पड़नेवाले आलोचक के आलोचना-कर्म में सार्थकता की पहचान कर पाने में यह 'विवेक-चेतना' मदद करती है, "वैसे मैं आलोचना को मार्क्सवादी और गैर-मार्क्सवादी रूपों में बाँटने के बदले बुनियादी तौर पर अच्छी आलोचना और बुरी आलोचना के रूप में बाँटना पसन्द करता हूँ। हिन्दी के सन्दर्भ में ही आप इस सवाल को देखें तो ऐसी आलोचना आपको हिन्दी

में दिखाई देगी जिसके लेखक मार्क्सवादी नहीं, पर आलोचना बहुत अच्छी है। जैसे–आचार्य रामचन्द्र शुक्ल और विजयदेवनारायण साही की आलोचना। आचार्य शुक्ल मार्क्सवादी नहीं थे तो मार्क्सवाद–विरोधी भी नहीं थे। विजयदेवनारायण साही तो एक स्तर पर प्रयत्नपूर्वक मार्क्सवाद विरोधी भी थे, फिर भी उन्होंने अच्छी आलोचना लिखी है। इन दोनों में मार्क्सवादी न होने के बावजूद आलोचना को सामाजिक कर्म के रूप में या सामाजिक वैचारिक कर्म के रूप में देखने की प्रवृत्ति बराबर रही है।"[4]

आलोचना के निर्माण में साहित्य, समाज और इतिहास–दृष्टि की आवश्यकता पड़ती है, साथ ही इन सबको समझने में राजनीतिक परिस्थितियों का बोध भी आवश्यक होता है। आलोचक इन सभी पक्षों की मदद लेकर अन्ततः साहित्य के रास्ते अपने समय के विवेक तक पहुँचने की कोशिश आलोचना के माध्यम से करता है। आचार्य शुक्ल से शुरू हुई हिन्दी आलोचना की विकास–यात्रा में 'विवेक–चेतना' की भूमिका को रेखांकित किया जाये तो सम्भवतः हम इस निष्कर्ष पर पहुँचेंगे कि वहाँ वही हिस्सा सार्थक है जिसका जुड़ाव इस सन्तुलनात्मक आयाम से है। 'पूर्वाग्रह से मुक्ति' की शर्त वास्तव में हमारी आलोचना को विवेक–सम्पन्न बनाती है। आचार्य शुक्ल से लेकर आज तक की हिन्दी आलोचना के उन्हीं पक्षों से व्यापक असहमति जताई गयी है, जहाँ यह सन्तुलन टूटा हुआ है। मैनेजर पाण्डेय के आलोचना–कर्म की प्रमुख अवधारणाओं के प्रति सम्भवतः इसीलिए प्रबल असहमति दर्ज नहीं की जा सकी है क्योंकि वहाँ 'विवेक–चेतना' के प्रति सजगता है और 'पूर्वाग्रह से मुक्ति' का प्रयास है।

यह 'विवेक–चेतना' बनती कैसे है? मैनेजर पाण्डेय सर्वाधिक जोर देते हैं समाज–सापेक्षता पर, मगर इस शर्त के साथ कि साहित्य मूलतः कला है। कविता की भाषिक संवेदनशीलता में छिपी हुई सामाजिक संवेदनशीलता को रेखांकित करने का उद्देश्य ही यही है कि समाज और कला के सम्बन्ध का सम्यक निर्वहन किया जा सके। आलोचना और इतिहास के सम्बन्ध पर विस्तार से विचार करनेवाली पाण्डेयजी की आलोचना–दृष्टि अन्ततः आलोचक की विवेक–चेतना के निर्माण में इतिहास को शामिल करने की अनिवार्यता पर जोर देती है। 'भाषा की राजनीति' और 'राजनीति की भाषा' के रहस्यपूर्ण सम्बन्धों को उद्घाटित करते हुए वे वस्तुतः साहित्य के भाषिक–विन्यास में अन्तर्निहित राजनीति की भूमिका की तलाश करते हैं, "आलोचना की एक राजनीतिक भूमिका भी होती है। मार्क्सवादी आलोचना अपनी इस भूमिका के बारे में दूसरी आलोचना–दृष्टियों से अधिक सजग होती है। लेकिन आलोचना की राजनीतिक भूमिका स्वीकार करने का मतलब यह नहीं है कि साहित्यिक आलोचना को राजनीतिक आलोचना बना दिया जाये।"[5]

इन सब सावधानियों से मिलकर बननेवाली आलोचना में 'अपने समय की विवेक-चेतना का प्रतिनिधित्व' मिलता है। इसी से पता चलता है कि समाज के प्रचलित भ्रमों को सत्य से अलगा कर, साहित्य को देखना चाहिए। समाज को साहित्य में यथावत रूपायित देखने की कोशिश आलोचना को भटका सकती है, इसलिए जरूरी है कि साहित्य और समाज के आपसी रिश्ते को निर्धारित करने में आलोचक को अन्य आयामों का भी ख़याल रखना पड़ता है। इस सामंजस्य को बनाने में 'विवेक-चेतना' की अहम भूमिका को स्वीकार क्रिया जाना चाहिए। समाजशास्त्रीय आलोचना को कविता में लागू करते हुए या यथार्थवाद को कविता के विश्लेषण का आधार बनाते समय यह 'विवेक-चेतना' ही आलोचक को इनकी सीमाओं के प्रति सचेत करती है। आलोचना राजनीति नहीं है, मगर ऐसा देखा गया है कि कुछ आलोचक साहित्य की राजनीति के हथियार के रूप में आलोचना का उपयोग करते हैं। गुटबाजी के आधार पर लिखी गयी आलोचना अपनी तीखी त्वरा के बावजूद, राजनीतिक स्वभाव के कारण, अपने मूल कर्तव्य से भटकी हुई होती है। हिन्दी आलोचना का बड़ा हिस्सा प्रतिपक्ष को ध्यान में रखकर लिखा गया है, जिसका उद्देश्य होता है वाद-विवाद करते हुए संवाद तक पहुँचना। मगर, ऐसी आलोचना राजनीतिक दुराग्रह का शिकार होने से प्रायः खुद को बचा नहीं पाती है। सामयिक तौर पर लगता है कि ऐसी आलोचना अपने समय के प्रश्नों को सुलझाने में सहायक है, मगर परिदृश्य बदलते ही अप्रासंगिक होने की सम्भावना बनने लगती है। नामवरजी के लेखन-भाषण का बड़ा हिस्सा प्रतिपक्ष से बहस की तरह है, जिसका लक्ष्य है—खंडन। राजनीतिक चेतना का सम्बन्ध जब तक समाजोन्मुख होता है तब तक सब ठीक रहता है; जब तक वह मुक्तिकामी होता है तब तक उसकी सार्थकता पर कोई सवाल खड़ा नहीं किया जा सकता है। मगर, राजनीति की आग्रहशीलता अन्ततः खुद को 'इंटेलिजेंट' सिद्ध करने की जिद में बदल जाये, तो इससे 'विवेक-चेतना' को नुकसान पहुँचना तय है, "मुझे लगता है कि अच्छी आलोचना वह होती है जिसमें प्रतिवाद के साथ या उससे स्वतन्त्र संवाद की कोशिश होती है। प्रतिवाद करते हुए भी आलोचक जिन मूल्यों, मान्यताओं और दृष्टियों की रक्षा की कोशिश करता है उनसे संवाद ही करता है। आलोचक जिसे निरर्थक समझता उसका प्रतिवाद करने के साथ ही जिसे सार्थक मानता है, उससे जब संवाद करता है, तब आलोचना भविष्योन्मुखी होती है।"[6]

मैनेजर पाण्डेय ने कबीर-सूर से लेकर कुमार विकल, अदम गोंडवी, पी. सी. जोशी आदि लगभग एक दर्जन से अधिक कवियों के बारे में आलोचनात्मक लेखन किया है, इसी तरह प्रेमचन्द से लेकर रणेन्द्र तक के उपन्यासों की

व्यावहारिक आलोचना लिखी है। इन सबमें समाज, इतिहास और राजनीति के साथ साहित्य-विवेक का व्यवस्थित उपयोग किया गया है। पाण्डेयजी को हमेशा ख़याल रहता है कि उनका मूल उद्देश्य है रचना में निहित समाज, इतिहास, राजनीति और भाषा के अन्तःसम्बन्ध का उद्‌घाटन एवं मूल्यांकन। उनके आलेखों के शीर्षक, प्रस्तावना, विश्लेषण, विषय की बोध-प्रक्रिया और अन्ततः निष्कर्ष की जैसी सुन्दर और क्रमबद्ध व्यवस्था मिलती है, वह आचार्य शुक्ल के लेखन की परम्परा को मजबूती प्रदान करती है और आश्वस्त करती है कि आलोचना 'संकट के बावजूद' क्रमशः विकसित होती रही है। रामविलास शर्मा और नामवर सिंह के प्रति पूरा सम्मान प्रकट करते हुए यह कहा जा सकता है कि मैनेजर पाण्डेय का आलोचनात्मक लेखन इन दोनों की अपेक्षा ज्यादा व्यवस्थित है और शुक्लजी के करीब है।

मैनेजर पाण्डेय 'जन संस्कृति मंच' के राष्ट्रीय अध्यक्ष रहे हैं और अपनी राजनीतिक प्रतिबद्धता को लेकर कभी भी हिलते-डुलते नजर नहीं आये हैं। वामपन्थी विचारधारा के लेखकों में अनेक बार वैचारिक बदलाव दिखाई पड़ते रहे हैं, जिनमें अन्तर्विरोधी स्थितियाँ भी रही हैं; मगर मैनेजर पाण्डेय विचारधारा के स्तर पर सैद्धान्तिक और व्यावहारिक आलोचना में अन्तर्विरोध के शिकार कभी नहीं रहे। मार्क्सवाद ही उनकी वैचारिक और व्यावहारिक दुनिया को दिशा दिखाता रहा है, उन्होंने वामपन्थी आलोचना की समस्याओं का समाधान भी मार्क्सवादी परम्परा के मूलगामी या विकसित रूप में ही तलाशा है। वामपन्थ के प्रचलित रूपों तक अपनी वैचारिकी को सीमित रखनेवाले लेखकों को, विपरीत परिस्थिति में असहाय होते देखा जा सकता है मगर जिसके चिन्तन को सिद्धान्त और व्यवहार की पारस्परिक आवाजाही ने विकसित किया हो और इस प्रक्रिया में जिसकी विश्व-दृष्टि विकसित हुई हो; वह उस दर्शन की गहराई के प्रति आश्वस्त होता है और हर चुनौती का मुकाबला अपनी उसी विश्व-दृष्टि से करता है। मैनेजर पाण्डेय मार्क्सवाद को राजनीतिक के साथ दार्शनिक रूप में अपने चिन्तन का आधार बनाते हैं, इसीलिए बदली हुई राजनीतिक परिस्थिति के बावजूद उनके वैचारिक आधार में कोई विचलन उत्पन्न नहीं होता है। जो लोग दर्शन की सार्थकता-निरर्थकता का पैमाना राजनीति को बनाते हैं, वे वैचारिक नहीं होते हैं; इसलिए राजनीतिक उतार-चढ़ाव के अनुसार उनके विचारों में परिवर्तन आता रहता है। आलोचना की विचारभूमि उपर्युक्त स्रोतों के सम्मिलन से बनती है और अपने अन्तिम लक्ष्य के रूप मनुष्य की 'मुक्ति' के विभिन्न प्रसंगों से जुड़ती है, "आलोचना से मुक्ति के सम्बन्ध के सवाल के प्रसंग में यह याद रखना जरूरी है कि कला, साहित्य और आलोचना के माध्यम से जो मुक्ति अर्जित की जाती

है। वह राजनीतिक, सामाजिक और सांस्कृतिक होती है। इस मुक्ति को अर्जित करने की दिशा में आगे बढ़ने के लिए मूलगामी आलोचनात्मक अन्तर्दृष्टि जरूरी है मार्क्स ने लिखा है मूलगामी का अर्थ है वस्तुओं के मूल तक पहुँचना और मनुष्य के लिए मूल तो मनुष्य ही है। इसका तात्पर्य यह हुआ कि मूलगामी अन्तर्दृष्टि मनुष्य की नियति की चिन्ता से जुड़ी होती है।"[7]

आलोचना का अर्थ रचना का अनुगामी होना नहीं है, वह अपने आप में एक मूल कृति का दर्जा रखती है। उसे रचना के व्याख्याकार के रूप में ही नहीं देखना चाहिए, बल्कि वह स्वयं भी व्याख्या के योग्य होती है। केवल रचनाकार को ही नहीं, आलोचक को भी व्याख्या और आलोचना की जरूरत होती है। आलोचना द्वितीयक दर्जा नहीं रखती है कि उसे रचना के बाद की प्रक्रिया के रूप में देखा जाये। दरअसल, आलोचना रचना में प्रवेश करते हुए अपनी दृष्टि का उपयोग करती है और रचना की दृष्टि से उसका तालमेल करती हुई समाज, इतिहास, राजनीति आदि के सन्दर्भों में अपना मूल्य-निर्णय प्रस्तुत करती है; इसलिए इस काम को द्वितीयक नहीं समझा जा सकता है। यह ठीक है कि आलोचना से यह अपेक्षा की जाती है कि वह रचना के अर्थ को खोले; मगर उसकी भूमिका यहीं खत्म नहीं हो जाती, उसे 'अपने समय की विवेक-चेतना के प्रतिनिधि' के रूप में जिम्मेदारी का निर्वाह करना पड़ता है, "जिस प्रकार रचना एक स्वतन्त्र कर्म है उसी प्रकार आलोचना भी एक स्वतन्त्र वैचारिक कर्म है। ...आलोचक रचनाकार का न तो अनुचर है और न सहचर है। आलोचना रचना से भिन्न एक स्वतन्त्र बौद्धिक कर्म है। रचनाकार के किसी प्रश्न को जब आलोचक अपने समय के लिए आवश्यक समझता है तब उस पर वह कुछ लिखता है। यहाँ सवाल को व्यापक सामाजिक सन्दर्भ में देखने की आवश्यकता है न कि केवल साहित्य के लिए। ...अपने युग के मानस को समझना, युग के मानस के द्वन्द्वों, दुविधाओं, संघर्षों और विकास की दिशाओं को समझना यह आलोचक का कर्तव्य है।"[8]

सन्दर्भ

1. मेरे साक्षात्कार, पृ. 49
2. आलोचना में सहमति-असहमति, पृ. 25
3. अनभै साँचा, पृ. 75-76
4. मेरे साक्षात्कार, पृ. 86
5. अनभै साँचा, पृ. 77
6. आलोचना में सहमति-असहमति, पृ. 79
7. वही, पृ. 25
8. मैं भी मुँह में ज़बान रखता हूँ, पृ. 87, 88, 91

मुक्ति का अनुशासन

मैनेजर पाण्डेय आलोचना को 'मुक्ति' के प्रश्न से जोड़कर देखना पसन्द करते हैं, जो सामाजिक, राजनीतिक और सांस्कृतिक है। इसे दार्शनिक ऊँचाई तक ले जाया जा सकता है, आध्यात्मिक रूप तक नहीं। आलोचना को महज रचना का अनुगामी नहीं मानना चाहिए, वह एक स्वतन्त्र रचना-कर्म है; इसलिए उसे रचना के अनुसार अपना लक्ष्य तय करने को विवश नहीं करना चाहिए। आलोचना, साहित्य को अपने समय-समाज की विवशताओं और प्रतिरोध के प्रति सजग करने का काम करती है; इसलिए जरूरी है कि रचना के मूल्यांकन के साथ-साथ वह यह भी बताये कि मौजूदा समय में रचना को किस प्रकार का होना चाहिए। यह तभी सम्भव है जब आलोचना की सजगता अपने दौर के सैद्धान्तिक प्रश्नों और व्यावहारिक संघर्षों के प्रति हो। केवल कला के सिद्धान्तों के द्वारा आलोचना का विकास नहीं हो सकता है, मगर कला के बुनियादी सरोकारों की उपेक्षा करके लिखी गयी आलोचना, साहित्य को सही मायने में समझने की क्षमता खो देती है। आचार्य शुक्ल ने 'मुक्ति' और 'मुक्तावस्था' को कविता के प्रसंग में पहली बार व्याख्यायित किया था। आधी-अधूरी व्याख्या करके इस प्रकरण को वायवीय बनाया जा सकता है। कहा जा सकता है कि कविता मुक्ति का माध्यम हो सकती है और यह मुक्ति मनुष्य के भावजगत तक सीमित होगी। कविता को इस खतरे से बचाने के लिए शुक्लजी ने स्पष्ट रूप से लिखा कि 'अपनी सत्ता को लोक सत्ता में लीन करना ही हृदय की मुक्तावस्था है।'[1] मैनेजर पाण्डेय आलोचना को भी लोक सत्ता के सापेक्ष विकसित करने में विश्वास करते हैं। वे 'बुद्धि की मुक्तावस्था' को अराजकता से बचाने के लिए सुझाव देते हैं, "मुझे लगता है कि अपनी सत्ता को लोक सत्ता में लीन करना ही बुद्धि की भी मुक्तावस्था होगी। जो आलोचना-बुद्धि ऐसी कोशिश करेगी उसी से पैदा हुई आलोचना समाज के सन्दर्भ में मुक्ति की सच्ची चिन्ता करेगी।"[2]

मैनेजर पाण्डेय का आलोचना-कर्म 'मुक्ति' का अनुशासन है। लगभग पाँच दशकों में विस्तृत उनके लेखन में मुक्ति के आयामों का विस्तार है। उनके लिए

सूरदास की कविता में स्त्री की पराधीनता की पीड़ा के साथ किसान-जीवन का दर्द समाया है। वे 'साहित्य के समाजशास्त्र' की सार्थकता दलित, आदिवासी और स्त्री-समाज के संघर्षों को व्यक्त करनेवाले साहित्य की पक्षधरता में तलाशना चाहते हैं। उनके लिए साहित्य की इतिहास-दृष्टि का अर्थ यही है कि वहाँ 'साहित्य के विकास के सामाजिक आधार की खोज' हो, मगर लोक के भ्रमों का निवारण भी हो और 'जातीय साहित्य की प्रगति' में हिन्दी के साथ उसकी सहजीवी भाषाओं के साहित्य को भी शामिल किया जाये। कबीर से लेकर कुमार विकल तक की कविता और प्रेमचन्द से लेकर रणेन्द्र तक के उपन्यासों पर लिखते हुए मैनेजर पाण्डेय हिन्दी आलोचना को 'मुक्ति' का पक्षधर बनाते हैं। पराधीनता की पहचान और मुक्तिकामी प्रतिरोध–इन दो पक्षों को लेकर मैनेजर पाण्डेय की आलोचना-यात्रा पिछले पाँच दशकों से गतिशील है, "आलोचना अगर रचना की व्याख्या है तो वह उन रचनाओं की व्याख्या करती हुई मुक्तिधर्मी बन सकती है, जिसमें भारतीय समाज के पराधीनों की पीड़ा और उस पराधीनता से मुक्ति के लिए संघर्ष की कोशिशों की अभिव्यक्ति हो रही है। भारतीय समाज के सबसे अधिक शोषित, अपमानित और उपेक्षित जन हैं आदिवासी, दलित और स्त्रियाँ। आजकल इन तीनों समुदायों के रचनाकार अपने जीवन-संघर्ष और मुक्ति-संघर्ष की अभिव्यक्ति साहित्य के विभिन्न रूपों में कर रहे हैं। उनकी मुक्तिकामी रचनाओं की सम्यक् समझ और समुचित व्याख्या करनेवाली आलोचना मुक्तिधर्मी हो सकती है; लेकिन हिन्दी में साहित्यवाद का आग्रह ऐसी आलोचना के विकास में बाधक है।"[3]

आलोचना का साहित्यवाद के शिकंजे में आ जाना, साहित्य के दूसरे अनुशासनों की तुलना में आसान होता है। यहाँ खतरा केवल कलावादियों से नहीं है, बल्कि उन आलोचकों से भी है जो जनता के बीच से होने का छद्म रचे रहते हैं और भाषिक स्तर पर कुछ लिख लेने का हुनर विकसित किये रहते हैं। भाषा केवल बोलने-लिखने तक सीमित हो जाये और जीने-मरने के सवाल से दूरी बना ले तो मान लेना चाहिए कि उस तरह की भाषा में लिखी आलोचना निरर्थक होगी। मार्क्सवाद जैसे सशक्त दर्शन और आन्दोलन से उपजी शब्दावलियों को लेकर भी निरर्थक आलोचना लिखनेवालों की कमी नहीं रही है। यह भी एक प्रकार का रीतिवाद है, इसे प्रगतिशील खेमे का साहित्यवाद ही समझना चाहिए। मैनेजर पाण्डेय एक साक्षात्कार में कहते हैं, "दुनिया के अनेक बड़े आलोचक इस बात को मानकर चलते रहे हैं कि समाज में जो संघर्ष की प्रक्रिया है वह सिर्फ दिमाग में नहीं चलती, वह समाज की ठोस जमीन पर भी चलती है। तभी स्वाधीनता की ओर कदम भी आगे बढ़ाते हैं। तो दिमाग और जमीन पर चलनेवाले संघर्षों

को जोड़कर देखना मेरे लिए आलोचना का एक महत्त्वपूर्ण दायित्व है। मेरे लिए यह सन्तोष की बात है कि मेरे निबन्धों को जन-आन्दोलनों से जुड़े हुए लोग अपने काम का पाते हैं। आलोचना को अगर स्वाधीनता के लिए संघर्ष की प्रक्रिया में सहायक बनाना है तो उसको सामाजिक, राजनीतिक प्रक्रिया से जोड़कर देखना जरूरी है।"[4]

आलोचना महज भावजगत का साहित्य-कर्म नहीं है, उसे वास्तविक संसार के संघर्षों को समझने की दृष्टि पैदा करने में अपनी सार्थकता की तलाश करनी होती है। इस संघर्ष में उसे विश्लेषक ही नहीं पक्षधर भी बनना पड़ता है। वह चाहे जिन शब्दावलियों में लिखे; उसे शोषितों, वंचितों और पीड़ितों की मुक्ति के पक्ष में लिखना ही होगा, अन्यथा उसका निरर्थक हो जाना सुनिश्चित है। पाण्डेयजी मानते हैं कि मुक्तिकामी आलोचना का अर्थ हमेशा मार्क्सवादी आलोचना नहीं है। उन्होंने आचार्य शुक्ल और विजयदेवनारायण साही की आलोचना की प्रशंसा करते हुए एकाधिक बार लिखा है कि शुक्लजी मार्क्सवादी नहीं थे और साही घोषित रूप से मार्क्सवाद-विरोधी थे, मगर इनकी आलोचना में मनुष्य की मुक्ति की 'विवेक-चेतना' मौजूद है।

यह संयोग-मात्र नहीं है कि मैनेजर पाण्डेय के कुछ आलेखों के शीर्षक में 'मुक्ति' शब्द का प्रयोग मिलता है; जैसे, 'शृंखला की कड़ियाँ : मुक्ति की राहें', 'मीराँ की कविता और मुक्ति की चेतना', 'त्रिलोचन : जीवन की लय में मुक्ति का राग', 'हिन्दी आलोचना और मुक्ति का सवाल' आदि। कुछ शीर्षकों में इसी प्रकार का अर्थ देते दूसरे शब्द हैं; जैसे, 'सुनीता और स्त्री की स्वतन्त्रता', 'रतिनाथ की चाची और स्त्री की पराधीनता का प्रश्न' आदि। पाण्डेयजी के लिए आलोचना का रास्ता, रचनाओं को समझते-समझाते हुए, 'जगत-बोध' तक पहुँचानेवाला है। उनके लिए 'जगत' की सार्थकता नश्वरता के प्रति सहमति जुटाने में नहीं है, बल्कि सांसारिक संघर्षों के सामाजिक-राजनीतिक-सांस्कृतिक रूपों को देखने-दिखाने में है, ताकि 'मुक्ति' के अवरोधों की सही-सही पहचान की जा सके। महादेवी वर्मा की पुस्तक 'शृंखला की कड़ियाँ' की मुक्तिकामी महत्ता को पहली बार विस्तार से उन्होंने पहचाना। यह लेख बहुचर्चित हुआ। इसका एक महत्त्व यह भी है कि पाण्डेय जी की आलोचना के एक प्रमुख सूत्र 'मुक्ति' को, स्त्री-विमर्श की हिन्दी परम्परा के सन्दर्भ में, समझने का आधार इसमें प्राप्त हुआ है। मुक्ति के लिए संघर्षरत स्त्री समाज की एक बुद्धिजीवी महादेवी वर्मा की यह पुस्तक भारतीय परम्परा का स्त्री-विमर्श है, जो विश्वविख्यात स्त्रीवादी चिन्तक सिमोन द बोउवार की पुस्तक 'द सेकेण्ड सेक्स' से पहले लिखित-प्रकाशित है। पाण्डेयजी आलोचना के सूत्र 'मुक्ति' को साथ

लेकर रचना तक जाते हैं और अपने देश की स्त्री-बौद्धिकता की 'लोक सत्ता में लीन' करके पुनर्परीक्षित करते हैं, " 'शृंखला की कड़ियाँ' में भारतीय स्त्री की पराधीनता की प्रत्येक स्थिति की पहचान है और उससे मुक्ति की राहों की खोज की चिन्ता भी है। भारतीय स्त्री की स्वाधीनता के बारे में महादेवी वर्मा का दृष्टिकोण व्यापक है। वे केवल सम्पन्न और शहरी मध्यवर्ग की स्त्रियों की स्वाधीनता की चिन्ता नहीं करतीं। वे श्रमजीवी समुदाय की स्त्रियों की जागृति और स्वतन्त्रता के बारे में भी सोचती हैं। उन्होंने ठीक ही लिखा है कि कृषक तथा अन्य श्रमजीवी स्त्रियों की जागृति तथा स्वाधीनता के बिना भारतीय स्त्री की मुक्ति का प्रत्येक प्रयत्न अधूरा होगा। महादेवी वर्मा ने एक कदम आगे बढ़कर यह भी लिखा है कि कृषक और अन्य श्रमजीवी स्त्रियों द्वारा श्रम से अर्जित स्वावलम्बन की भावना से प्रेरणा लेकर सम्पन्न और मध्यवर्ग की स्त्रियाँ भी अपनी मुक्ति की राह पर अधिक सहजता से आगे बढ़ सकती हैं।"[5]

एक आलोचक की विकास-यात्रा में विचलन के प्रसंग मिल सकते हैं। उसके मानदंडों की तलाश करने पर हमें अराजकता का सामना करना पड़ सकता है। हिन्दी के बड़े आलोचकों में भी यह असंगतता देखने को मिल जाती है। नामवरजी ने रामविलास शर्मा के बारे में लिखा है कि प्रगतिशील आलोचना से शुरू करके वे अपने 'अन्तिम अरण्य' वेदों की ओर चले गये। इसमें व्यंग्य यही है कि एक मार्क्सवादी आलोचक वैचारिक रूप से विचलित हो गया। स्वयं नामवरजी आलोचना की किसी पद्धति या व्यवस्था में विश्वास नहीं करते और आलोचक की स्वतन्त्रता को 'मनमानेपन' तक जाने की मानो छूट हासिल करना चाहते हों, "कहा गया है उसकी अपनी ज्ञान-मीमांसा या 'पद्धति' होनी चाहिए। वह पद्धति क्या है, मैं नहीं जानता। पद्धतियाँ बहुत हैं लेकिन इस सिलसिले में एक कवि आलोचक की कही गयी बात मुझे संगत लगती है—'देयर इज़ नो मेथॅड एक्सेप्ट टू बी वैरी इंटेलिजेंट।' पद्धतियाँ तो बहुतों के पास होती हैं। सवाल यह है कि कैसे वह पद्धति अन्ततः समालोचक को 'इंटेलिजेंट' बनाती है।"[6] आचार्य शुक्ल या द्विवेदी के आलोचनात्मक लेखन के सूत्रों की पहचान स्पष्ट रूप से की गयी है, मगर नामवरजी के लेखन-भाषण से किसी ऐसे सूत्र की तलाश मुश्किल है जिसका क्रमशः विकास उनमें दिखाई पड़ता हो। मैनेजर पाण्डेय का लेखन अत्यन्त व्यवस्थित है, ऐसी व्यवस्था केवल रामचन्द्र शुक्ल में दिखाई देती है। पाण्डेयजी 'मुक्ति' के सवाल को उपन्यास के सन्दर्भ में भी उठाते हैं, "उपन्यास मुक्तिधर्मी आख्यान है। वह अपने पाठकों को न आदेश देता है, न उपदेश। वह समाज और जीवन के बारे में सोचने की प्रेरणा देता है। वह प्रश्न करता है और उत्तर खोजने में पाठकों की मदद करता है।"[7]

सैद्धान्तिक और व्यावहारिक आलोचना के किसी भी पक्ष पर लिखते हुए

पाण्डेयजी को ध्यान रहता है कि वे अन्तर्विरोध का शिकार न हों, यह सजगता उन्हें व्यवस्थित बनाती है। आलोचना से लेकर कविता और कथा-साहित्य के बारे में विचार करते हुए उनका अनुशासन अनुकरणीय है। हिन्दी आलोचना को उपयोगी और जिम्मेदार बनाने की जो शुरुआत शुक्लजी से हुई थी उसका अनुकरणीय विकास मैनेजर पाण्डेय में देखा जा सकता है। 'मुक्ति' के सूत्र के सहारे वे समकालीन विचारों की समीक्षा का भी साहस करते हैं और संघर्षशील जनता का पक्ष खड़ा करते हैं। उत्तर-औपनिवेशिक विचारों में छिपे हुए आन्तरिक उपनिवेशवाद को पहचानने के लिए जमीनी समझ तक जाना होगा। उपनिवेश के कलंक से मुक्त हुए देशों में रचित साहित्य को 'मुक्ति' के सूत्र से समझा जा सकता है, "उपन्यास ने उपनिवेशवाद से मुक्ति के बाद समाज में स्वतन्त्रता और लोकतन्त्र के लिए संघर्ष को सामने लाने में महत्त्वपूर्ण भूमिका निभाई है। एशिया, अफ्रीका और दक्षिण अमेरिका के अनेक देशों में उपनिवेशवाद से मुक्ति के बाद की शासन-व्यवस्थाएँ ऐसी रही हैं, जिन्हें आन्तरिक उपनिवेशवाद कहना अधिक सही होगा। ऐसी व्यवस्थाओं के सच को सामने लाने वाले उपन्यासों को उत्तर-औपनिवेशिक कहने के बदले उपनिवेशवाद विरोधी कहना ज्यादा सही होगा।"[8]

हिन्दी आलोचना के सामने अनेक संकट हैं तो अनेक सम्भावनाएँ भी हैं। आज के दौर में अमेरिका और यूरोप में विकसित विचारों की न तो उपेक्षा की जा सकती है और न ही अनुकरण। विकसित देशों में ऐसे विचार जन्म लेते रहते हैं जो संघर्षशील जनता के विरुद्ध होते हैं। हमारे बीच ऐसे लोग आज ज्यादा संख्या में मौजूद हैं, जो पूँजीवादी विकास के विध्वंस को नहीं समझते हैं। मनुष्य से लेकर प्रकृति तक में मौजूद संसाधनों के क्रूर दोहन पर आधारित विकास से जुड़ी विचारधाराओं की असलियत की पहचान हम तभी कर सकते हैं, जब हमारी निगाह में शोषित, पीड़ित और वंचित तबका होगा। यह निगाह साहित्य की धरोहर है और आलोचना को उसकी रक्षा करनी होगी, उसे उन लोकलुभावन क्रूर विचारों से लड़ना होगा। यदि आलोचना ने हथियार डाल दिये तो साहित्य की दुनिया धुंध से भर जायेगी। साहित्य एक वैचारिक-कर्म है जिसकी सर्वाधिक जिम्मेदारी आलोचना पर है। पाण्डेयजी इस चुनौती को भी 'मुक्ति' के सन्दर्भ में समझने की दृष्टि देते हैं, "हिन्दी के आलोचनात्मक मानस को भारतीय समाज के सन्दर्भ में मुक्तिधर्मी बनाने के लिए उसे नये-पुराने औपनिवेशिक विचारों, धारणाओं और मान्यताओं के प्रभाव से मुक्त करना और रखना जरूरी है। यह जानी-पहचानी बात है कि पहले यूरोपीय साम्राज्यवाद और अब अमेरिकी साम्राज्यवाद द्वारा अपने समाज और इतिहास के अनुभवों तथा विशिष्ट स्थितियों से उपजी विश्व-दृष्टियों से निकली धारणाओं और मान्यताओं को सार्वभौम घोषित करते हुए उन्हें बाकी दुनिया में फैलाने का भरपूर प्रयत्न होता रहा है।"[9]

पाण्डेयजी मानते हैं कि आलोचना अपने समय की विवेक-चेतना का प्रतिनिधित्व करती है। जाहिर है कि विवेक-चेतना के निर्माण में अनेक पक्षों की भूमिका होती है। आज हिन्दी आलोचना को अनिवार्य बनाने के लिए जरूरी है कि उसे 'विचारों के अन्त और अनन्त' से बचाया जाये। 'अन्त' लोकतन्त्र-विरोधी है और 'अनन्त' में वैचारिक अराजकता की भरमार है। हिन्दी आलोचना में 'अन्त' का जवाब 'अनन्त' नहीं है, बल्कि 'मुक्ति' की पक्षधरता में इसका समाधान है और यही इसकी परम्परा रही है, "स्वाधीनता की चेतना और उस स्वाधीनता की चेतना की साहित्य में खोज हिन्दी आलोचना की एक केन्द्रीय प्रवृत्ति रही है। स्वाधीनता की चेतना का रूप, उसका अर्थ और उसकी व्याप्ति में परिवर्तन होता रहा। पहले स्वाधीनता की चेतना देश की स्वाधीनता से जुड़ी हुई थी। बाद के समय में मार्क्सवादी आलोचना में सामाजिक स्वाधीनता की चेतना बन गयी। और इसी के ठीक विरुद्ध जो मार्क्सवाद विरोधी थे उनके यहाँ स्वाधीनता की चेतना समाज के विरुद्ध व्यक्ति की स्वाधीनता की चेतना बन गयी। ...सामाजिक और राजनीतिक स्तर पर भी दलितों और स्त्रियों की स्वाधीनता के लिए आन्दोलन और संघर्ष आगे बढ़ाने लगे और साहित्य में रचनाशीलता के स्तर पर भी दलितों और स्त्रियों की रचनाशीलता का विकास होने लगा। इस तरह स्वाधीनता की चेतना हिन्दी आलोचना की धुरी रही है। उसका अर्थ बदलता रहा है, उसकी व्याप्तियाँ बदलती रही हैं।"[10]

सन्दर्भ

1. आलोचना में सहमति-असहमति–मैनेजर पाण्डेय, वाणी प्रकाशन, नयी दिल्ली, 2013, पृ. 20
2. वही
3. वही, पृ. 24
4. मैं भी मुँह में ज़बान रखता हूँ–मैनेजर पाण्डेय, यश पब्लिकेशन्स, गाँधी नगर, दिल्ली, 2006, पृ. 94-95
5. भारतीय समाज में प्रतिरोध की परम्परा–मैनेजर पाण्डेय, वाणी प्रकाशन, नयी दिल्ली, 2013, पृ. 131
6. आलोचना और विचारधारा–नामवर सिंह, राजकमल प्रकाशन, नयी दिल्ली, 2012, पृ. 201
7. उपन्यास और लोकतन्त्र–मैनेजर पाण्डेय, वाणी प्रकाशन, नयी दिल्ली, 2013, पृ. 36
8. वही, पृ. 24
9. आलोचना में सहमति-असहमति–मैनेजर पाण्डेय, वाणी प्रकाशन, नयी दिल्ली, 2013, पृ. 23
10. मैं भी मुँह में ज़बान रखता हूँ–मैनेजर पाण्डेय, यश पब्लिकेशन्स, गाँधी नगर, दिल्ली, 2006, पृ. 79

आलोचना : चयनिका

सिद्धान्त और व्यवहार

यह ध्यान रखना चाहिए कि सिद्धान्त व्यवहार से पैदा होता है और वह व्यवहार को प्रभावित भी करता है। आप रामचन्द्र शुक्ल की आलोचना देखिए तो उनके यहां सिद्धान्त और व्यवहार का सन्तुलन दिखाई देगा और यही कारण है कि अब भी हिन्दी में उनका प्रभाव सबसे अधिक है।

–मैं भी मुँह में ज़बान रखता हूँ, पृ. 38

मुझे लगता है कि विशेष रूप से अमेरिकी नयी समीक्षा के प्रभाव के कारण व्यावहारिक आलोचना आलोचना का पर्याय बन गयी है। यद्यपि वे अमेरिकी नयी समीक्षा के लेखक भी दोनों में सन्तुलन बनाये रखने की कोशिश करते दिखाई देते हैं। लेकिन हिन्दी में यह सन्तुलन टूट गया और सिद्धान्त-चिन्ता या सिद्धान्त पर बात करने की कोशिश भी समाप्त हो गयी। बात यह है कि समाज में व्यवस्थित रूप से समझने के प्रयत्न में ही समाज विज्ञान के सिद्धान्त पैदा होते हैं और साहित्य के प्रसंग में भी जब नयी प्रवृत्तियाँ पैदा होती हैं, नयी रचनाशीलता आगे आती है तो उनको समझने की कोशिश में नये सैद्धान्तिक प्रयत्न या सिद्धान्त की नयी चिन्ताएँ विकसित होती हैं। यह जो सिद्धान्त और व्यवहार के बीच गैप बना है उसके कारण आलोचना काफी दूर तक प्रभावहीन भी हुई है और दिशाहीन भी।

–मैं भी मुँह में ज़बान रखता हूँ, पृ. 38

आलोचना में बार-बार पुनर्मूल्यांकन के जो प्रयत्न होते रहे हैं उनके पीछे सैद्धान्तिक समझ की बड़ी भूमिका रही है क्योंकि आप पुनर्मूल्यांकन किस आधार पर करेंगे अगर आपके पास कोई नयी सैद्धान्तिक समझ ही नहीं है तो। यह मार्क्सवादी आलोचना की परम्परा में भी दिखाई देता है। हिन्दी में इस बीच हुआ यह है कि जो भी सैद्धान्तिक बातें आलोचना की होती हैं उनको बाहर से ले लेना सुविधाजनक लगता रहा है और अपने सन्दर्भ से पैदा हुई बातों को व्यस्थित करते हुए किसी सिद्धान्त के निर्माण या सिद्धान्त की दिशा

में कुछ सोचने की कोशिश एकदम नहीं दिखाई देती। यह दोनों तरह की आलोचनाओं में हिन्दी में दिखाई देती है, वह चाहे मार्क्सवादी आलोचना हो या गैरमार्क्सवादी आलोचना।

—मैं भी मुँह में ज़बान रखता हूँ, पृ. 38

आप बाहर की जिस आलोचना-दृष्टि को स्वीकार करते हैं अगर उसके कुछ सैद्धान्तिक सवालों को अपने उपयुक्त पाते हैं, अपनी रचनाशीलता और सामाजिक सन्दर्भ के अनुकूल पाते हैं तो उनकी भी पुनर्व्याख्या की ज़रूरत होती है। ऐसी भी कोशिश यहाँ नहीं दिखाई देती। आप पिछले 30-40 वर्षों की हिन्दी आलोचना को देखें तो पायेंगे कि उसमें सिद्धान्त के बारे में सोचने की कोई चिन्ता नहीं है। कभी-कभी पश्चिम की कुछ धारणाओं, कई बार कुछ शब्दों या पदों को लेकर काम चलाया जाता।

—मैं भी मुँह में ज़बान रखता हूँ, पृ. 38-39

आलोचना के सिद्धान्त मूलतः सांस्कृतिक सिद्धान्त होते हैं क्योंकि व्यापक रूप से सांस्कृतिक परिवेश के प्रति जब तक किसी के मन में कुछ नयी चिन्ताएँ, कुछ नये सवाल और कुछ नयी दिशाएँ नहीं होंगी तब तक सैद्धान्तिक सोच की स्थिति या सैद्धान्तिक सोच का विकास ही नहीं होगा।

—मैं भी मुँह में ज़बान रखता हूँ, पृ. 39

यह जो सिद्धान्तहीन व्यवहार का विस्तार है उसमें अनुत्तरदायी आलोचना के फैलने की गुंजाइश बहुत रहती है और उसी में रोज़-रोज़ रचनाओं और रचनाकारों के बारे में राय बदलने की भी छूट मिल जाती है क्योंकि तब आप किसी दृष्टि से किसी रचना की आलोचना नहीं करते बल्कि आप रचना की आलोचना मनमानी तौर पर करते हैं। इसलिए यह सही है कि इस बीच इस तरह के प्रयत्न बहुत कम हुए हैं और जो प्रयत्न हुए हैं उनकी सार्थकता-निरर्थकता पर कोई विचार भी होता नहीं दिखाई देता है।

—मैं भी मुँह में ज़बान रखता हूँ, पृ. 39

हिन्दी आलोचना में सिद्धान्त और व्याख्या को कभी-कभी परस्पर विरोधी मान लिया जाता है या परस्पर विरोधी के रूप में प्रचारित किया जाता है, जो सही नहीं है। सिद्धान्त व्याख्या का सहयोगी है, वह व्याख्या का सहयोगी और मार्गदर्शक होकर ही सार्थक बनता है। कोई भी व्याख्या सिद्धान्तविहीन नहीं होती। व्याख्या के सिद्धान्तविहीन होने का अर्थ है दृष्टिहीन होना, जो व्याख्या नहीं, व्याख्या के नाम पर प्रलाप है।

—मैं भी मुँह में ज़बान रखता हूँ, पृ. 60

दुनिया के प्रायः बड़े आलोचकों के आलोचनात्मक लेखन में सिद्धान्त और

व्यवहार की एकता मिलती है। हिन्दी में इसके सबसे बड़े उदाहरण हैं आचार्य रामचन्द्र शुक्ल; जिन्होंने 'कविता क्या है' और 'काव्य में लोकमंगल की साधनावस्था' जैसे निबन्धों के माध्यम से अपना काव्य-दर्शन निर्मित किया और साथ ही तुलसीदास, सूरदास और जायसी के काव्य की महत्त्वपूर्ण व्याख्या भी की।

–मैं भी मुँह में ज़बान रखता हूँ, पृ. 60

आजकल हिन्दी आलोचना में व्यवहारवादियों को न तो सिद्धान्त और व्यवहार के द्वन्द्वात्मक सम्बन्ध की चिन्ता है न उसकी जरूरत का बोध। फिर नया सैद्धान्तिक विमर्श विकसित कैसे होगा। जहाँ रचनाओं और रचनाकारों के बारे में रोज-रोज बदलनेवाली रायजनी ही आलोचना है वहाँ साहित्य-सिद्धान्त के लिए कैसे और कितनी जगह होगी। आलोचना को केवल सहृदयता, सुरुचि, संवेदनशीलता, समझदारी, साहित्यिक दक्षता, परिष्कृत मानस और भाषिक कुशलता के भरोसे छोड़ना उसे रहस्यमय बनाने और मनमानी करने की सुविधा देना है; क्योंकि इन गुणों का दावा कौन नहीं करता।

–आलोचना में सहमति-असहमति, पृ. 16

हिन्दी आलोचना की एक प्रवृत्ति अपनी सुविधा को सिद्धान्त बनाने की भी है।

–आलोचना में सहमति-असहमति, पृ. 22

हिन्दी में पाँच प्रकार की आलोचनाएँ प्रचलित हैं। पहली है अखबारी आलोचना, दूसरी पुस्तक समीक्षा, तीसरी अध्यापकीय आलोचना, चौथी आस्वादपरक आलोचना जो पत्रिकाओं से लेकर व्याख्याओं तक में पायी जाती है और पाँचवीं है परा-आलोचना या साहित्य-सिद्धान्त।

–आलोचना में सहमति-असहमति, पृ. 11

काव्यशास्त्र का अपने समय की रचनाशीलता और सामाजिक सन्दर्भ से सम्बन्ध होता है पर उसको शाश्वत मानने की ज़िद एक ग़लत ज़िद है। अतः भारतीय काव्यशास्त्र के जो मूल्य हैं वे आज कार्य करते हैं कि नहीं यह माँग ही निरर्थक है। जैसे समाज और संस्कृति की दूसरी परम्पराएँ रचना और आलोचना के क्षेत्र में स्मृति और संस्कार के रूप में क्रियाशील होती हैं उसी तरह काव्यशास्त्र की परम्पराएँ भी स्मृति और संस्कार के रूप में आज की आलोचना में सक्रिय हो सकती हैं।

–मैं भी मुँह में ज़बान रखता हूँ, पृ. 86

पिछली दो सदियों में सारी दुनिया में जो भी साहित्य-सिद्धान्त निर्मित हुए हैं उनमें से अधिकांश प्रायः साहित्येतर अनुशासनों से प्रेरित और प्रभावित दिखाई देते हैं।

–आलोचना में सहमति-असहमति, पृ. 12

साहित्य के कुछ ऐसे पक्ष होते हैं, जो विधाओं का बन्धन नहीं मानते। यह दूसरी बात है कि विभिन्न विधाओं में उनका रचनात्मक उपयोग अलग-अलग ढंग से होता है। बिम्बों, प्रतीकों, फैंटेसी का उपयोग कविता, कहानी दोनों में होता है। इसको 'काव्यात्मक प्रभाव' के अन्तर्गत रखा जा सकता है। गहन संवेदनशीलता या भावावेग की स्थितियाँ कविता में अधिक मिलती हैं, लेकिन यही चीजें जब कथा-साहित्य में आ जाती हैं, तब उसे 'काव्यात्मक प्रभाव' कहा जाता है।

—मेरे साक्षात्कार, पृ. 52-53

कथा-साहित्य को काव्यशास्त्रीय प्रतिमानों से जाँचने का विवाद विदेशों में भी अनेक मार्क्सवादी और गैर-मार्क्सवादी आलोचकों ने उठाया है। मुझे यह निरर्थक विवाद लगता है। कहानी की समीक्षा में कविता के प्रतिमानों को उतनी दूर तक ही लागू किया जा सकता है, जितनी दूर तक कहानी की संवेदना और उसके विशिष्ट रचाव की व्याख्या में मदद मिलती है। इससे आगे अगर कविता को कहानी या कहानी को कविता की तरह पढ़ा जायेगा तो दोनों का मूल रूप नष्ट होगा और उनका आंतरिक स्वरूप सामने नहीं आयेगा।

—मेरे साक्षात्कार, पृ. 53

कथाशास्त्रीय प्रतिमानों के निर्धारण की आवश्यक तो है, लेकिन कहानी और कविता के बीच कोई चीन की दीवार खड़ी करना जरूरी नहीं है। दोनों के संवेदनात्मक उद्देश्य और संवेदना को रूपायित करने की पद्धति भिन्न होती है। इसलिए, जाहिर है, व्याख्या की पद्धति में भी भिन्नता होगी, लेकिन एक को दूसरे के लिए अछूता मानना सही नहीं है। काव्याशास्त्र का ढाँचा भारत में-और पश्चिम में भी-बहुत पहले से बना हुआ है और उसमें क्रमशः रचनाशीलता के साथ-साथ बहुत विकास भी हुआ है। कथा-साहित्य कविता की तुलना में बाद का साहित्य रूप है। इसलिए उसका अपना आलोचनाशास्त्र उतना विकसित नहीं है, जितना कविता का।

—मेरे साक्षात्कार, पृ. 53

हिन्दी में कथाशास्त्र क्यों नहीं विकसित हुआ, यह हिन्दी आलोचकों और कथा-समीक्षकों की कमजोरी ही कहा जायेगा, इसका और कोई बहाना ढूँढ़ने का मतलब नहीं है। इसकी थोड़ी बहुत सम्भावना डॉ. नामवर सिंह की पुस्तक 'कहानी : नयी कहानी' में थी लेकिन उन सम्भावनाओं का विकास न तो उन्होंने किया और न ही किसी दूसरे ने। इसका एक कारण यह भी है कि हिन्दी में खण्डन की प्रवृत्ति जितनी अधिक है, उतनी मण्डन

या विकास की नहीं है। इसीलिए यहाँ लोग या तो भक्ति प्रदर्शित करते हैं या विरोध, लेकिन पहले से मौजूद प्रवृत्तियों को अधिक परिष्कृत रूप में विकसित करने के प्रयास बहुत कम होते हैं।

–मेरे साक्षात्कार, पृ. 53

हिन्दी में उपन्यास की आलोचना कहानी की आलोचना से भी पिछड़ी हुई है। विभिन्न पत्र-पत्रिकाओं में कहानीकारों, उनकी कहानियों और कभी-कभी एक कहानी पर भी विस्तृत चर्चाएँ होती हैं, लेकिन उपन्यास की या तो बहुत कम चर्चा होती है या फिर बहुत सतही किस्म की चर्चा होती है।

–मेरे साक्षात्कार, पृ. 54

हिन्दी आलोचना में तत्काल जो स्थिति है, उसके बारे में कहना चाहूँ तो कहूँगा कि इसमें जोड़-तोड़ की कला और अवसरवादी विचारधारा का बोलबाला दिखाई देता है। आलोचना की कला के नाम पर जोड़-तोड़ और विचारधाराओं के नाम पर अवसरवाद। ये दोनों चीजें बड़े पैमाने पर फैली हुई हैं। आलोचना का जो मुख्य काम है-रचना को पाठकों से जोड़ना और रचना तथा पाठक के बीच संवाद स्थापित करने की कोशिश करना, वह लगभग काफी कम हो गया है। मैं यह नहीं कहता कि वह नहीं है। ऐसा होता तो आलोचना नाम की चीज लगभग समाप्त हो गयी होती। वह थोड़ी-बहुत और जहाँ-तहाँ दिखाई तो देती है और उसी से आलोचना अभी एकदम निरर्थक नहीं हो पाई है, लेकिन जो मुख्य स्थिति बनी हुई है उसकी ओर संकेत करते हुए मैं यही कहूँगा कि आलोचना की साख धीरे-धीरे घट रही है। आलोचना की साख जैसे-जैसे घट रही है वैसे-वैसे उसकी सामाजिक सार्थकता भी घट रही है।

–मेरे साक्षात्कार, पृ. 70

होना तो यह चाहिए कि आलोचना रचना से अधिक गहरे स्तर पर समाज से जुड़े। तभी वह समाज से रचना के जुड़ाव का मूल्यांकन कर सकती है। इसलिए आलोचना जिस तरह की लिखी जा रही है वह बहुत कुछ निन्दा-प्रशंसा या फिर रचनाओं को या रचनाकारों को लगभग दाखिल या खारिज करने जैसा मामला दिखाई पड़ता है। अगर आलोचना का काम कुछ रचनाकारों और कुछ रचनाओं को महत्त्व देना है और कुछ को महत्त्व नहीं देना है, तो इस क्रम में आलोचना का जो रूप होगा उसमें उसकी सामाजिक सार्थकता कहाँ होगी। रामचन्द्र शुक्ल सूर-तुलसी पर लिखते हैं तो उसमें सूर-तुलसी के जमाने का समाज जितना आता है लगभग उतना ही या उससे थोड़ा ही कम स्वयं रामचन्द्र शुक्ल के जमाने का समाज भी आता है।

–मेरे साक्षात्कार, पृ. 70-71

जब मैं बार-बार आलोचना को समाज से, समाज की वास्तविकता से, समाज की इतिहास-प्रक्रिया से जुड़ने की बात कर रहा हूँ तो यह बहुत साफ है कि केवल साहित्य की दुनिया के भीतर रहकर साहित्य का मूल्यांकन सम्भव नहीं है। यह लगभग उसी तरह की बात है कि जैसे किसी भी चीज को देखने के लिए उससे अलग हटकर उसे देखना जरूरी होता है। साहित्य की दुनिया तक सीमित रहने से मेरा मतलब यह है कि-कुछ लोग आलोचना की सारी प्रक्रिया साहित्य के भीतर ही पूरी कर देना चाहते हैं। साहित्य के बाहर से साहित्य को देखने से मेरा मतलब यह भी नहीं है कि साहित्य को केवल बहाना बनाया जाय। लेकिन साहित्य को समझने के लिए उसके बाहर जाने की बात जब मैं कर रहा हूँ, जिनसे स्वयं रचना के स्तर पर वह जुड़ा हुआ होता है तो मेरा आशय उस व्यापक सामाजिक सन्दर्भ से है जिससे साहित्य पैदा होता है और वह आहार या अपनी शक्ति प्राप्त करता है। और उस इतिहास-प्रक्रिया से भी है जिसमें सम्पूर्ण सामाजिक सन्दर्भ जुड़ा होता है। अगर इन दोनों बातों को ध्यान में रखें और दूसरे अनुशासनों की ओर दृष्टि डालें तो स्पष्ट होगा कि ज्ञान के दो ऐसे अनुशासन हैं–जो आलोचना को विकसित करने और समृद्ध करने में मदद दे रहे हैं–पहला इतिहास है और दूसरा समाजशास्त्र।

–मेरे साक्षात्कार, पृ. 71

मैं रचनात्मक आलोचना का जो मतलब समझता हूँ, उसमें यह जरूरी नहीं है कि रचनाकारों की आलोचना तो आये पर दूसरों की आलोचना न आये। मैं रचनात्मक आलोचना उसी को समझता हूँ जिसमें विचार की नवीनता हो। रचना की व्याख्या करते समय या रचना की प्रवृत्तियों पर बात करते समय या रचना की सम्पूर्णता को समझते समय नये विचारों का विकास अगर कोई आलोचना करती है तो वही रचनात्मक आलोचना होगी। अशोक वाजपेयी कई बार रचनात्मक आलोचना के नाम पर उस आलोचना को महत्त्व देते हैं जो नितांत भावुक, रहस्यमय और उलझाऊ किस्म की होती है। 'पूर्वग्रह' में ऐसे कुछ आलोचक लिखते रहे हैं।

–मेरे साक्षात्कार, पृ. 87

जो आलोचक आलोचना में अभिप्राय, प्रभाव और आस्था की सार्थकता को स्वीकार नहीं करते, वे अन्ततः साहित्यसंसार की स्वायत्तता की धारणा के ही समर्थक बन जाते हैं। यह सच है कि रचना की उपेक्षा करके केवल रचनाकार के निहित अभिप्रायों या इरादों की खोज करने वाली आलोचना, जीवनीपरक आलोचना बन जाती है और रचना के विश्लेषण से बचकर केवल

पाठकीय प्रक्रिया के सहारे चलनेवाली आलोचना प्रभाववादी आलोचना हो जाती है। कभी-कभी आस्थावादी आलोचक रचना की विशिष्ट रचनाशीलता को छोड़कर रचना में अपनी या रचनाकार की आस्था ही ढूँढ़ते फिरते हैं। ऐसी आलोचना में आस्था ही रचना के मूल्यांकन की कसौटी बन जाती है। लेकिन आलोचना को अभिप्राय, प्रभाव और आस्था के अतिवादी दुष्प्रभावों से बचाने का सही तरीका यह नहीं है कि आलोचना से इनका बहिष्कार किया जाये। यह तो खाई में से निकलकर खंदक में गिरना होगा। जरूरी यह है कि लेखक के रचनात्मक अभिप्राय और उसकी आस्था के सर्जनात्मक प्रतिफलन का विश्लेषण हो और पाठक की चेतना के निर्माण में रचना के योगदान का मूल्यांकन भी। जाहिर है इससे आलोचना-कर्म कुछ कठिन हो जायेगा। लेकिन आलोचना में कठिनाई से बचाव कहाँ है?

—अनभै साँचा, पृ. 31

हम अगर हिन्दी आलोचना के साथ हिन्दी के बाहर या हिन्दुस्तान के बाहर विकसित होने वाली आलोचना-दृष्टि को ध्यान में रखें तो लगता है कि आलोचना धीरे-धीरे वाद और शास्त्र की ओर बढ़ रही है। तात्पर्य यह कि पहले आलोचना के केन्द्र में लेखक हुआ करता था, उसके बाद रचना आयी और फिर रचना को एक व्यक्ति की कृति समझने के बदले उसको एक पाठ समझने की प्रवृत्ति विकसित हुई। और अब, पाठक से पाठ के सम्बन्ध की खोज आलोचना की केन्द्रीय समस्या बन गयी है। हिन्दी में ऐसी आलोचना-दृष्टि और पद्धति के विकास की जरूरत है, क्योंकि इससे गम्भीर और लोकप्रिय साहित्य का कृत्रिम विभाजन टूटेगा।

—मेरे साक्षात्कार, पृ. 93-94

आलोचना से मुक्ति के सम्बन्ध के सवाल के प्रसंग में यह याद रखना जरूरी है कि कला, साहित्य और आलोचना के माध्यम से जो मुक्ति अर्जित की जाती है वह राजनीतिक, सामाजिक और सांस्कृतिक होती है। इस मुक्ति को अर्जित करने की दिशा में आगे बढ़ने के लिए मूलगामी आलोचनात्मक अन्तर्दृष्टि जरूरी है। मार्क्स ने लिखा है मूलगामी का अर्थ है वस्तुओं के मूल तक पहुँचना और मनुष्य के लिए मूल तो मनुष्य ही है। इसका तात्पर्य यह हुआ कि मूलगामी अन्तर्दृष्टि मनुष्य की नियति की चिन्ता से जुड़ी होती है।

—आलोचना में सहमति-असहमति, पृ. 25

आलोचना के मुख्यत: दो प्रयोजन होते हैं : व्याख्या और मूल्यांकन। व्याख्या और मूल्यांकन के लिए ही आलोचक विश्लेषण और तुलना का सहारा लेता

है। रचना में रूपायित रचनाकार के जीवनानुभव और उस अनुभव को व्यक्त करने वाले माध्यम का विश्लेषण करते हुए आलोचक रचना की व्याख्या करता है। रचना के विश्लेषण के दौरान ही आलोचक रचना की अन्तर्वस्तु, अन्तर्वस्तु को निर्मित करने वाली रचनादृष्टि और रचना से व्यक्त होने वाले सन्देश की भी मीमांसा करता है। सन्देश को सम्प्रेष्य बनाने वाले माध्यम की सृजनशीलता के विश्लेषण के साथ-साथ उस सृजनशीलता को प्रभावित करने वाली साहित्यिक और भाषिक परम्परा का भी विश्लेषण आवश्यक होता है। साहित्यिक और भाषिक परम्परा और परिवेश से रचना के सम्बन्ध के विश्लेषण के बिना किसी रचना की मौलिकता और नवीनता का मूल्यांकन नहीं हो सकता। यहीं आलोचना में इतिहासविवेक की आवश्यकता होती है, क्योंकि परम्पराबोध तो इतिहासविवेक से ही प्राप्त होता है। जो लोग आलोचना को केवल व्याख्या तक सीमित रखना चाहते हैं, उन्हें भी यह याद रखना चाहिए कि इतिहासविवेक रचना की व्याख्या में भी सहायक होता है : क्योंकि इतिहास ही रचना का सन्दर्भ प्रस्तुत करता है और सन्दर्भ के बिना रचना की प्रामाणिक व्याख्या नहीं हो सकती। आलोचक अपने इतिहासविवेक से रचना के सामाजिक, सांस्कृतिक और भाषिक सन्दर्भ का पुनर्निर्माण करके रचना की व्याख्या करता है। आलोचना में रचना के केवल कलात्मक मूल्यों की चिन्ता करने वालों को भी कलात्मक मूल्यों की सार्थकता की परख के लिए रचना के सामाजिक सांस्कृतिक सन्दर्भ की जरूरत होती है।

–अनभै साँचा, पृ. 33-34

अगर आलोचना का लक्ष्य पाठ की व्याख्या है तो व्याख्या के भी अनेक सिद्धान्त हैं, भारत में और पश्चिम में भी। व्याख्या का एक लक्ष्य पाठ में व्यक्त अर्थ के सच की खोज है और ऐसी खोज सिद्धान्तहीन नहीं होती। रचना के अर्थ की चिन्ता एक स्तर पर भाषा, मनुष्य की चेतना और संसार के सम्बन्ध की चिन्ता है और इस सम्बन्ध को सिद्धान्त के सहारे समझा जा सकता है केवल सहजबोध से नहीं।

–आलोचना में सहमति-असहमति, पृ. 17

आलोचना अगर रचना की व्याख्या है तो वह उन रचनाओं की व्याख्या करती हुई मुक्तिधर्मी बन सकती है, जिसमें भारतीय समाज के पराधीनों की पीड़ा और उस पराधीनता से मुक्ति के लिए संघर्ष की कोशिशों की अभिव्यक्ति हो रही है। भारतीय समाज के सबसे अधिक शोषित, अपमानित और उपेक्षित जन हैं आदिवासी, दलित और स्त्रियाँ। आजकल इन तीनों समुदायों के रचनाकार अपने जीवन-संघर्ष और मुक्ति-संघर्ष की अभिव्यक्ति साहित्य के

विभिन्न रूपों में कर रहे हैं। उनकी मुक्तिकामी रचनाओं की सम्यक् समझ और समुचित व्याख्या करने वाली आलोचना मुक्तिधर्मी हो सकती है; लेकिन हिन्दी में साहित्यवाद का आग्रह ऐसी आलोचना के विकास में बाधक है।

–आलोचना में सहमति-असहमति, पृ. 24

आलोचना में जब हम किसी रचना से युग की प्रवृत्ति की ओर बढ़ते हैं तो आलोचना से इतिहास की ओर जाते हैं और साहित्य के विकास का बोध प्राप्त करते हैं। लेकिन जब हम किसी युग की सामान्य प्रवृत्तियों पर विचार करते हुए उस प्रकृति की किसी प्रतिनिधि रचना की विशिष्टता का विश्लेषण करते हैं तो हम इतिहास से आलोचना की ओर जाते हैं। ऐतिहासिक अनुसंधान से रचना के ऐसे नये आयामों का उद्घाटन होता है जो आलोचनादृष्टि से परे होते हैं। जब हम ऐतिहासिक सन्दर्भ और ऐतिहासिक चेतना के आलोक में किसी रचना पर विचार करते हैं तो रचना की कलात्मक विशेषताओं की महत्ता का भी बोध होता है, क्योंकि ऐसी स्थिति में रचना अकेली कृति के रूप में नहीं बल्कि विशाल परम्परा के अंग के रूप में हमारे सामने आती है।

–अनभै साँचा, पृ. 39

कुछ आलोचक यह समझते हैं कि साहित्यानुशीलन का आधार साहित्यसिद्धान्तों से बनता है और साहित्यसिद्धान्तों के निर्माण का काम आलोचना करती है, इतिहास नहीं। उन्हें इस बात पर विचार करना चाहिए कि साहित्यसिद्धान्तों के निर्माण में इतिहास का कोई योगदान होता है या नहीं? जो लोग साहित्यसिद्धान्तों की शाश्वतता और सार्वभौमिकता को उनकी ऐतिहासिकता से अधिक महत्त्व देते हैं, वे ही पुराने सिद्धान्तों के डंडे से नये साहित्य को नापने की कोशिश करते हैं और नये साहित्य के सामने पुराने सिद्धान्तों को छोटा पड़ते देखकर नये साहित्य को ही खोटा कह देते हैं। ऐसे लोग यह नहीं समझते कि रचनाशीलता के विकास और परिवर्तनशीलता के साथ-साथ रचना और आलोचना के सिद्धान्त भी बदलते हैं।

–अनभै साँचा, पृ. 41-42

आलोचना आजकल आलोचनात्मक मानस की मीमांसा बन गयी है, क्योंकि रचनाकर्म भी अब अधिक आलोचनात्मक हो गया है।

–अनभै साँचा, पृ. 42

साहित्यिक कृति को मानवीय विरासत की देन मानने के बाद ही साहित्य के सामूहिक विकास की धारणा बनती है, जो साहित्य के इतिहास का आधार है। साहित्य के इतिहास के अन्तर्गत कृतियों के ऐतिहासिक आयाम और

कलात्मक वैशिष्ट्य दोनों के विवेचन की जरूरत होती है और यह काम इतिहास और आलोचना की एकता से ही हो सकता है।

–अनभै साँचा, पृ. 42

मार्क्सवाद सिद्धान्त और व्यवहार के बीच वैसी दूरी का कायल नहीं है, जैसी हिन्दी की मार्क्सवादी आलोचना में दिखाई देती है। मार्क्सवाद को इतिहास का विज्ञान कहना ही सिद्धान्त और व्यवहार के बीच द्वन्द्वात्मक सम्बन्ध की ओर संकेत है। हिन्दी की मार्क्सवादी आलोचना में सैद्धान्तिक सवालों के बारे में महत्त्वपूर्ण आलोचकों के यहाँ जैसी अरुचि और उपेक्षा दिखाई देती है, वैसी मार्क्सवादी आलोचना की परम्परा में और कहीं नहीं मिलती।

–अनभै साँचा, पृ. 73

हिन्दी के मार्क्सवादी आलोचकों ने व्यावहारिक आलोचना और इतिहास-लेखन का विकास किया है। लेकिन अभी भी हिन्दी की मार्क्सवादी आलोचना का अपना कोई स्वतन्त्र साहित्यशास्त्र निर्मित नहीं हुआ है। यहाँ मार्क्सवादी साहित्य सिद्धान्त के विकास की जरूरत इस बात से भी साबित होती है कि प्रायः हिन्दी की पत्रिकाओं में समय-समय पर पश्चिम के मार्क्सवादी आलोचकों के सिद्धान्त चिन्तन सम्बन्धी लेखों के अनुवाद छपते रहते हैं। ऐसे अनुवादों से कब तक काम चलाया जायेगा? सैद्धान्तिक सवाल जिस सांस्कृतिक सन्दर्भ और व्यवहार से पैदा होते हैं, उसके भीतर से ही उनके उत्तर खोजने की कोशिश भी सार्थक होती है। आखिर यह कब तक चलेगा कि सवाल यहाँ पैदा हों और उनके उत्तर जॉर्ज लुकाच, वाल्टर बेन्यामिन और अडोर्नो से मिलें।

–अनभै साँचा, पृ. 73

रामचन्द्र शुक्ल और मुक्तिबोध की आलोचना को संस्कृति के समाजशास्त्र के अन्तर्गत विवेचित करते हुए उनकी आलोचना का समाजशास्त्र निर्मित किया जा सकता है। लेकिन हिन्दी में ऐसे आलोचक हैं जो यह मानने को तैयार नहीं हैं कि आलोचना का भी समाजशास्त्र हो सकता है। आलोचना, चाहे वह सैद्धान्तिक हो या व्यावहारिक, उसका एक सामाजिक आधार होता है और सामाजिक प्रयोजन भी, उसकी सामाजिक सार्थकता होती है और सामाजिक भूमिका भी। फिर उसका समाजशास्त्र क्यों नहीं हो सकता? केवल साहित्य का आलोचनात्मक सिद्धान्त ही नहीं, कोई भी आलोचनात्मक सिद्धान्त सामाजिक होने या न होने के कारण ही सार्थक या निरर्थक होता है। इसलिए आलोचना का समाजशास्त्र निर्मित किया जा सकता है।

–भारतीय समाज में प्रतिरोध की परम्परा, पृ. 14

हिन्दी आलोचना में मुक्तिबोध के बाद साहित्य-सिद्धान्त की चिन्ता कहीं दिखाई नहीं देती, लेकिन जहाँ-तहाँ यह जरूर सुनाई देता है कि आलोचना तो केवल व्यावहारिक होती है। अगर रामचन्द्र शुक्ल और मुक्तिबोध ने ऐसा ही माना होता तो हिन्दी आलोचना साहित्य-सिद्धान्त सम्बन्धी चिन्तन की दृष्टि से आज कहाँ होती, इसका अनुमान किया जा सकता है।

–आलोचना में सहमति-असहमति, पृ. 22-23

जहाँ तक बड़ी आलोचना का सवाल है तो मैं यह कह सकता हूँ कि बड़ी आलोचना रोज-रोज पैदा नहीं होती। बड़े-बड़े आलोचकों ने अपने जीवन में बड़ी आलोचना एक-दो बार ही लिखी है। जिस आलोचना में साहित्य चेतना का सामाजिक सजगता से संयोग होता है वही आलोचना बड़ी होती है।

–संवाद-परिसंवाद, पृ. 121

यह देखकर आश्चर्य होता है कि उत्तर-आधुनिकतावादियों द्वारा सिद्धान्तों से विदाई की घोषणाओं के बावजूद समाज विज्ञानों में आज भी सिद्धान्तों की सार्थकता स्वीकार की जाती है। लेकिन साहित्यालोचन में सिद्धान्त के प्रति अरुचि ही अधिक दिखाई देती है। अगर हम ज्ञान-मीमांसा की जटिलताओं और सूक्ष्मताओं पर ध्यान दें तो सिद्धान्त की जरूरत समझ में आयेगी। समाज के यथार्थ के जटिल, गहन और तहदार संरचनाओं की समझ केवल इन्द्रियबोध और अनुभव से सम्भव नहीं होती, इसीलिए सैद्धान्तिक दृष्टि की जरूरत पड़ती है। ठीक यही स्थिति साहित्य में भी दिखाई देती है। यह ठीक है कि निष्कर्ष निकालने की जल्दबाजी या उसके आधार पर सिद्धान्त बनाने की हड़बड़ी के खतरे हैं, पर रचना के व्यवस्थित बोध के लिए सुनिश्चित दृष्टि की आवश्यकता हमेशा रही है। जो लोग दृष्टिहीनता को ही मुक्त दृष्टि और खाली दिमाग को खुला दिमाग समझते हैं वे ही प्राय: सिद्धान्त की आवश्यकता को अस्वीकार करते हैं।

–आलोचना में सहमति-असहमति, पृ. 16-17

हिन्दी आलोचना संकट में है, यह बात बार-बार कही जाती है। ऐसी चिन्ता केवल हिन्दी में हो, ऐसा नहीं है। जिस पश्चिम से हिन्दी आलोचना पिछले लगभग डेढ़ सौ वर्षों से प्रेरणा और प्रभाव ग्रहण करती रही है, उस पश्चिम में भी आलोचना के संकट की चर्चा हो रही है। पश्चिम में कला और साहित्य के अन्त या मौत की घोषणाएँ हो चुकी हैं और साथ ही आलोचना के अन्त या मौत की भी। असल में कला, साहित्य और आलोचना के अन्त या मौत की घोषणा के मूल में मनुष्य, चेतना, सामाजिक, विचारधारा, लेखक और इतिहास के अन्त या मौत की मुनादी है लेकिन पश्चिम में कुछ ऐसे

विचारक भी हैं जो इस स्थिति को आलोचनात्मक चेतना या आलोचनात्मक मानस के संकट के रूप में देख रहे हैं और आलोचनात्मक मानस के पुनर्नवीकरण की चिन्ता कर रहे हैं।

—आलोचना में सहमति-असहमति, पृ. 20

विचारधारा

यह ज़रूर है कि विचारधारा को छुपाने का काम केवल रचनाकार ही नहीं करते हैं बल्कि कई बार रचनाशीलता की यह माँग होती है कि विचारधारा छिपी हुई हो, रचना में वह बहुत व्यक्त न हो। पर आलोचना में विचारधारा छिपाने का काम एक तरह से, यह शब्द कड़ा हो सकता है लेकिन फिर भी मैं कहूँगा कि एक तरह से बेईमानी है। इसलिए प्रायः सौन्दर्यबोध के नाम पर ऐसे रचनाकारों की आलोचना करना उनकी अधूरी आलोचना करना ही नहीं है, उनके साथ अन्याय करना भी है।

—मैं भी मुँह में ज़बान रखता हूँ, पृ. 42

आलोचना पुरोहिती नहीं है कि यजमान की जय-जयकार करके उसका कल्याण चाहा जाये या किया जाये।

—मैं भी मुँह में ज़बान रखता हूँ, पृ. 36

ठहराव और गतिरोध का एक अन्य प्रमुख कारण आलोचना का खेमों में बँट जाना है। हिन्दी में चाहे मार्क्सवादी आलोचना हो या गैर-मार्क्सवादी आलोचना-दोनों इस समय खेमेबन्दी की शिकार हो गयी दिखाई देती हैं। अगर आप इस खेमेबन्दी में शामिल हैं, तभी आपके लिए जगह बन सकती है। इस खेमेबन्दी से अलग रहने पर आलोचक के रूप में आपका अस्तित्व ही खतरे में नहीं होगा, बल्कि पुस्तकों का प्रकाशन भी मुश्किल हो जायेगा। प्रकाशन में साहित्य-विरोधी मानसिकता और व्यावसायिकता से भी कुछ लिखने का उत्साह नहीं होता।

—मेरे साक्षात्कार, पृ. 50

अगर रहस्यवाद के विरुद्ध सुसंगत रूप से और अत्यन्त उग्र रूप से रामचन्द्र शुक्ल ने अभियान नहीं चलाया होता तो आगे चलकर यथार्थवाद के लिए रास्ता नहीं बना होता। रामचन्द्र शुक्ल यथार्थवाद के बहुत बड़े समर्थक नहीं थे। लेकिन वे रहस्यवाद के विरोधी थे, इसमें कोई सन्देह नहीं है। और रहस्यवाद के विरोध के माध्यम से उन्होंने जाने-अनजाने यथार्थवाद के लिए रास्ता साफ़ कर दिया।

—मैं भी मुँह में ज़बान रखता हूँ, पृ. 80

आलोचक की विश्वदृष्टि या आलोचक की विचारधारा या आलोचना की विचारधारा पर विस्तार से बात करना बहुत ज़रूरी है क्योंकि आलोचना व्यापक अर्थ में एक विचारधारात्मक कर्म ही है। आस्था और प्रतिबद्धता की जो बहसें हैं वे आलोचक की विश्वदृष्टि और विचारधारा की ओर भी संकेत करती हैं भले ही उस पर ज़्यादा बातें न हुई हों।

—मैं भी मुँह में ज़बान रखता हूँ, पृ. 81

आज तक जितने भी हिन्दी के आलोचक हुए हैं उन सबने पश्चिम से केवल संवाद किया है। आज के समय में विचार तथा विचारधाराएँ एक जगह से दूसरी जगह जाती हैं। यह जरूर है कि हमारा देश एक ऐतिहासिक त्रासदी का शिकार रहा है। वह त्रासदी है उपनिवेशवाद। इसलिए विचार की दिशा पश्चिम से पूर्व की ओर रही है। अब हम इस ऐतिहासिक त्रासदी से प्रयत्नपूर्वक मुक्त होने की कोशिश कर सकते हैं। इस त्रासदी के दुष्परिणाम हमारे जीवन तथा विचार में मिलते हैं तो केवल इस पर विलाप करना काफ़ी नहीं है।

—मैं भी मुँह में ज़बान रखता हूँ, पृ. 86

हिन्दी के आलोचनात्मक मानस को भारतीय समाज के सन्दर्भ में मुक्तिधर्मी बनाने के लिए उसे नये-पुराने औपनिवेशिक विचारों, धारणाओं और मान्यताओं के प्रभाव से मुक्त करना और रखना जरूरी है। यह जानी-पहचानी बात है कि पहले यूरोपीय साम्राज्यवाद और अब अमेरिकी साम्राज्यवाद द्वारा अपने समाज और इतिहास के अनुभवों तथा विशिष्ट स्थितियों से उपजी विश्व-दृष्टियों से निकली धारणाओं और मान्यताओं को सार्वभौम घोषित करते हुए उन्हें बाकी दुनिया में फैलाने का भरपूर प्रयत्न होता रहा है।

—आलोचना में सहमति-असहमति, पृ. 23

हम अगर हिन्दी आलोचना के साथ हिन्दी के बाहर या हिन्दुतान के बाहर विकसित होनेवाली आलोचना दृष्टि को ध्यान में रखें तो लगता है कि आलोचना धीरे-धीरे पाठ और पाठक की ओर बढ़ रही है। तात्पर्य यह कि पहले आलोचना के केन्द्र में लेखक हुआ करता था। उसके बाद रचना आयी और फिर रचना को एक व्यक्ति की कृति समझने के बदले उसको एक पाठ समझने की प्रवृत्ति विकसित हुई और अब पाठक से पाठ के सम्बन्ध की खोज आलोचना की केन्द्रीय समस्या बन गयी है। हिन्दी में ऐसी आलोचना की दृष्टि और पद्धति के विकास की ज़रूरत है, क्योंकि इससे एक तो गम्भीर और लोकप्रिय साहित्य का कृत्रिम विभाजन टूटेगा। साहित्य के आलोचक केवल उन्हीं रचनाओं की चर्चा करते हैं जो साहित्य की या

कलात्मक साहित्य की सीमित दुनिया के भीतर महत्त्व वाली है। लेकिन आज उन कहानियों, उपन्यासों के बारे में क्या कहेंगे जिनके पास एक विस्तृत पाठक समुदाय है, लेकिन उनकी चर्चा नहीं होती। आज यह एक विचारणीय समस्या है कि कोई भी व्यक्ति आख़िर साहित्य पढ़ता ही क्यों है। साथ ही दूसरी समस्या यह कि पढ़ने वाला एक विशेष प्रकार का साहित्य ही क्यों चुनता है? अगर पढ़ते समय अपनी चुनी हुई किताब से कुछ पाता नहीं तो क्यों पढ़ता है? मुझे ऐसा लगता है कि हिन्दी में साहित्य की दो दुनिया मौजूद हैं। एक वह जिसे कलात्मक और गम्भीर साहित्य की दुनिया कहा जाता है और दूसरी लोकप्रिय साहित्य की दुनिया। मुझे ऐसा लगता है कि इन दोनों के बीच के सम्बन्धों की खोज आलोचना का काम है और यह तभी होगा जब आलोचना में पाठ से पाठक के सम्बन्ध को महत्त्व दिया जायेगा।

–मैं भी मुँह में ज़बान रखता हूँ, पृ. 116

हिन्दी आलोचना का वर्तमान अगर संकटग्रस्त है तो इसके कारणों की पहचान होनी चाहिए। इस संकट का सबसे बड़ा कारण है आलोचना में साहित्यिक को सामाजिक से अलग समझने और मानने की प्रवृत्ति। इसी प्रवृत्ति के कारण आलोचनात्मक व्यवहार के दौरान राजनीति, विचारधारा और सभ्यता के सवालों को साहित्य की आलोचना से बाहर कर दिया गया है। ऐसी स्थिति में आलोचना में लौकिकता या सामाजिकता कैसे होगी? इस आलोचना-दृष्टि के पीछे दो प्रकार की आलोचनात्मक प्रवृत्तियाँ रही हैं। उनमें एक थी नयी आलोचना के समय की अन्तर्वर्ती आलोचना, जो रचना में राजनीति, विचारधारा और सभ्यता के सवालों की बात करने वाली आलोचना को बाह्यवर्ती मानकर खारिज करती थी। दूसरी थी भारतीय साहित्य की परम्परा से प्राप्त भाष्य और टीका की पद्धति को अपनाने वाली आलोचना, जिसमें राजनीति, विचारधारा और सभ्यता के सवालों के लिए कोई जगह न थी। इन दोनों प्रकार की आलोचनाओं का मनुष्य की मुक्ति के प्रश्न से कोई सम्बन्ध नहीं था।

–आलोचना में सहमति-असहमति, पृ. 21

दुनिया के अनेक बड़े आलोचक इस बात को मानकर चलते रहे हैं कि समाज में जो संघर्ष की प्रक्रिया है वह सिर्फ दिमाग में नहीं चलती, वह समाज की ठोस ज़मीन पर भी चलती है। तभी स्वाधीनता की ओर क़दम भी आगे बढ़ते हैं। तो दिमाग और ज़मीन पर चलनेवाले संघर्षों को जोड़कर देखना मेरे लिए आलोचना का एक महत्त्वपूर्ण दायित्व है। मेरे लिए यह सन्तोष की बात है कि मेरे निबन्धों को जन-आन्दोलनों से जुड़े हुए लोग

अपने काम का पाते हैं। आलोचना को अगर स्वाधीनता के लिए संघर्ष की प्रक्रिया में सहायक बनाना है तो उसको समाजिक, राजनीतिक प्रक्रिया से जोड़कर देखना ज़रूरी है।

–मैं भी मुँह में ज़बान रखता हूँ, पृ. 94-95

मुझे हमेशा लगता है कि आलोचना अपने समय और समाज की भूमि से परम्परा का भी मूल्यांकन करती है। हम अपने समय की आँख से परम्परा को देखते हैं। हमारे पास और कोई विकल्प भी नहीं है। इसमें दो बातों पर ध्यान देना आवश्यक है—एक तो रचना की ऐतिहासिक स्थिति—मतलब भक्ति-काल के कवियों की रचनाओं की ऐतिहासिक स्थिति और दूसरे स्वयं आलोचक की अपनी ऐतिहासिक स्थिति। इसको दुहरा कर कहूँ तो भक्ति-काल के कवियों पर विचार करते हुए एक तो यह देखना जरूरी होगा कि इतिहास की प्रक्रिया में भक्त कवि कहाँ खड़े हैं। और हम जो उन पर बात करना चाह रहे हैं तो इतिहास की प्रक्रिया में हम कहाँ खड़े हैं। यह जो दूरी है, उस दूरी के बोध के साथ जो विचार होगा वही भक्त कवियों के साथ न्याय कर सकता है। चूँकि हम अपने समय और समाज की जरूरत तथा भविष्य की चिन्ता के साथ कवियों के पास जाते हैं। इसमें मुझे उन कवियों के साथ ज्यादती नहीं लगती कि हम उनकी ऐसी व्याख्या करें जो हमारे समय या समाज से जुड़ती हो और साथ ही हमें भविष्य को बनाने में मदद भी करती हो, ऐतिहासिक जल्दबाजी तो तब होती है जब हम उनकी ऐतिहासिक स्थिति को भूल जायें और अपनी जरूरत को ही ध्यान में रखें। या अपनी ऐतिहासिक जरूरत की जटिलता को भूलकर भक्त-कवियों का बहुत ही सुविधावादी दृष्टि से मूल्यांकन करें।

–मैं भी मुँह में ज़बान रखता हूँ, पृ. 95-96

साहित्य एक सामाजिक कर्म है और रचना की आलोचना में उसकी सामाजिकता की खोज आलोचक का एक मुख्य काम है। लेकिन कई बार सामाजिक की खोज की प्रक्रिया आलोचना का स्वरूप निर्धारण करती है। इसीलिए मैं यहाँ कहूँगा कि आलोचक को कोई भी वाद वहीं तक मदद कर सकता है जहाँ तक वह रचना की अर्थवत्ता समझने में सहायक हो, लेकिन जब वह उसको ढँकने लगे तो आलोचना के लिए ख़तरनाक बन जाता है।

–मैं भी मुँह में ज़बान रखता हूँ, पृ. 116

आलोचना सामाजिक चिन्ता के अभाव में सार्थक नहीं हो सकी।

–आलोचना में सहमति-असहमति, पृ. 21

वैचारिक संघर्ष में दिलचस्पी होने के कारण अपने दौर के वैचारिक संघर्ष

की प्रक्रिया में मुझे बहुत गड़बड़ियाँ लगती थीं, जिसकी ओर मैने ध्यान दिया और मेरी आलोचना में यह संघर्ष मुखर हुआ।

–मेरे साक्षात्कार, पृ. 50

वैसे मैं आलोचना को मार्क्सवादी और गैर-मार्क्सवादी रूपों में बाँटने के बदले बुनियादी तौर पर अच्छी आलोचना और बुरी आलोचना के रूप में बाँटना पसन्द करता हूँ। हिन्दी के सन्दर्भ में ही आप इस सवाल को देखें तो ऐसी आलोचना आपको हिन्दी में दिखाई देगी जिसके लेखक मार्क्सवादी नहीं, पर आलोचना बहुत अच्छी है। जैसे-आचार्य रामचन्द्र शुक्ल और विजयदेवनारायण साही की आलोचना। आचार्य शुक्ल मार्क्सवादी नहीं थे तो मार्क्सवाद-विरोधी भी नहीं थे। विजयदेवनारायण साही तो एक स्तर पर प्रयत्नपूर्वक मार्क्सवाद विरोधी भी थे, फिर भी उन्होंने अच्छी आलोचना लिखी है। इन दोनों में मार्क्सवादी न होने के बावजूद आलोचना को सामाजिक कर्म के रूप में या सामाजिक वैचारिक कर्म के रूप में देखने की प्रवृत्ति बराबर रही है।

–मेरे साक्षात्कार, पृ. 86

अगर कोई रचनाकार अपने समाज और जीवन से गहरे स्तर पर जुड़ा हुआ है तो उसकी रचनाशीलता में प्रगतिशीलता होगी। मैं यह जरूर कहूँगा कि मार्क्सवाद जीवन-जगत को देखने की एक विशेष दृष्टि है और जिन रचनाकारों के यहाँ मार्क्सवाद सजग और सचेत दृष्टि के रूप में सक्रिय है, उनकी प्रगतिशीलता अधिक सुनिश्चित और सुविकसित हो सकती है। यहाँ मैं जानबूझकर 'हो सकती है' कह रहा हूँ, क्योंकि मार्क्सवाद केवल जीवन-जगत को देखने की दृष्टि देता है, रचनाकार को रचने की प्रेरणा दे सकता है, रचनाशीलता को एक विशेष दिशा में आग्रही बनाने में भी मदद दे सकता है, लेकिन रचनाकर्म की सफलता, असफलता या अर्थवत्ता और अर्थहीनता का दायित्व रचनाकार का ही होता है। इसलिए यह सम्भव है कि एक रचनाकार मार्क्सवादी हो लेकिन वह अच्छा रचनाकार न हो। इसके ठीक विपरीत यह भी सच हो सकता है कि एक रचनाकार पूर्ण प्रगतिशील हो, लेकिन वह कहीं से भी मार्क्सवादी न हो।

–मेरे साक्षात्कार, पृ. 92-93

आलोचना में तरह-तरह के वादों के आने और फैलने का यह शौक रचनाशीलता के क्षेत्र में विभिन्न वादों की उपस्थिति के कारण भी है। मुझे लगता है कि जब तक रचनाशीलता के क्षेत्र में तरह-तरह के वाद रहेंगे, आलोचना भी उन वादों से प्रभावित होती रहेगी। जहाँ तक विभिन्न वादों से आलोचना के प्रभावित होने की बात है तो मैं कहूँगा कि कई बार वाद

की घोषणा आलोचक की आस्था की घोषणा होती है। अन्यथा आलोचना के केवल दो ही भेद है–अच्छी आलोचना और बुरी आलोचना। किसी भी आलोचना दृष्टि के व्यावहारिक रूपों में इन दोनों भेदों की उपस्थिति देखी जा सकती है। हिन्दी और हिन्दीतर भाषाओं में भी ऐसे मार्क्सवादी आलोचक हैं जिनकी आलोचना में साहित्य के विभिन्न आवश्यक पक्षों को स्वीकारते हुए रचना की व्याख्या और मूल्यांकन का जब प्रयत्न होता है तब अच्छी आलोचना सामने आती है। लेकिन जहाँ केवल रचनाकार की विचारधारा या पूर्वग्रह को ही ध्यान में रखकर उसको साहित्य में खारिज–दाखिल किया जाता है तो बुरी आलोचना सामने आती है। यह बात दूसरी आलोचना दृष्टियों के बारे में भी कही जा सकती है।

–मेरे साक्षात्कार, पृ. 93

साहित्य एक सामाजिक कार्य है और रचना की आलोचना में उसकी सामाजिकता की खोज आलोचक का एक मुख्य काम है। कई बार सामाजिकता की खोज की प्रक्रिया आलोचना का स्वरूप–निर्धारण करती है। इसलिए मैं कहूँगा कि आलोचक की कोई भी वाद वहीं तक मदद कर सकता है जहाँ तक वह रचना की अर्थवत्ता और सार्थकता समझने में सहायक हो। लेकिन जब वह इन दोनों को ढँकने लगे तो आलोचना के लिए खतरनाक बन जाता है।

–मेरे साक्षात्कार, पृ. 93

जो आलोचना रचना की केवल सामाजिक पृष्ठभूमि और विषयवस्तु के विवेचन तक सीमित होती है, वह कलाकार और कातिब में फर्क नहीं कर सकती। ऐसी स्थिति में उसे कला की आलोचना कहना कठिन है। हिन्दी में ऐसी मार्क्सवादी आलोचना बहुत है। मार्क्सवाद का व्यापक लक्ष्य सामाजिक परिवर्तन है और सांस्कृतिक संघर्ष उस परिवर्तन की प्रक्रिया का अनिवार्य हिस्सा है। इस सांस्कृतिक संघर्ष के आंतरिक उद्देश्य को पाने के लिए कला की आलोचना कला की जमीन पर खड़े होकर ही की जा सकती है। लेकिन कुछ लोग जब कला की जमीन पर खड़े होने के बाद सांस्कृतिक संघर्ष के व्यापक उद्देश्य को भूल जाते हैं, तब आलोचना कला के करीब तो होती है, लेकिन वह मार्क्सवाद के व्यापक उद्देश्यों से दूर चली जाती है। हिन्दी में यह प्रवृत्ति भी कम नहीं है।

–अनभै साँचा, पृ. 70

आज की रचनाशीलता अपने परिवेश और सन्दर्भ के प्रति जितनी सजग है, उतनी सजगता हिन्दी की मार्क्सवादी आलोचना में नहीं है। इसीलिए कई

बार वह परोपजीवी बनी दिखाई देती है। यहाँ समाज में साम्प्रदायिकता, धार्मिक उन्माद और तरह-तरह के रूढ़िवाद को बढ़ावा मिल रहा है। इस समाज-व्यवस्था में मनुष्यता-विरोधी प्रवृत्तियाँ अधिकाधिक प्रबल होती जा रही हैं। आज की मार्क्सवादी आलोचना के सामने इन समस्याओं को समझने और इनसे संघर्ष करने की चुनौती मौजूद है। संस्कृति के क्षेत्र में उपभोक्तावाद का प्रसार हो रहा है और संस्कृति के सरकारीकरण का अभियान चल रहा है। पुराने आधुनिकतावादी पुनरुत्थानवाद और अंधराष्ट्रवाद की गोद में जा बैठे हैं और अनेकांतवाद के नाम पर नया कलावाद पनप रहा है। सांस्कृतिक क्षेत्र के इस प्रदूषण की उपेक्षा मार्क्सवादी आलोचना नहीं कर सकती; क्योंकि इसकी उपेक्षा का मतलब है प्रगतिशील रचनाशीलता के विकास की सम्भावनाओं और उनके आगे खड़ी बाधाओं की उपेक्षा करना। आज एक नयी सांस्कृतिक चेतना के विकास के दायित्व के प्रति सजग होकर ही मार्क्सवादी आलोचना अपनी सार्थक भूमिका निभा सकती है। लेकिन यह तभी होगा जब वह मार्क्सवादी तो हो, पर साथ ही साहित्यिक आलोचना भी हो।

–अनभै साँचा, पृ. 77

हिन्दी आलोचना में भारतीय मनुष्य की मुक्ति की चिन्ता के विकास के लिए यह भी जरूरी है कि आलोचना, साहित्यवाद के आग्रह से मुक्त हो। यह देखकर आश्चर्य होता है कि जिस समय इतिहासकार, राजनीतिशास्त्री, समाजशास्त्री और दार्शनिक अपने सोच-विचार को व्यापक और अधिक सामाजिक बनाने के लिए साहित्य की ओर मुड़ रहे हैं, वे साहित्य के ऐतिहासिक महत्त्व, राजनीतिक अभिप्राय, समाजशास्त्रीय सार्थकता और दार्शनिक अर्थवत्ता की खोज कर रहे हैं, उस समय साहित्य के कुछ समालोचक साहित्य की स्वायत्तता के नाम पर साहित्यवाद की वकालत कर रहे हैं।

–आलोचना में सहमति-असहमति, पृ. 24

उद्देश्य और सार्थकता

मुझे तो कई बार व्यावहारिक आलोचना और सैद्धान्तिक आलोचना का भेद ग़ैर-जरूरी लगता है। आलोचना का एक काम रचना की अर्थवत्ता पर ध्यान देना है और अर्थवत्ता पर ध्यान देने के लिए बराबर रचना पर ध्यान देना जरूरी है। चाहे वह एक रचना हो चाहे एक तरह की पाँच रचनाएँ हों। पर साथ ही आलोचना का एक काम रचना और रचनाशीलता की सार्थकता की पहचान करना है और सार्थकता की पहचान हमेशा रचना की समाज सापेक्षता से जुड़ी होती है। आलोचना को टीका पद्धति तक घटा देना या

अखबारी समीक्षा बना देना मुझे आलोचना की दुर्गति लगती है, उसका कोई विकास नहीं लगता।

–मैं भी मुँह में ज़बान रखता हूँ, पृ. 54

मानक आलोचना का पहले से बना बनाया कोई मानदण्ड नहीं होता। जो आलोचना अपने समय, समाज और संस्कृति के सवालों से जुड़कर अपने समय के मनुष्य की स्वतन्त्रता की रक्षा के लिए संघर्षशील रचनाओं को पहचानते हुए क्रियाशील होती है–वही मानक आलोचना बनती है। साथ ही जो आलोचना पाठकों को कुछ नया सोचने की प्रेरणा देती है वह अपने समय की मानक आलोचना कही जा सकती है। ऐसी आलोचना नयी–पुरानी रचनाओं से संवाद और बहस करती हुई अपने समाज के बौद्धिक विकास का हिस्सा बनती है। मेरे लिए इसी अर्थ में रामचन्द्र शुक्ल, हजारीप्रसाद द्विवेदी, नन्ददुलारे वाजपेयी, रामविलास शर्मा, मुक्तिबोध, विजयदेव नारायण साही और नामवर सिंह की आलोचना मानक आलोचना है।

–मैं भी मुँह में ज़बान रखता हूँ, पृ. 59-60

ऐसी भी आलोचना होती है जिसका रचनाकार और समाज पर कोई प्रभाव नहीं होता तो दूसरी ओर ऐसी भी आलोचना होती है जिसका समाज और रचनाकार पर नकारात्मक प्रभाव होता है। यह भी ध्यान में रखना चाहिए कि ऐसी रचनाएँ भी होती हैं जिनका समाज पर कोई प्रभाव नहीं होता। ज़ाहिर है ऐसी रचनाओं और आलोचनाओं को निरर्थक मानसिक व्यायाम ही कहा जा सकता है।

–मैं भी मुँह में ज़बान रखता हूँ, पृ. 61

सार्थक आलोचना अपने समय की रचनाशीलता को अनेक रूपों में प्रभावित करती है और इस प्रक्रिया में वह अपने समाज की बौद्धिक यात्रा में सहायक भी बनती है। ऐसी आलोचना और ऐसे आलोचक महत्त्वपूर्ण होते हैं जो साहित्य और समाज दोनों की रचनात्मक यात्रा को आलोकित करते हैं।

–मैं भी मुँह में ज़बान रखता हूँ, पृ. 61

आज के समय में निर्भीक होकर सच कहना आलोचना का पहला दायित्व है। रचना और समाज दोनों के लिए सच कहने का साहस रखनेवाली आलोचना ही ज़रूरी और सार्थक होगी। आज के दौर में आलोचना और आलोचनात्मक चेतना का अस्तित्व संकट में है, इसीलिए आज आलोचना के लिए यह ज़रूरी है कि वह कट्टरतावाद और भूमंडलीकरण के नाम पर फैलाए जानेवाले झूठ और भ्रमों से स्वयं लड़े और दूसरों को भी लड़ने की प्रेरणा दे। संघर्ष ही आलोचना का स्वाभाविक धर्म है। हम एक ऐसे समय

में जी रहे हैं जिसमें मनुष्यता ही संकट में है। ऐसी स्थिति में केवल कला की बारीकियों और जटिलताओं पर अबूझ भाषा में बहस करना बौद्धिक अय्याशी होगी।

—मैं भी मुँह में ज़बान रखता हूँ, पृ. 66

समकालीन आलोचना के सामने मुख्य चुनौती है आज भारतीय समाज के सामने खड़े खतरों से रचनाशीलता के सम्बन्धों की पहचान और भारतीय समाज में स्वतन्त्रता तथा मानवीयता के विकास के लिए प्रयत्नशील रचनात्मक प्रयासों का मूल्यांकन करते हुए उनकी गति को शक्ति देना। इसी प्रक्रिया में आलोचना आज की रचना की यात्रा में सहायता कर सकती है और अपने सामाजिक दायित्व का निर्वाह भी। आज के समय में सबसे अधिक जरूरी है आलोचना का उत्तरदायी होना। उत्तरदायी आलोचना वही होगी जो मनमाने की बात न होकर ठोस रचनात्मक आधार, प्रखर सामाजिक चेतना और व्यापक जीवन-दृष्टि से जुड़ी होगी।

—मैं भी मुँह में ज़बान रखता हूँ, पृ. 70

हिन्दी आलोचना के निर्माता आचार्य शुक्ल या नन्ददुलारे वाजपेयी की आलोचना मूलतः स्वाधीनता आन्दोलन से अगर प्रेरित थी तो उसमें किसकी स्वाधीनता की चिन्ता अधिक थी? यह सवाल भी महत्वपूर्ण है। यह सही है कि इन दोनों की आलोचना में और विशेष रूप से आचार्य शुक्ल की आलोचना में ऐसे कई समुदायों और भारतीय समाज के समूहों की स्वाधीनता की चिन्ता नहीं थी जो पराधीन थे। उनमें स्त्रियाँ हैं। और दलित भी हैं। कम-से-कम ये दो ऐसे समूह है जिनकी स्वाधीनता की चिन्ता बाद के दिनों में ज्यादा बढ़ी है। पर मैं यह जरूर कहूँगा कि आचार्य शुक्ल जब आलोचना लिख रहे थे या लिखना शुरू कर रहे थे उस दौर में देश की पराधीनता की चिन्ता ज्यादा प्रबल थी। देश के भीतर भारतीय समाज व्यवस्था की संरचना के भीतर जो पराधीनता के शिकार थे, उनकी पराधीनता का सवाल सामने तो आ रहा था पर वह मुख्य सवाल नहीं था। उस दौर के जो सामाजिक दृष्टि से अग्रगामी विचारक थे या साहित्यकार थे वे लोग उन दोनों समुदायों की पराधीनता की स्थिति और स्वाधीनता की आकांक्षा की चिन्ता भी करते थे लेकिन ये दोनों समुदाय और इन दोनों समुदायों की स्वाधीनता की चिन्ता निश्चित रूप से आचार्य शुक्ल और नन्ददुलारे वाजपेयी की आलोचना में नहीं है। यह सही है कि अंग्रेजी राज से भारत की स्वाधीनता की चिन्ता ही इनके यहाँ मुख्य रूप से दिखाई देती है। यह उनके विचार की सीमा है कि वहाँ इन दोनों की स्वाधीनता की चिन्ता मौजूद नहीं थी।

—मैं भी मुँह में ज़बान रखता हूँ, पृ. 76-77

स्वाधीनता की चेतना और उस स्वाधीनता की चेतना की साहित्य में खोज हिन्दी आलोचना की एक केन्द्रीय प्रवृत्ति है। स्वाधीनता की चेतना का रूप, उसका अर्थ और उसकी व्याप्ति में परिवर्तन होता रहा। पहले स्वाधीनता की चेतना देश की स्वाधीनता से जुड़ी हुई थी। बाद के समय में मार्क्सवादी आलोचना में सामाजिक स्वाधीनता की चेतना बन गयी। और इसी के ठीक विरुद्ध जो मार्क्सवाद विरोधी थे उनके यहाँ स्वाधीनता की चेतना समाज के विरुद्ध व्यक्ति की स्वाधीनता की चेतना बन गयी।

—मैं भी मुँह में ज़बान रखता हूँ, पृ. 79

सामाजिक और राजनीतिक स्तर पर भी दलितों और स्त्रियों की स्वाधीनता के लिए आन्दोलन और संघर्ष आगे बढ़ने लगे और साहित्य में रचनाशीलता के स्तर पर भी दलितों और स्त्रियों की रचनाशीलता का विकास होने लगा। इस तरह स्वाधीनता की चेतना हिन्दी आलोचना की धुरी रही है। उसका अर्थ बदलता रहा है, उसकी व्याप्तियाँ बदलती रही हैं।

—मैं भी मुँह में ज़बान रखता हूँ, पृ. 79

आलोचक की विश्वदृष्टि या आलोचक की विचारधारा या आलोचना की विचारधारा पर विस्तार से बात करना बहुत जरूरी है क्योंकि आलोचना व्यापक अर्थ में एक विचारधारात्मक कर्म ही है। आस्था और प्रतिबद्धता की जो बहसें हैं वे आलोचक की विश्वदृष्टि और विचारधारा की ओर भी संकेत करती हैं भले ही उस पर ज्यादा बातें न हुई हों।

—मैं भी मुँह में ज़बान रखता हूँ, पृ. 81

समाज में साहित्य की जो स्थिति है वह आज बहुत ख़राब है। अतः साहित्य को इस स्थिति से बाहर निकालने के लिए आलोचना का यह कर्तव्य है कि वह केवल साहित्य की दुनिया तक ही सीमित न रहे।

—मैं भी मुँह में ज़बान रखता हूँ, पृ. 91

आलोचना का भविष्य व्यापक सामाजिक, सांस्कृतिक तथा राजनीतिक सवालों से मुठभेड़ पर निर्भर है। कलावादियों की लाख चीख-पुकार के बावजूद हम आज शुद्ध साहित्य की दुनिया से बाहर निकल रहे हैं। यह आश्वस्त करनेवाली स्थिति है। आज तो रचना भी आत्ममुग्धता से मुक्त होकर अपने समय और समाज की आलोचना बन रही है।

—मैं भी मुँह में ज़बान रखता हूँ, पृ. 91

अगर कुछ रचनाकार ऐसे रह गये हैं, जिनका ठीक-ठाक मूल्यांकन नहीं हुआ है, तो इसकी बड़ी जिम्मेदारी आलोचकों की है। लेकिन एक सुखद बात यह है कि ऐसे रचनाकार आलोचकों की उपेक्षा के बावजूद पाठकों

में लोकप्रिय हैं। इससे हिन्दी पाठक समुदाय की विवेकशीलता के बारे में विश्वास पैदा होता है। कई बार पाठकों की यह विवेकशीलता आलोचकों को भी मजबूर करती है कि वह ऐसे रचनाकारों की ओर ध्यान दें।

—मेरे साक्षात्कार, पृ. 54

समाज जैसे रचना का आधार बनता है, उसी तरह से वह आलोचना का भी आधार बनता है। जब तक आलोचना समाज से जुड़ी हुई नहीं होती है तब तक उसकी कोई सार्थकता नहीं होती। इसलिए धीरे-धीरे इस तरह की आलोचना अपनी सामाजिक सार्थकता खो रही है और अधिक से अधिक वह कला के नाम पर बाल की खाल निकालने वाली आलोचना सिद्ध हो रही है।

—मेरे साक्षात्कार, पृ. 71

यह सब जानते हैं कि साहित्य भाषिक कला है जिसमें शब्द का विशेष महत्त्व है। उस महत्त्व के मूल में शब्द की सामाजिकता है। साहित्य में शब्द और संसार के बीच अनन्त सम्बन्धों की खोज, पहचान और अभिव्यक्ति होती है। अगर आलोचना में रचना की भाषिक विशिष्टता की ही पहचान करनी हो तो शब्द की सामाजिकता की समझ के लिए शब्द से अर्थ के, अर्थ से अनुभव के, अनुभव से जीवन जगत के यथार्थ के, यथार्थ से जीवन की परिस्थितियों के और जीवन की परिस्थितियों से इतिहास की प्रक्रियाओं के सम्बन्धों का बोध अर्जित करती हुई ही आलोचना सामाजिक हो सकती है और मुक्तिधर्मी भी।

—आलोचना में सहमति-असहमति, पृ. 25

अगर आलोचना को सार्थक सामाजिक और सांस्कृतिक कर्म के रूप में विकसित करना है, तब यह सोचना होगा कि आलोचना की सामाजिक प्रासंगिकता क्या है? लोग सिद्धान्त के रूप में साहित्य की स्वतन्त्रता की बातें कहते हैं, पर आलोचना लिखते समय व्यवहार में साहित्य की दुनिया के भीतर की सीमित स्वतन्त्रता का भी उपयोग नहीं करते हैं। आलोचना जब नितांत रचनाजीवी होती है तो वह अनिवार्यतः परोपजीवी होती है और जिन लोगों ने आलोचना-कर्म को गम्भीरता से लिया है वे चाहे हिन्दुस्तान के महत्त्वपूर्ण आलोचक हों या दुनिया के दूसरे भागों या भाषाओं में काम करने वाले आलोचक; उन सबने आलोचना को समाज की विकास-यात्रा की सहयात्री के रूप में देखा है, केवल साहित्य की दुनिया में छोटी-बड़ी छानबीन की प्रक्रिया के रूप में नहीं।

—मेरे साक्षात्कार, पृ. 85

आलोचना को स्वभावतः उस जिन्दगी या उस समाज से ही टकराना होगा, जिससे रचना भी पैदा होती है। साहित्य की आलोचना को रचना एक सुविधा देती है, वह सब कुछ नहीं देती। रचना आलोचना को यह सुविधा देती है कि हमारी ओर से होकर तुम समाज की ओर जाओ, वह यह नहीं कहती कि हमारे यहाँ आओ और यहीं बैठकर मेरा गीत गाओ। पर जिन लोगों ने आलोचना को केवल रचनाओं की व्याख्या तक सीमित कर रखा है और रचना को समाज की आँख के रूप में नहीं देखते, वे लोग आलोचना को सामाजिक दायित्व के रूप में नहीं देखते, न विकसित करते हैं।

–मेरे साक्षात्कार, पृ. 85-86

पर रचना जीवन का अनुवाद होती है, अगर ऐसा ही है तो वह अनुवाद गलत है या सही, यह जानने के लिए यह जरूरी है कि आलोचना उस मूल को भी जाने, जिसका अनुवाद रचना है और इस प्रक्रिया में स्वभावतः आलोचना रचना के पार या रचना के पीछे रहने वाले समाज तक जाने के लिए मजबूर है। वह नहीं जायेगी तो रचना के साथ भी न्याय नहीं करेगी।

–मेरे साक्षात्कार, पृ. 86

कुछ आलोचक रचना की केवल अर्थवत्ता की व्याख्या करते हैं तो कुछ उसकी केवल सार्थकता की। वे इस बात पर ध्यान नहीं देते कि अर्थवत्ता रचनानिष्ठ होती है जबकि सार्थकता समाजसापेक्ष।

–आलोचना में सहमति-असहमति, पृ. 43

कुछ आलोचक मूल्यांकन को ही आलोचना का मुख्य प्रयोजन समझते हैं। लेकिन आलोचना के प्रतिमान रचना की परम्परा और रचना के परिवेश से ही प्राप्त होते हैं, केवल रचना से नहीं। काव्यमूल्यों का गहरा सम्बन्ध समकालीन जीवनमूल्यों से होता है और जीवनमूल्यों से रचनादृष्टि ही नहीं, आलोचना-दृष्टि भी अनुशासित होती है। रचना मूल्यों के सृजन का काम करती है और आलोचना सार्थक मूल्यों के संरक्षण का। समर्थ रचनाशीलता पुराने मूल्यों को तोड़ती है, नये मूल्य रचती है और नये मूल्यों को विकसित करती है। सार्थक रचनाशीलता पुरानी मूल्य-व्यवस्था को तोड़कर नयी मूल्यव्यवस्था विकसित करती है। आलोचना रचना से निर्मित मूल्यों की सार्थकता और प्रासंगिकता की परख करती है, जिससे नये मूल्य-बोध और नयी मूल्यदृष्टि का विकास होता है। ऐतिहासिक चेतना से शून्य आलोचक रचनागत मूल्यों की सार्थकता और प्रासंगिकता की पहचान नहीं कर सकता।

–अनभै साँचा, पृ. 34

हिन्दी में मार्क्सवादी आलोचना के नाम पर जो कुछ छप रहा है, उसमें से

अधिकांश में कहीं आलोचना को मार्क्सवादी बनाने के जोश में साहित्यिकता की हत्या होता है, तो कहीं साहित्यिकता की रक्षा की अतिरिक्त सावधानी में मार्क्सवाद पीछे छूट जाता है।

–अनभै साँचा, पृ. 69

मार्क्स ने लिखा है कि "सच्ची आलोचना की पहली शर्त है दुराग्रह से मुक्ति।" हिन्दी के अनेक मार्क्सवादी आलोचकों की व्यावहारिक आलोचनाओं को देखकर ऐसा लगता है कि वे आलोचना की इस शर्त से अपरिचित हैं या फिर उसे महत्त्व नहीं देते। आलोचनाओं में दुराग्रह का रूप यह है कि वहाँ मूल्यांकन और निष्कर्ष पहले से तय होते हैं, केवल तथ्यों और तर्कों के मनमाने उपयोग के सहारे पूर्व-निर्धारित निष्कर्षों को साबित करना ही आलोचना-कर्म का लक्ष्य होता है। आलोचना में दुराग्रह द्वन्द्वात्मकता का ही दुश्मन नहीं है, वह कट्टरताबाद और अवसरवाद का पोषक भी होता है। उससे आलोचना में आत्मग्रस्तता का प्रचार होता है। मार्क्सवादी आलोचना में दुराग्रह से मुक्ति का मतलब दृष्टि से छुट्टी पाना नहीं है, क्योंकि दुराग्रह दृष्टि नहीं है, वह तो दृष्टि पर पड़ा हुआ परदा है। जहाँ आलोचना में दृष्टि की जगह दुराग्रह ले लेता है, वहाँ वस्तुपरकता और सत्य-निष्ठा दोनों की हत्या होती है।

–अनभै साँचा, पृ. 75-76

हिन्दी की मार्क्सवादी आलोचना की दुर्गति का एक कारण पक्षधरता और पक्षपात में अन्तर न कर पाने की आदत भी है। पक्षधरता का अर्थ है किसी रचना या रचनाकार की सृजनशीलता को उसके सन्दर्भ और उद्देश्य के साथ प्रस्तुत करते हुए उसके पक्ष में खड़ा होने की वैचारिक दृढ़ता, जबकि पक्षपात का मतलब है किसी के पक्ष में गिर पड़ना और अपने दुराग्रहों से दूसरी व्याख्या की राह का रोड़ा बनना। कार्ल मार्क्स ने कहा था कि समालोचना की पहली शर्त है दुराग्रह या पक्षपात से मुक्ति। इस शर्त को न जानने और न मानने के कारण हिन्दी की मार्क्सवादी आलोचना में अनेक असंगतियाँ आयी हैं।

–आलोचना में सहमति-असहमति, पृ. 22

दुराग्रह आलोचना की विश्वसनीयता का विनाश करता है। अगर मार्क्सवादी आलोचना में दुराग्रह है तो वह मार्क्सवाद की वैज्ञानिकता, वस्तुपरकता और द्वन्द्वात्मकता को भी अविश्वसनीय बना देता है। हिन्दी की मार्क्सवादी आलोचना के सामने एक समस्या रचनाकारों और व्यापक पाठक समुदाय के बीच विश्वसनीयता अर्जित करने की है, और विश्वसनीयता अर्जित करने

के लिए आलोचना में दुराग्रह से छुटकारा पाना जरूरी है।

–अनभै साँचा, पृ. 76

आलोचना की एक राजनीतिक भूमिका भी होती है। मार्क्सवादी आलोचना अपनी इस भूमिका के बारे में दूसरी आलोचना-दृष्टियों से अधिक सजग होती है। लेकिन आलोचना की राजनीतिक भूमिका स्वीकार करने का मतलब यह नहीं है कि साहित्यिक आलोचना को राजनीतिक आलोचना बना दिया जाये।

–अनभै साँचा, पृ. 77

किसी युग के साहित्य और कला के क्षेत्र के आलोचनात्मक संघर्ष को शुद्ध साहित्य की सीमा के भीतर सीमित रखने का प्रयत्न वे करते हैं जो साहित्य-संसार की पूर्ण स्वायत्तता में विश्वास करते हैं और साहित्य को सामाजिक सन्दर्भों से दूर रखना चाहते हैं।

–अनभै साँचा, पृ. 213

साहित्य के विभिन्न रूपों की रचनाओं में जहाँ और जितना जनतन्त्र है उसकी व्याख्या और विस्तार का काम आलोचना करती है। बशर्ते वह ऐसी दृष्टि की उपज हो जो पाठकों को प्रबुद्ध बनाये और ऐसी शैली और भाषा में लिखी हो जो पाठकों को 'बूझो तो जानें' की चुनौती न दे। प्रायः आलोचना की शैली आलोचक के सोच की शैली को प्रतिबिम्बित करती है।

–आलोचना में सहमति-असहमति, पृ. 42-43

हिन्दी में कुछ ऐसे आलोचक हैं जो किसी सिद्धान्त के अतिरिक्त आग्रह के कारण अमूर्त और अबूझ शैली, संस्कृत या अंग्रेजी शब्दों तथा मुहावरों से भरी हुई भाषा में जो आलोचना लिखते हैं उससे एक तरह का रहस्यवाद फैलता है जो पाठकों को आतंकित करता है और डराता भी है। यह सब जानते हैं कि जहाँ आतंक और डर होगा वहाँ जनतन्त्र नहीं होगा।

–आलोचना में सहमति-असहमति, पृ. 43

जनतान्त्रिक आलोचना के लिए यह जरूरी है कि वह ऐसी शैली और भाषा में लिखी जाये जो पाठकों की समझ की क्षमता को नहीं बल्कि उनके पूर्वग्रहों को चुनौती दे ताकि पाठक असमंजस की मनोदशा के बदले सहमत या असहमत होने की स्वतन्त्रता का अनुभव करे। ऐसी ही आलोचना सचमुच जनतान्त्रिक होगी।

–आलोचना में सहमति-असहमति, पृ. 43

मुझे लगता है कि अच्छी आलोचना वह होती है जिसमें प्रतिवाद के साथ या उससे स्वतन्त्र संवाद की कोशिश होती है। प्रतिवाद करते हुए भी आलोचक

जिन मूल्यों, मान्यताओं और दृष्टियों की रक्षा की कोशिश करता है उनसे संवाद ही करता है। आलोचक जिसे निरर्थक समझता उसका प्रतिवाद करने के साथ ही जिसे सार्थक मानता है, उससे जब संवाद करता है, तब आलोचना भविष्योन्मुखी होती है।

–आलोचना में सहमति-असहमति, पृ. 79

रचना की आलोचना में संवाद और भी जरूरी हो जाता है। रचना की आलोचना में संवाद के तीन पक्ष होते हैं। आलोचक एक साथ रचना से, रचनाकार से और पाठकों से संवाद करता है।

–आलोचना में सहमति-असहमति, पृ. 79

आलोचना में पूर्वग्रह के प्रभुत्व का प्रभाव यह होता है कि निष्कर्ष पहले से तय होते हैं, केवल तथ्यों और तर्कों के मनमाने उपयोग के सहारे अपनी बात को साबित करना ही आलोचना का लक्ष्य होता है। आलोचना में पूर्वग्रह द्वन्द्वात्मकता का दुश्मन ही नहीं, कट्टरतावाद और अवसरवाद का पोषक भी होता है। कुछ लोग पूर्वग्रह को ही दृष्टि समझते हैं, जबकि वह वास्तव में दृष्टि पर पड़ा हुआ परदा होता है।

–आलोचना में सहमति-असहमति, पृ. 126-127

आलोचना अगर रचना की व्याख्या है तो वह उन रचनाओं की व्याख्या करती हुई मुक्तिधर्मी बन सकती है, जिसमें भारतीय समाज के पराधीनों की पीड़ा और उस पराधीनता से मुक्ति के लिए संघर्ष की कोशिशों की अभिव्यक्ति हो रही है। भारतीय समाज के सबसे अधिक शोषित, अपमानित और उपेक्षित जन हैं आदिवासी, दलित और स्त्रियाँ। आजकल इन तीनों समुदायों के रचनाकार अपने जीवन-संघर्ष और मुक्ति-संघर्ष की अभिव्यक्ति साहित्य के विभिन्न रूपों में कर रहे हैं। उनकी मुक्तिकामी रचनाओं की सम्यक् समझ और समुचित व्याख्या करने वाली आलोचना मुक्तिधर्मी हो सकती है; लेकिन हिन्दी में साहित्यवाद का आग्रह ऐसी आलोचना के विकास में बाधक है।

–आलोचना में सहमति-असहमति, पृ. 24

जो लोग आलोचना के दौरान कविता, कहानी और नाटक में मौजूद फरियाद की लय की किस्म की तलाश करते हैं और आर्तनाद में बाँसुरी का स्वर खोजते हैं उनकी आलोचना बौद्धिक ऐयाशी है, उसका मुक्ति की चिन्ता से क्या लेना-देना हो सकता है।

–आलोचना में सहमति-असहमति, पृ. 24-25

आलोचना क्या है?

आलोचना रचना की तरह और उससे भिन्न एक स्वतन्त्र और सजग बौद्धिक कर्म है। मुक्तिबोध ने कामायनी को 'सभ्यता-समीक्षा' कहा है, जबकि कामायनी पर मुक्तिबोध की आलोचना स्वयं 'सभ्यता-समीक्षा' है। मुक्तिबोध के अनुसार रचना एक प्रकार की सभ्यता-समीक्षा है तो आलोचना दूसरे प्रकार की सभ्यता-समीक्षा होती है। आलोचक की सभ्यता-समीक्षा तब अधिक महत्त्वूर्ण हो जाती है जब वह एक ओर रचनाकार की सभ्यता-समीक्षा की समीक्षा करती है तो दूसरी ओर रचना की सभ्यता-समीक्षा के मूल स्रोत के रूप में मौजूद जीवन-जगत की समीक्षा भी करती है। ऐसी ही आलोचना रचना की चिन्ता करती हुई भी अपना स्वतन्त्र स्वरूप विकसित करती है।

–मैं भी मुँह में ज़बान रखता हूँ, पृ. 61-62

आलोचना को केवल साहित्य की दुनिया तक ही सीमित न रखा जाये, बल्कि आलोचना को व्यापक सामाजिक चेतना से जोड़ा जाये।

–मैं भी मुँह में ज़बान रखता हूँ, पृ. 71-72

हिन्दी आलोचना आस्वादपरक आलोचना नहीं रही है। तीन बड़े आलोचकों-आचार्य शुक्ल, आचार्य द्विवेदी तथा नन्ददुलारे वाजपेयी की आलोचना व्यापक सांस्कृतिक प्रश्नों से टकरानेवाली आलोचना रही है। बाद की आलोचना इनसे प्रेरणा लेती हुई आलोचना है। आज की आलोचना नयी सांस्कृतिक चेतना के निर्माण के लिए संघर्ष करनेवाली आलोचना है। यह आलोचना अपना सारा कार्य साहित्य की ज़मीन पर करती है। आज का आलोचक सामाजिक सन्दर्भों की उपस्थिति को सीधे-सीधे स्वीकार करता है। पहले के आलोचक सामाजिक सन्दर्भों की उपस्थिति को स्पष्ट रूप से स्वीकार नहीं करते थे या उल्लेख नहीं करते थे पर वहाँ भी सामाजिक सन्दर्भ थे।

–मैं भी मुँह में ज़बान रखता हूँ, पृ. 85-86

जिस प्रकार रचना एक स्वतन्त्र कर्म है उसी प्रकार आलोचना भी एक स्वतन्त्र वैचारिक कर्म है।

–मैं भी मुँह में ज़बान रखता हूँ, पृ. 87

हिन्दी आलोचना में समकालीनता के आग्रह का अतिरेक बहुत है। कुछ लोग समझते हैं कि आज आलोचक होने के लिए आज के साहित्य पर ही लिखना आवश्यक है।

–आलोचना में सहमति-असहमति, पृ. 21

समकालीन रचनाओं की समीक्षा लिखने से कोई आलोचक नहीं हो जाता है। समकालीन सवालों से जोड़कर किसी पुरानी रचना पर भी लिखना समकालीन आलोचना ही है।

—मैं भी मुँह में ज़बान रखता हूँ, पृ. 88

यह सही है कि आलोचक वर्तमान की आँख से ही अपने समय की रचनाशीलता को देखता है और अतीत की रचनाशीलता को भी। लेकिन जब समकालीन साहित्य को देखने की प्रक्रिया अतीत की स्मृतियों से रहित होती है तब वर्तमान का मूल्यांकन भी अधूरा ही होता है।

—आलोचना में सहमति-असहमति, पृ. 21-22

आलोचक रचनाकार का न तो अनुचर है और न सहचर है। आलोचना रचना से भिन्न एक स्वतन्त्र बौद्धिक कर्म है। रचनाकार के किसी प्रश्न को जब आलोचक अपने समय के लिए आवश्यक समझता है तब उस पर वह कुछ लिखता है। यहाँ सवाल को व्यापक सामाजिक सन्दर्भ में देखने की आवश्यकता है न कि केवल साहित्य के लिए।

—मैं भी मुँह में ज़बान रखता हूँ, पृ. 88

आलोचक का आत्मसंघर्ष लिखित रूप में आलोचना में प्रकट हो यह ज़रूरी नहीं है। किसी प्रश्न के उत्तर की तैयारी में ही आलोचक का आत्मसंघर्ष भी जुड़ा होता है। यश और ख्याति से बचकर आलोचना-कर्म करना भी एक तरह से आत्मसंघर्ष है। आलोचक दस पत्रिकाओं तथा बीस भाषणों में रचनाकारों की तारीफ करके अपने पीछे उनकी जमात लिए घूमते हैं। इन सारी बातों से बचते हुए रचना तथा आलोचना के व्यापक सम्बन्ध को ध्यान में रखकर, जिसमें व्यक्ति से अधिक महत्त्वपूर्ण सामाजिक चिन्ताएँ होती हैं या सामाजिक-सांस्कृतिक सवाल होते हैं, आलोचना लिखना, निरन्तर आत्मसंघर्ष से गुजरना है।

—मैं भी मुँह में ज़बान रखता हूँ, पृ. 88-89

अपने युग के मानस को समझना, युग के मानस के द्वन्द्वों, दुविधाओं, संघर्षों और विकास की दिशाओं को समझना यह आलोचक का कर्तव्य है।

—मैं भी मुँह में ज़बान रखता हूँ, पृ. 91

आलोचना की जो एक व्यवस्थित प्रक्रिया है और उससे जो माँग की जाती है उसकी उपेक्षा करके आप केवल अपने आग्रहों को ही आलोचना के रूप में उपस्थित करें तब जाहिर है कि उसमें ऐतिहासिक जल्दबाजी ही नहीं होगी जिसके साथ आप ऐसा कर रहे हैं उसके साथ ज्यादती भी होगी।

—मैं भी मुँह में ज़बान रखता हूँ, पृ. 96-97

आलोचना में चाहे सहमति हो या असहमति, उसका साधार और सप्रमाण होना जरूरी है तभी सहमति या असहमति विश्वसनीय होती है। आलोचना की विश्वसनीयता को सबसे अधिक खतरा होता है मनमानेपन से। आलोचना में तर्क-वितर्क, खण्डन-मण्डन, आरोप-प्रत्यारोप के लिए जगह होती है, पर उतनी ही जितनी विचारशीलता में सत्यनिष्ठा और सच्चाई के लिए जरूरी है। आलोचना सहमति या असहमति के नाम पर 'मनमाने की बात' नहीं है। जब आलोचना में मनमानेपन का विस्तार होता है तो आलोचना गैर-जिम्मेदार हो जाती है। गैर-जिम्मेदार आलोचना से वैचारिक अराजकता पैदा होती है। आलोचना में सहमति-असहमति का सन्तुलन तब बिगड़ता है जब खुद को सही मानने की जिद दूसरों को गलत साबित करने की कोशिश बनती है।

–आलोचना में सहमति-असहमति, पृ. 05 (भूमिका)

मेरा यह मानना है कि आलोचना को दूसरे अनुशासनों में भी जुड़ना चाहिए। इसकी माँग हिन्दी में भी कई आलोचक करते रहे हैं। आश्चर्य की बात यह है कि ऐसे प्रयासों पर वे बात करने के लिए बिल्कुल तैयार नहीं हैं। मैं तो यह भी चाहता हूँ कि मेरी साहित्य के समाजशास्त्र की जो पुस्तक है उसकी कमियों को भी कोई ईमानदारी से बताए, तो मुझे खुशी ही होगी। उससे यह होगा कि या तो उन कमियों को दूर करके बेहतर समाजशास्त्रीय दृष्टि विकसित की जायेगी या उसे एकदम छोड़ दिया जायेगा।

–मैं भी मुँह में ज़बान रखता हूँ, पृ. 105

साहित्य एक सामाजिक कर्म है और रचना की आलोचना में उसकी सामाजिकता की खोज आलोचक का एक मुख्य काम है। लेकिन कई बार सामाजिक की खोज की प्रक्रिया आलोचना का स्वरूप निर्धारण करती है। इसीलिए मैं यहाँ कहूँगा कि आलोचक को कोई भी वाद वहीं तक मदद कर सकता है जहाँ तक वह रचना की अर्थवत्ता समझने में सहायक हो, लेकिन जब वह उसको ढँकने लगे तो आलोचना के लिए खतरनाक बन जाता है।

–मैं भी मुँह में ज़बान रखता हूँ, पृ. 116

आलोचना अपने समय की विवेक-चेतना का प्रतिनिधित्व करती है।

–मेरे साक्षात्कार, पृ. 49

उपन्यास-कहानी की कला और उसकी भाषा का सम्बन्ध संवेदना के स्वरूप से भी तय होता है। प्रेमचन्द की भाषा में 'शेखर : एक जीवनी' और अज्ञेय की भाषा में 'गोदान' नहीं लिखा जा सकता। होरी की जिन्दगी से होरी की भाषा और शेखर की जिन्दगी से शेखर की भाषा का गहरा सम्बन्ध है। इस पर विचार किये बिना उपन्यास और कहानियों की सुसंगत विवेचना और

मूल्यांकन करना मुश्किल काम होगा। इस प्रसंग में मैं यह भी कहूँगा कि रचना-दृष्टि में बदलाव के साथ आलोचना का परिप्रेक्ष्य भी बदलता है। जिस प्रकार प्रेमचन्द की कहानियों को आदर्श मानकर नयी कहानी के दौर की अच्छी कहानियों की आलोचना करने में अनेक कठिनाइयाँ होंगी, उसी तरह नयी कहानी के दौर की आलोचना-दृष्टि से आज की कहानियों की समीक्षा करने से भी तमाम गड़बड़ियाँ पैदा होंगी।

—मेरे साक्षात्कार, पृ. 52

रामचन्द्र शुक्ल की आलोचनाओं को पढ़कर आप यह बता सकते हैं कि वे हिन्दुस्तान के किस ऐतिहासिक कालखंड में लिखी आलोचनाएँ हैं। आज की बहुत सारी आलोचनाओं को पढ़कर यह बताना मुश्किल है कि उन आलोचनाओं का ऐतिहासिक सन्दर्भ क्या है? इसलिए मैं यह कह रहा था कि आज की आलोचना व्यापक सामाजिक वास्तविकता से कट गयी है।

—मेरे साक्षात्कार, पृ. 71

अगर कोई आलोचना रचना के बारे में एक भी ऐसी बात नहीं कहती जो पाठकों को रचना के सन्दर्भ में अधिक संवदेनशील, कल्पनाशील और विचारशील बनाये जो वह आलोचना चाहे मार्क्सवादी हो, चाहे गैर-मार्क्सवादी, लगभग निरर्थक है।

—मेरे साक्षात्कार, पृ. 86

मार्क्सवादी आलोचना ने प्रयत्नपूर्वक आलोचना को एक सामाजिक कर्म के रूप में विकसित करने का काम किया है। जाहिर है कि जैसे हम दूसरी आलोचना को समझने, देखने के लिए उसके खराब उदाहरणों को सामने नहीं रखना चाहेंगे, उसी तरह मार्क्सवादी आलोचना को भी समझने के लिए खराब उदाहरणों को आधार नहीं बनायेंगे। हिन्दी में महत्त्वपूर्ण मार्क्सवादी आलोचक हुए हैं- रामविलास शर्मा, नामवर सिंह आदि। इन्होंने साहित्य को देखने की एक ऐसी व्यापक दृष्टि दी है जो केवल साहित्य की दुनिया तक सीमित रहने से नहीं मिलती।

—मेरे साक्षात्कार, पृ. 86-87

साहित्य एक सामाजिक कार्य है और रचना की आलोचना में उसकी सामाजिकता की खोज आलोचक का एक मुख्य काम है। कई बार सामाजिकता की खोज की प्रक्रिया आलोचना का स्वरूप-निर्धारण करती है।

—मेरे साक्षात्कार, पृ. 93

आलोचना की समकालीनता का एक पक्ष यह भी है कि वह अतीत की महत्त्वपूर्ण रचनाओं की वर्तमान अर्थवत्ता की खोज करे। लेकिन खोज की प्रक्रिया ऐसी हो कि रचना में जो अर्थ अदृश्य है वह सामने आये, कालातीत की ऐतिहासिक भूमि और भूमिका प्रकट हो, कृति की पवित्र प्रतिमा में प्रतिष्ठित चेतना का समकालीन अर्थ खुले और उसकी नयी सम्भावनाओं की पहचान हो, ताकि वह नयी चेतना के विकास का माध्यम बने; न कि पूजा की वस्तु।

–अनभै साँचा, पृ. 2

ऐतिहासिक चेतना और कलाचेतना का जहाँ मेल होता है, वहीं से रचना या आलोचना की शुरुआत होती है। ऐतिहासिक चेतना से रचनाकार को राष्ट्रीय चेतना, वर्गीय चेतना और मानवीय चेतना का बोध होता है। इसी से उसे अपनी कलापरम्परा की चेतनता भी प्राप्त होती है और ऐतिहासिक चेतना से ही समकालीन युगचेतना के सन्दर्भ में रचनाकार को अपनी रचनाशीलता की सार्थकता का भी बोध होता है। इस बोध से ही रचनाकार के रचनाकर्म को दिशा और दृष्टि मिलती है। इसके बाद ही उसकी कलाचेतना की सृजनशीलता रचना में व्यक्त होती है।

–अनभै साँचा, पृ. 34

कलात्मक चेतना से सम्पन्न आलोचक किसी रचना के कलात्मक मूल्यों की पहचान करता है, उसकी कलात्मक विशेषताओं की व्याख्या करता है, लेकिन ऐतिहासिक चेतना से ही रचना में व्यक्त नैतिक और सौन्दर्यबोधी मूल्यों के स्रोत और निर्माण प्रक्रिया की परख होती है। साहित्य की विशाल परम्परा में किसी रचना की महत्ता और मूल्यवत्ता का निर्धारण ऐतिहासिक चेतना के सहारे ही हो सकता है। रचना की विशिष्टता और मौलिकता का विश्लेषण आलोचनात्मक विवेक से होता है, लेकिन परम्परा और परिवेश के सन्दर्भ में किसी रचना की सार्थक नवीनता की पहचान ऐतिहासिक चेतना से होती है।

–अनभै साँचा, पृ. 34

आलोचना में आलोचनात्मक विवेक और ऐतिहासिक चेतना की एकता में निहित जटिलता पर भी ध्यान देना आवश्यक है। जहाँ ऐतिहासिक चेतना से अनुशासित आलोचना में रचनाकार की कलात्मक विशिष्टता की उपेक्षा करके केवल रचना या रचनाकाल की ऐतिहासिकता के आधार पर मूल्यांकन किया जाता है, वहाँ रचना या रचनाकार के अवमूल्यन का भी खतरा उत्पन्न हो जाता है।

–अनभै साँचा, पृ. 37

कुछ आलोचक यह समझते हैं कि आलोचना आत्मपरक होती है और इतिहास वस्तुपरक होता है, इसलिए दोनों में अनिवार्यतः विरोध होता है। ऐसे आलोचक आलोचना को आलोचक की आत्मपरक ईमानदारी या कलात्मक संवेदनशीलता की ईमानदारी से सम्बद्ध मानते हैं और इतिहास को वस्तुपरक तथ्यनिष्ठता से सम्बद्ध समझते हैं। उनके अनुसार इतिहास का सम्बन्ध ऐतिहासिक तथ्य से होता है, जबकि आलोचना में 'काव्यसत्य' की चिन्ता अधिक होती है। वे यह जानते हैं कि ऐसे तथ्य और सत्य का सम्बन्ध साहित्य से ही होता है, लेकिन वे मानते हैं कि काव्यसत्य निजी होता है, उससे आलोचक का रागात्मक और बोधात्मक लगाव होता है; जबकि तथ्य तटस्थ और व्यक्ति-निरपेक्ष होता है। साहित्यानुशीलन के सन्दर्भ में अगर हम तथ्य और सत्य के सम्बन्ध पर विचार करें तो यह स्पष्ट हो जायेगा कि साहित्य के इतिहास में तथ्यबोध मूल्यनिरपेक्ष और इतिहासकार की निजी संवेदनशीलता से कटा हुआ नहीं होता और न आलोचक का काव्यसत्य नितांत निजी होता है। इतिहास या आलोचना में वस्तुनिष्ठता अगर नैतिक दायित्वों से पलायन या मानवीय दायित्वों की पक्षधरता से बचाव का साधन बने तो वह असामाजिक और अमानवीय होने के कारण निरर्थक साबित होती है। साहित्य की विकासप्रक्रिया से 'सत्य' प्राप्त करने के लिए 'तथ्यों' की व्याख्या आवश्यक हो जाती है। साहित्य की विकासशील परम्परा के सन्दर्भ में सत्य तथ्य से अधिक जटिल, बहुआयामी और मूल्यनिष्ठ होता है। मूल्य से सम्बद्ध होने के कारण ही सत्य अधिक मानवीय भी होता है। इतिहासकार केवल तथ्यों तक सीमित नहीं रहता, वह साहित्यपरम्परा के सत्यों की भी चिन्ता करता है। इतिहास में वस्तुपरकता को भावना और मूल्य से विच्छिन्न नहीं माना जा सकता। इतिहासकार की मूल्यदृष्टि उसके कलात्मक अनुभव से बनती है और उस मूल्य-दृष्टि में इतिहासकार की निजी कलासंवेदना भी निहित होती है। चाहे आलोचक हो या इतिहासकार, दोनों को रचना के बोध से गुज़रना पड़ता है।

—अनभै साँचा, पृ. 36-37

इतिहास और आलोचना के अलगाव का एक कारण यह प्रतीत होता है कि प्रायः आलोचना में कृति की अस्मिता की खोज होती है और इतिहास में कृति के अस्तित्व की। आलोचना में कृति की निजता, मौलिकता और विशिष्टता की व्याख्या करते हुए उसके सौन्दर्यबोधी मूल्य और महत्त्व की मीमांसा पर अधिक बल दिया जाता है। आलोचना में रचना की विशिष्टता की पहचान का जितना प्रयत्न होता है, उतना सामान्यता की खोज का प्रयत्न

नहीं होता। आलोचना के अनुसार रचना की अस्मिता की क्षमता ही उसके अस्तित्व के स्वरूप का निर्धारण करती है। दूसरी ओर, इतिहासकार प्राय: रचना के अस्तित्व की खोज करते हैं और वे यह भी मानते हैं कि रचना की अस्मिता रचना के परिवेशगत अस्तित्व से निर्धारित होती है। रचना की अस्मिता अपने अस्तित्व की सीमाओं से परे भी कायम रहती है, लेकिन इसका यह अर्थ नहीं कि वह अपने परिवेशगत अस्तित्व से पूर्णत: स्वतन्त्र होती है। इतिहास में रचना के अस्तित्व को अधिक महत्त्व देने के कारण ही रचना के उत्पत्तिमूलक पक्षों के विवेचन पर अधिक ध्यान दिया जाता है, जबकि आलोचना में रचना के आस्वादपरक या प्रभावपरक पक्षों का ही अधिक विश्लेषण होता है।

–अनभै साँचा, पृ. 37

आलोचक ऐसी रचनाओं को विचारणीय नहीं मानता, जिनकी अस्मिता उनके अस्तित्व के साथ ही कालप्रभाव में विलीन हो गयी हो। लेकिन इतिहासकार रचनाओं के अस्तित्व की खोज करते हुए उनकी अस्मिता का पुनर्निर्माण करता है। यह सम्भव है कि कोई रचना अपने रचनाकाल में अलोकप्रिय और उपेक्षित रह गयी हो या अपने जमाने की प्रचलित मूल्यव्यवस्था के विरुद्ध होने के कारण जान-बूझकर उपेक्षित कर दी गयी हो। ऐसी रचनाएँ कभी-कभी परवर्तीकाल में अनुकूल मूल्यदृष्टि के वातावरण में पुन: प्रतिष्ठित होती हैं। इतिहासकार वर्तमान की आँख से अतीत को देखता है, इसलिए वह ऐसी रचनाओं की पुन: प्रतिष्ठा का प्रयत्न करता है जो आलोचक की युगचेतना और मूल्यदृष्टि के अनुरूप होती हैं।

–अनभै साँचा, पृ. 38

इतिहास का काम केवल महान और महत्त्वपूर्ण रचनाओं की खोज करना नहीं है, उसका उद्देश्य साहित्यपरम्परा की रचनात्मक चेतना के विविध रूपों और अभिव्यक्तियों से सम्बन्धित परिवर्तनों की प्रक्रिया और दिशा का बोध कराना भी है। साहित्यपरम्परा की रचनात्मक चेतना की विविधता के बोध से आलोचनात्मक विवेक भी समृद्ध होता है। इस प्रकार इतिहास से आलोचना की शक्ति और सरहदों का विस्तार होता है।

–अनभै साँचा, पृ. 39

रचनाकारों की आलोचनात्मक चेतना

वैसे तो रचना में भी आलोचनात्मक चेतना बहुत पहले से मौजूद रही है, जिसके प्रमाण कालिदास और तुलसीदास के काव्यों में दिखाई देते हैं। लेकिन

रचनाकारों की आलोचना आधुनिककाल में विकसित हुई है। हिन्दी में विशेष रूप से छायावाद के समय से। रचनाकार आलोचना लिखते समय प्राय: अपने रचनात्मक अनुभवों को ही आलोचना का रूप देते हैं। वे कभी-कभी अपनी रचनाशीलता या अपने समानधर्मा रचनाकारों की रचनाशीलता को उचित ठहराने, उस पर लगाए गये आरोपों का उत्तर देने और अपनी रचनाशीलता को व्यापक पाठक समुदाय के बीच स्वीकार्य बनाने के लिए आलोचनाएँ लिखते हैं। रचनाकारों की आलोचना प्राय: आत्मरक्षा के भाव से प्रेरित होती है। टी. एस. एलियट ने कहा था कि, "माई क्रिटिसिज्म इज वर्कशॉप क्रिटिसिज़्म" अर्थात् मेरी आलोचना कार्यशाला के अनुभव से उपजी आलोचना है। फिर भी यह मानना होगा कि कभी-कभी रचनाकारों का आलोचनात्मक लेखन भी अत्यन्त महत्वपूर्ण होता है, जैसे टी.एस. एलियट की लिखी आलोचनाएँ या मुक्तिबोध की आलोचनाएँ।

—मैं भी मुँह में ज़बान रखता हूँ, पृ. 62

हिन्दी आलोचना की भाषा के निर्माण में अगर नये पदों और शब्दों के आविष्कार को आप ध्यान में रखें तो रामचन्द्र शुक्ल के बाद मुक्तिबोध अकेले ऐसे आलोचक हैं जिनकी शब्दावली हिन्दी आलोचना में सबसे अधिक चली है। उनके शब्द सहज रूप से हिन्दी आलोचना की भाषा का हिस्सा बन गये हैं। मुक्तिबोध ने दोनों तरह की आलोचना लिखी है। वे अपने समय की हिन्दी आलोचना के अत्यन्त बुनियादी सवालों से टकराने वाले आलोचक हैं। आप कह सकते है कि हिन्दी के जिन आलोचकों में आचार्य शुक्ल के बाद 'थियोरिटिकल थिंकिग' या सैद्धान्तिक चिन्तन की क्षमता दिखाई देती है और उसका प्रमाण मिलता है उनमें एक मुक्तिबोध हैं। उसी के साथ उन्होंने नयी दृष्टि से अनेक रचनाओं की महत्त्वपूर्ण व्याख्या भी की है। उनकी कामायनी की जो व्याख्या है उसका महत्त्व प्राय: लोग स्वीकार करते हैं।

—मैं भी मुँह में ज़बान रखता हूँ, पृ. 78

रचनाकारों ने आलोचना लिखना हाल में ही शुरू नहीं किया है। यह कोई नयी बात नहीं है। यह प्रक्रिया छायावाद से आज तक निरन्तर चल रही हैं लेकिन जैसे प्रसाद, निराला, पंत और महादेवी की आलोचना से आचार्य शुक्ल की आलोचना का महत्त्व कम नहीं हो गया है, वैसे ही आज के रचनाकारों की लिखी आलोचना के कारण उससे अलग स्वतन्त्र आलोचना की जरूरत और सार्थकता समाप्त नहीं होगी।

—मैं भी मुँह में ज़बान रखता हूँ, पृ. 90

रचनाकार आलोचक, चाहे सिद्धान्त-निर्माण का प्रयत्न करें या व्यावहारिक आलोचना का, दोनों में ही उनके अपने रचनात्मक अनुभव की मुख्य भूमिका होती है, उनके रचनात्मक अनुभव के निष्कर्ष ही आलोचना में प्रकट होते हैं। यही रचनाकारों की आलोचना के सामर्थ्य और सीमा का बुनियादी कारण है। रचनाकार आलोचक की आलोचना बहुत कुछ उसकी रचनादृष्टि से अनुशासित होती है, इसलिए उसकी रचनादृष्टि की शक्ति और सीमा आलोचना की शक्ति और सीमा बन जाती है। रचनाकार आलोचक अपनी रचनादृष्टि के अनुसार ही परम्परा और समकालीन रचनाशीलता की व्याख्या करता है और सिद्धान्त-निर्माण का प्रयत्न भी करता है।

–अनभै साँचा, पृ. 213

आलोचक

आचार्य रामचन्द्र शुक्ल की रचनाओं को पढ़ते समय मुझे लगता है कि आलोचना अपने समय की विवेक-चेतना का प्रतिनिधित्व करती है।

–मेरे साक्षात्कार, पृ. 49

हिन्दी आलोचना का आधार निर्मित करने, उसके स्वरूप को सँवारने, उसका सैद्धान्तिक ढाँचा तैयार करने और हिन्दी के कालजयी कवियों की कृतियों की व्याख्या विकसित करने में रामचन्द्र शुक्ल का अत्यन्त महत्त्वपूर्ण योगदान हैं परवर्ती हिन्दी आलोचना ने उनसे बहुत कुछ सीखा है, वह उनसे कहीं कुछ सीखती हुई, कहीं-कहीं लड़ती-झगड़ती हुई आगे बढ़ी है। आचार्य शुक्ल ने हिन्दी का अपना काव्य-शास्त्र बनाया और 'हिन्दी साहित्य का इतिहास' लिखकर उन्होंने हिन्दी कविता की परम्परा का विशिष्ट स्वरूप निर्मित किया। इस पूरी प्रक्रिया में वे हिन्दी आलोचना के सिद्धान्तों और व्यवहारों के प्रवर्तक के रूप में हमारे सामने आते हैं। वे आज भी हिन्दी आलोचना के लिए प्रेरणा के स्रोत और जीवंत विवाद के विषय बने हुए हैं।

–मैं भी मुँह में ज़बान रखता हूँ, पृ. 63

आलोचना की जमीन तैयार करने के लिए शुक्ल जी ने तीन तरह के प्रयास किये थे। एक तो उन्होंने हिन्दी का अपना साहित्यशास्त्र निर्मित किया था। हिन्दी का अपना साहित्यशास्त्र आचार्य शुक्ल से पहले नहीं था। मिश्रबन्धुओं ने भी इस दिशा में कोई प्रयास नहीं किया। मिश्रबन्धुओं ने भारतीय काव्यशास्त्र और भारतीय कविता के अपने ज्ञान के आधार पर नवरत्न का निर्माण किया था, और उनकी व्याख्या की थी। दूसरी बात यह है कि उस काव्यशास्त्र को उन्होंने सूर, तुलसी और जायसी की आलोचना और साथ

ही आगे चलकर अपने 'हिन्दी साहित्य के इतिहास' में व्यवस्थित रूप से प्रयुक्त करने का प्रयास किया। तीसरी बात यह कि उन्होंने हिन्दी साहित्य का एक ऐसा इतिहास लिखा जो पूरे हिन्दी साहित्य की सम्पूर्ण परम्परा में एक व्यवस्था बनानेवाला इतिहास साबित हुआ। इसीलिए मिश्रबन्धुओं का नवरत्न एक सीमित दायरे में कवियों और लेखकों के महत्त्व को सामने रखता है पर आचार्य शुक्ल का इतिहास एक तरह से हिन्दी साहित्य के लगभग एक हजार वर्षों के इतिहास में व्यवस्था भी निर्मित करता है और उसमें कवियों और लेखकों के कमोबेश महत्त्व को भी स्थिर करता है।

—मैं भी मुँह में ज़बान रखता हूँ, पृ. 76

आचार्य शुक्ल की आलोचना दृष्टि के पीछे उनकी एक समाजिक दृष्टि है जिसे वे 'लोकमंगल' कहते हैं। लोकमंगल का एक राजनीतिक अभिप्राय भी है। उनकी सामाजिक दृष्टि में स्त्रियों की स्वाधीनता की चेतना नहीं है और न दलितों की सामाजिक-सांस्कृतिक मुक्ति की चिन्ता ही। लेकिन उनकी आलोचना दृष्टि के पीछे स्वाधीनता आन्दोलन की चेतना रही है, इसलिए उसमें सामंतवाद विरोधी और साम्राज्यवाद विरोधी विचार हैं जो आज भी हमारे काम के हैं। आचार्य शुक्ल की आलोचना में अपने विचारों के प्रति जैसी दृढ़ता और अपनी मान्यताओं को अभिव्यक्त करने में जैसी निर्भीकता है उसकी आज भी जरूरत है। हिन्दी आलोचना में रहस्यवाद, रीतिवाद और कलावाद का रामचन्द्र शुक्ल से बड़ा विरोधी आलोचक और कोई नहीं है। ये प्रवृत्तियाँ आज भी जहाँ कहीं हिन्दी साहित्य में दिखाई देती हैं, वहाँ रामचन्द्र शुक्ल जरूर याद आते हैं।

—मैं भी मुँह में ज़बान रखता हूँ, पृ. 63-64

रामचन्द्र शुक्ल के बाद हिन्दी आलोचना का विकास हुआ है। उनके बाद के अनेक आलोचकों ने आचार्य शुक्ल की मान्यताओं से टकराते हुए, उनसे अपनी कहीं सहमति और कहीं असहमति व्यक्त करते हुए अपना आलोचनात्मक लेखन विकसित किया है, वे चाहे हजारीप्रसाद द्विवेदी हों, नन्ददुलारे वाजपेयी हों, डॉ. नगेन्द्र हों, नामवर सिंह हों या विजयदेव नारायण साही। डॉ. रामविलास शर्मा ने आचार्य शुक्ल की मान्यताओं की व्याख्या करने और उसे अद्यतन बनाने का काम किया है। उन्होंने हिन्दी आलोचना का विकास शुक्ल जी की दिशा में ही चलकर किया है लेकिन उनसे अलग अपनी राह बनाते हुए।

—मैं भी मुँह में ज़बान रखता हूँ, पृ. 64

आचार्य शुक्ल के यहाँ जो व्यापकता थी वह अनेक दिशाओं में फैली। एक

ओर मार्क्सवादी आलोचना विकसित हुई और दूसरी ओर मार्क्सवादी आलोचना का विरोध करनेवाली आलोचना। मार्क्सवादी आलोचना में राजनीतिक चेतना प्रमुख बन गयी और मार्क्सवादी आलोचना का विरोध करनेवाली आलोचना राजनीतिक चेतना से पूरी तरह अलग हो गयी। जाहिर है कि एक ओर राजनीतिक चेतना का अतिरेक था और दूसरी ओर राजनीतिक चेतना से पूरी तरह परहेज। इन दोनों का परिणाम हिन्दी आलोचना के इन दोनों रूपों पर पड़ा।

—मैं भी मुँह में ज़बान रखता हूँ, पृ. 73

हिन्दी आलोचना में मुक्तिबोध के बाद साहित्य-सिद्धान्त की चिन्ता कहीं दिखाई नहीं देती, लेकिन जहाँ-तहाँ यह जरूर सुनाई देता है कि आलोचना तो केवल व्यावहारिक होती है। अगर रामचन्द्र शुक्ल और मुक्तिबोध ने ऐसा ही माना होता तो हिन्दी आलोचना साहित्य-सिद्धान्त सम्बन्धी चिन्तन की दृष्टि से आज कहाँ होती, इसका अनुमान किया जा सकता है।

—आलोचना में सहमति-असहमति, पृ. 22-23

आचार्य शुक्ल ने हिन्दी की आलोचना को समाजोन्मुख बनाया। उन्होंने साहित्य को समाजिक जीवन और सांस्कृतिक द्वन्द्वों से जोड़कर देखा। यह आलोचनात्मक चेतना का एक तरह से विस्तार था, जिसका प्रभाव हिन्दी आलोचना पर बहुत व्यापक रूप से पड़ा है। आप देखें तो आचार्य शुक्ल की यह जो आलोचनात्मक चेतना को व्यापक बनाने, उसके भीतर सामाजिक चेतना और सांस्कृतिक चेतना को समाहित करने की प्रवृत्ति है, उसके भी मूल में एक और कारण था, और वह था स्वाधीनता आन्दोलन। इससे एक बात यह भी निकलती है कि आचार्य शुक्ल ने आलोचना को सामाजिक और सांस्कृतिक से भी अधिक व्यापक बनाते हुए राजनीतिक चेतना तक विस्तृत किया।

—मैं भी मुँह में ज़बान रखता हूँ, पृ. 72

आचार्य हजारी प्रसाद द्विवेदी ने लोकमंगल शब्द का प्रयोग नहीं किया है; परन्तु उनकी आलोचना में भी लोकमंगल की चिन्ता मौजूद है। उनके यहाँ साहित्यिक चेतना के साथ सांस्कृतिक चेतना का संयोग है। इसीलिए आचार्य द्विवेदी बार-बार परम्पराओं की द्वन्द्वात्मकता और निरन्तरता की बात करते हैं।

—मैं भी मुँह में ज़बान रखता हूँ, पृ. 72

नन्ददुलारे वाजपेयी ने आचार्य शुक्ल से अनेक प्रसंगों में विवाद और बहस करते हुए भी मूलतः आचार्य शुक्ल की व्यापक सामाजिक दृष्टि का ही

विस्तार किया है। ब्यौरे में मतभेद और अन्तर की सम्भावना बनी हुई है, कि जिस रचनाकार को आचार्य शुक्ल ज्यादा महत्त्व दें उसको नन्ददुलारे वाजपेयी न दें। लेकिन साहित्य की सामाजिक चिन्ता को वह बराबर ध्यान में रखते हैं। आचार्य नन्ददुलारे वाजपेयी भी स्वाधीनता आन्दोलन की प्रेरणा को साहित्य में महत्त्व देते थे। बल्कि छायावाद की व्याख्या करते हुए आचार्य शुक्ल से अपना मतभेद प्रकट करते हुए उन्होंने छायावाद को व्यापक अर्थ में स्वाधीनता आन्दोलन से जोड़ने की कोशिश की। इसके साथ ही उन्होंने बाद के दिनों में प्रयोगवाद और उसकी प्रवृत्तियों का जमकर विरोध भी किया। यह सब अगर आप ध्यान में रखें तो यह भी मालूम होगा कि शुक्ल जी में जो एक नैतिकतावादी चेतना थी, उस नैतिकतावादी चेतना का भी एक तरह से नन्ददुलारे वाजपेयी ने विरोध किया, विशेष रूप से सूरदास के प्रसंग में। नन्ददुलारे वाजपेयी की आलोचना में साहित्य विवेक का वही साहस है जो साहस आचार्य शुक्ल की आलोचना में मिलता है। मतलब जिसको नन्ददुलारे वाजपेयी समकालीन सामाजिक-सांस्कृतिक दृष्टि से महत्त्वपूर्ण और सार्थक नहीं मानते थे उसकी आलोचना करने से वे कभी भागते नहीं थे। जिस समय नन्ददुलारे वाजपेयी बनारस में रहकर आलोचना लिख रहे थे, उस समय बनारस में जगन्नाथ दास 'रत्नाकर' का बहुत प्रभाव था। उनकी आलोचना करने की हिम्मत जल्दी कोई करता न था। उस जगन्नाथदास 'रत्नाकर' की कविता पुस्तक 'उद्धव शतक' के बारे में वाजपेयी ने कहा कि, "उद्धव शतक आधुनिक कविता नहीं है।" उनके यहाँ 'आधुनिकता' बहुत व्यापक अर्थ वाला पद था। उनके लिए आधुनिकता केवल साहित्यिक धारणा नहीं थी। सामाजिक, सांस्कृतिक और राजनीतिक सन्दर्भों के जुड़ाव से ही आधुनिकता तय होती थी।

–मैं भी मुँह में ज़बान रखता हूँ, पृ. 72-73

उपन्यास की आलोचना के प्रस्थान बिन्दु के रूप में डॉ. रामविलास शर्मा को और कहानी की आलोचना के प्रस्थान बिन्दु के रूप में डॉ. नामवर सिंह को स्वीकार किया जा सकता है। हालाँकि रामविलास जी की उपन्यास-आलोचना पद्धति या नामवर जी की कथा-अलोचना पद्धति के स्तर को प्रेमचन्द के उपन्यासों और कहानियों में निहित दृष्टि और कलात्मक ऊँचाई के स्तर पर रखना मुश्किल होगा। लेकिन अगर प्रस्थान बिन्दु की खोज करनी ही हो, तो रामविलास जी और नामवर जी का नाम लिया जा सकता है। पर एक चीज ध्यान में रखना जरूरी है। हिन्दी उपन्यास और कहानी का जन्म प्रेमचन्द से पहले हो चुका था। उनके यहाँ इस परम्परा का विकास मिलता है, जन्म

नहीं। इसी तरह डॉ. रामविलास शर्मा और डॉ. नामवर सिंह से पहले भी कथा-आलोचनाएँ हुई हैं, ये लोग कथा-आलोचना के जन्मदाता नहीं हैं, अत: इनके कार्य को भी परम्परा का विकास मानना ही ज्यादा उचित होगा।

—मेरे साक्षात्कार, पृ. 50-51

आलोचनात्मक दृष्टि के विकास में मेरी नजर में जिन लोगों का महत्त्व है उनमें सबसे पहले और सबसे अन्त में मैं आचार्य रामचन्द्र शुक्ल का ही नाम लूँगा। बहुत सारे आलोचकों से भी मैने बहुत सारी बातें सीखी हैं, पर वे बातें ऐसी नहीं हैं कि मेरी दृष्टि की दिशा तय करें। दुनिया के अधिकांश मार्क्सवादी आलोचकों को मैंने पढ़ा है और नाम बताने की बात हो तो मैं और नाम बता सकता हूँ। पर मैं यह दावा नहीं कर सकता कि उन्होंने मेरी दृष्टि बहुत महत्त्वपूर्ण ढंग से प्रभावित की है।

—मेरे साक्षात्कार, पृ. 88

हिन्दी में आलोचना के सिद्धान्तों की खोज करना भी मैंने उन्हीं से सीखा। हर व्यक्ति अपनी क्षमता के हिसाब से खोज करता है। आचार्य शुक्ल की क्षमता बहुत बड़ी थी और उन्होंने बड़े सिद्धान्तों की स्थापना की। मेरी क्षमता बहुत सीमित है और अपने स्तर पर इसके लिए प्रयास करता रहा हूँ।

—मैं भी मुँह में ज़बान रखता हूँ, पृ. 111

बांग्ला के धूर्जटीप्रसाद मुखर्जी और समर सेन को मैं पढ़ता रहा हूँ। समर सेन से यह सीखा है कि साहस के साथ सच बोलना आलोचना के लिए एक जरूरी कार्य है। मुखर्जी से मुझे वह प्रेरणा मिली कि केवल साहित्य की दुनिया में रहकर साहित्य को ठीक ढंग से नहीं समझा जा सकता है। साहित्य की प्रक्रिया को सामाजिक प्रक्रिया के व्यापक हिस्से के रूप में देखना चाहिए।

—मैं भी मुँह में ज़बान रखता हूँ, पृ. 112

हिन्दी आलोचना का दुर्भाग्य या सौभाग्य कहिए कि यहाँ अधिकांशत: महत्त्वपूर्ण आलोचक वही हुए हैं जो अध्यापक भी रहे हैं। हिन्दी के बड़े आलोचकों की आप सूची बनाइए तो उसमें आचार्य शुक्ल होंगे, उसमें हजारीप्रसाद द्विवेदी होंगे, उसमें विजयदेवनारायण साही होंगे, उसमें रामविलास शर्मा होंगे, नामवर सिंह होंगे। संयोगवश ये सभी के सभी अध्यापक हैं। इसलिए अध्यापक होने के कारण मैं उनकी आलोचना को प्राध्यापकीय या धंधयी नहीं कह सकता।

—मेरे साक्षात्कार, पृ. 87

आलोचक किसी रचना का समकालीन साहित्य-संसार में और साहित्य के

इतिहास में स्थान निर्धारित करता है। कई बार एक रचना की बाजार में सफलता उसकी साहित्यिक महत्ता को प्रभावित करती है जिसमें आलोचक की निर्णायक भूमिका होती है। अगर वह साहित्य-शिक्षा की संस्थाओं के शिखर पर हुआ तो उसकी भूमिका और भी महत्वपूर्ण हो जाती है। वह साहित्य का डिक्टेटर भी साबित हो सकता है। क्या आलोचना और आलोचक की इन भूमिकाओं का समाजशास्त्रीय विवेचन नहीं हो सकता या नहीं होना चाहिए।

–भारतीय समाज में प्रतिरोध की परम्परा, पृ. 14

क्या साहित्य की संस्कृति को बनाने-बिगाड़ने में लगे आलोचकों के व्यवहार का समाजशास्त्र नहीं लिखा जाना चाहिए?

–भारतीय समाज में प्रतिरोध की परम्परा, पृ. 15

आजकल हिन्दी आलोचना में सरलीकरण और अतिरंजना का बोलबाला है। क्योंकि इन्हीं दोनों में माध्यम से चमत्कार पैदा होता है और लोग चकित भी होते हैं। यह जितना मौखिक रूप से सम्भव है उतना लिखित रूप से नहीं।

–संवाद-परिसंवाद, पृ. 121

हिन्दी आलोचना के शिल्प में अतिरंजना और सरलीकरण की प्रवृत्ति बहुत व्यापक हैं। अतिरंजना और सरलीकरण के मूल में चमत्कार की चिन्ता होती है, जिससे पाठक या श्रोता चकित तो होते हैं, पर विवेकशील नहीं बनते।

–आलोचना में सहमति-असहमति, पृ. 22

❑❑

मैनेजर पाण्डेय की कृतियाँ

पुस्तकें

1. शब्द और कर्म, धरती प्रकाशन, बीकानेर, 1981, पुनःप्रकाशन वाणी प्रकाशन, नयी दिल्ली, 1997
2. साहित्य और इतिहास दृष्टि, पीपुल्स लिटरेसी, 1981, पुनःप्रकाशन वाणी प्रकाशन, नयी दिल्ली, 1997
3. कृष्ण कथा की परम्परा और सूरदास का काव्य, मैकमिलन इण्डिया लि., दिल्ली, 1982 (अप्राप्य)
4. साहित्य के समाजशास्त्र की भूमिका, हरियाणा साहित्य अकादमी, चंडीगढ़, 1982
5. भक्ति आन्दोलन और सूरदास का काव्य, वाणी प्रकाशन, नयी दिल्ली, 1993
6. अनभै साँचा, पूर्वोदय प्रकाशन, दिल्ली, 2002, पुनःप्रकाशन वाणी प्रकाशन, नयी दिल्ली, 2012
7. आलोचना की सामाजिकता, वाणी प्रकाशन, नयी दिल्ली, 2005
8. सूरदास, साहित्य अकादेमी, नयी दिल्ली, 2008
9. संकलित निबन्ध, नेशनल बुक ट्रस्ट, नयी दिल्ली, 2008
10. हिन्दी कविता का अतीत और वर्तमान, वाणी प्रकाशन, नयी दिल्ली, 2013
11. उपन्यास और लोकतन्त्र, वाणी प्रकाशन, नयी दिल्ली, 2013
12. आलोचना में सहमति-असहमति, वाणी प्रकाशन, नयी दिल्ली, 2013
13. संवाद-परिसंवाद, वाणी प्रकाशन, नयी दिल्ली, 2013
14. भारतीय समाज में प्रतिरोध की परम्परा, वाणी प्रकाशन, नयी दिल्ली, 2013

सम्पादित पुस्तकें

1. मुक्ति की पुकार, ऑल इंडियन पीपुल्स रेसीटेंस फोरम, नयी दिल्ली, 1996

2. सीवान की कविता, किताब घर प्रकाशन, नयी दिल्ली, 1998
3. कुमार विकल की कविताएँ, आधार प्रकाश.न, पंचकूला, 1999
4. देश की बात, नेशनल बुक ट्रस्ट, नयी दिल्ली, 2005
5. माधव राव सप्रे : प्रतिनिधि संकलन, नेशनल बुक ट्रस्ट, नयी दिल्ली, 2009
6. नागार्जुन : चयनित कविताएँ, नेशनल बुक ट्रस्ट, नयी दिल्ली, 2011
7. सूर संचयिता, राजकमल प्रकाशन, नयी दिल्ली, 2012
8. देश की बात, देवनारायण द्विवेदी, स्वराज प्रकाशन, नयी दिल्ली, 2012
9. पराधीनों की विजय यात्रा, नवजादिक लाल श्रीवास्तव, स्वराज प्रकाशन, नयी दिल्ली

अनुवाद और सम्पादन

1. संकट के बावजूद, वाणी प्रकाशन, नयी दिल्ली, 1998

साक्षात्कार की पुस्तकें

1. मेरे साक्षात्कार, किताब घर प्रकाशन, नयी दिल्ली, 1998
2. मैं भी मुँह में ज़बान रखता हूँ, यश पब्लिकेशन, दिल्ली, 2005

आलोचनात्मक पुस्तक 'साहित्य के समाजशास्त्र की भूमिका के उर्दू अनुवाद' का प्रकाशन, 2006

अनेक आलोचनात्मक कृतियों का अंग्रेजी, मराठी, उड़िया, बांग्ला, उर्दू, पंजाबी तथा तमिल में अनुवाद।